集人文社科之思　刊专业学术之声

集刊名：魁阁
主　编：关凯
主办单位：云南大学

总第5期

集刊序列号：PIJ-2019-370

中国集刊网：www.jikan.com.cn

集刊投约稿平台：www.iedol.cn

云南大学 ／主办

2021 年
第 2 期

总第 **5** 期

KUI GE

No.5

关 凯 ／主编

郭建斌 李晓斌 ／副主编

社会科学文献出版社
SOCIAL SCIENCES ACADEMIC PRESS (CHINA)

《魁阁》2021 年第 2 期

总第 5 期　　　　　　　　　　　　　　2022 年 4 月出版

书　评

译　文

会议综述

《魁阁》2021 年第 2 期（总第 5 期）

第 1~2 页

© SSAP，2022

理论的用处

（卷首语）

郭建斌

　　理论有何用处？这是一个大问题，几句话无法说清。并且，这还取决于各人对于理论的理解。为什么在此要讲这一问题，一方面是它与"魁阁"有关，另一方面是它与本期所刊登的《赵仲牧先生学术年谱初编》有关。

　　先说第一个方面。最近一段时间，在阅读《许烺光著作集》（中译本共九册，台北南天书局发行，2000），同时，再度阅读了陶云逵先生的《俅江纪程》等。我们知道许烺光先生 20 世纪 40 年代曾在大理喜洲做过田野调查，在此基础上完成了《祖荫下》一书。陶云逵先生 20 世纪 30 年代中期就在滇西从事人种调查。这些均是大家所熟悉的。除此以外，还有"魁阁时期"费孝通先生所主持的"云南三村"的调查。在这里我想问的是：理论对于当时这些"魁阁学者"到底具有怎样的意义？我们也知道，无论是许烺光、陶云逵，还是费孝通，当时他们都刚从海外完成学业归国，他们所接受的理论训练，无疑均是西方的。或是这样一些西方理论无法解释中国的情况，或是基于中国的特定情况能够对这些理论问题做出进一步的回答，他们均不顾时局的动荡，深入实地进行调研，成为后来他们各自学术研究十分重要的一个组成部分。所有他们的这些研究，虽然各自的理论侧重点不同，但均有较为明确的理论指向。当然，更可贵的是他们的这些研究并非戴着理论的有色眼镜在中国寻找相关资料，而是把在中国寻到的经验材料与相关的理论话语（主要源自西方）进行对话。上述三个人的结局也各自不同，陶云逵先生英年早逝，1944 年病逝于昆明时年仅 40 岁；许烺光先生 1943 年赴美，后来一直在美国从事学术研究；费孝通先生始终没有离开中国，虽然后来遭受了一些挫折，但是晚年再度活跃于中国的学术舞台上。"魁阁时期"他们所从事的研究，无疑均是在某种特定的理论指引下进行的。

再说第二个方面。赵仲牧先生的研究兴趣是哲学，理应和人类学、社会学、民族学没有直接的关联，但是赵先生的阅读兴趣十分广泛，包括人类学著作。因为父亲的关系，赵先生童年期间就接触过费孝通先生等学者，据赵先生的妹妹回忆："（赵先生的父亲）与西南联大的多位名教授来往密切，如社会学家费孝通、心理学家潘光旦、语言学家罗常培、名画家徐悲鸿等都曾来古城大理游览，并到我家做客，住在我家。父亲与西南联大的教授、学者们讨论学术、作诗论画、纵论历史，给少年时期的仲牧先生留下了深刻印象。"（赵淑霞、徐有光，2014：265）2000 年我到复旦大学新闻学院攻读博士学位，假期回家看望赵先生，当他得知我要到独龙江去做田野调查，赵先生对我说："我可以给你提供理论上的支持。"虽然我自己在写论文期间面临理论上的恐慌时未敢去求教于赵先生，但是赵先生对于一篇博士论文理论上的期许，或许我通过自己的方式勉强做到了，尽管有很多不尽如人意的地方。

此处我对于理论的理解，或许比较宽泛，正如我时常和学生讲到的：所谓理论的用处，是在于给我们提供一个思考的方向。没有这个方向，我们面对纷繁复杂的现象时便无从下手。一旦有了一个具体的方向，我们的经验材料就可以与相关理论进行某种对话。这也是某种做研究的"套路"吧？

参考文献

赵淑霞、徐有光，2014，《忆哲人、诗人、宗师赵仲牧的人生风范》，载施惟达、段炳昌主编《薪火相传待后人——赵仲牧先生纪念文集》，云南大学出版社。

东陆名家

《魁阁》2021 年第 2 期（总第 5 期）

第 5 ~ 22 页

© SSAP，2022

赵仲牧先生学术年谱初编

张 震[*]

  赵仲牧先生（1930 ~ 2007 年），哲学家、美学家、诗人。原籍云南腾冲，1930 年生于上海，1953 年毕业于云南大学中文系，先后任教于沈阳师范学院、辽宁大学与云南大学，2007 年因病去世。著有《赵仲牧文集》五卷（云南大学出版社，2014）等。

  1930 年，2 月 18 日生于上海。父亲赵德恒（1888 ~ 1968 年），母亲周筱君（1904 ~ 1978 年）。赵德恒，字诚伯，1888 年生于云南腾冲。1908 年入云南陆军讲武堂，与朱德、龙云等是同学。参加过辛亥革命及讨伐袁世凯的护国战争，曾任国民革命军师参谋长等。1920 年留学日本，回国后曾任广东大元帅府拱卫军副司令等。"四一二"政变后，脱离军界，以国民政府军事参议院中将参事客居上海。抗日战争时期，任滇西警备司令兼楚（雄）大（理）师管区司令。1949 年底参加云南和平起义。新中国成立后先后担任西南军政委员会委员、中国人民保卫世界和平委员会云南分会副主席、昆明市人民政府参事室主任等。1968 年逝世于昆明。赵诚伯先生有"儒将"之称。徐悲鸿先生《赠赵诚伯》诗云："儒雅风流赵使君，文章屈宋与争衡。苍山之下杜王府，剪烛倾谈罢不能。"罗常培先生在《苍洱之间》一书中，也多处写到赵诚伯先生，如"诚伯腾冲人，日本士官学校骑兵科毕业，民国九年曾任大元帅府参议，博闻强识，健谈工诗，每逢茶余酒后，谈笑风生，四座叹服，几乎不容旁人有插嘴的机会，近所作无题八律，怀人八绝，很得李玉溪的韵味。又有大理绝句三十二首，风格情韵超轶杨升庵宋芷湾之上，把这个南诏故都渲染得生色不少"（罗常培，

---

  [*] 张震，男，汉族，文学博士，云南大学文学院副教授。

1996：110）。赵仲牧先生曾这样回忆父母："我的父亲是一个有自由主义思想的人，为了抗拒包办婚姻他离开了家。我母亲也是一个有知识的新女性。罗兰夫人'不自由，毋宁死'的名言是她最爱引用的话。"（曹云雯，2002）

1936 年，7 岁。在上海德元小学读书。

1937 年，8 岁。在上海德元小学读书。抗日战争爆发后，随全家迁回云南。此后数年先后在下关、大理、昆明读小学和初中。对文学和地理有浓厚的兴趣。小学五年级时写了一篇作文，老师的评语是："稍加努力，何患不破壁飞去。""其中隐含的典故给了我极大的鼓励，并奠定了毕生爱好文学尤其是古典诗词的基石。"（《赵仲牧学术小传》，2002）对地理的兴趣也很浓厚："小时候觉得世界很大、地球很大，萌生了通晓世界、周游列国的兴致。从此收集世界各国和中国各省地图的乐趣，虽年逾古稀而不衰。"（《赵仲牧学术小传》，2002）1938 年至 1940 年，父亲赵诚伯在大理任滇西警备司令兼楚（雄）大（理）师管区司令，"与西南联大的多位名教授来往密切，如社会学家费孝通、心理学家潘光旦、语言学家罗常培、名画家徐悲鸿等都曾来古城大理游览，并到我家做客，住在我家。父亲与西南联大的教授、学者们讨论学术、作诗论画、纵论历史，给少年时期的仲牧先生留下了深刻的印象。"（赵淑霞、徐有光，2014：265）

1943 年，14 岁。在天祥中学读初中，所在班级为第 45 届初甲班。"天祥中学因文天祥而取名，由江西会馆创办。一批在西南联大教书的优秀青年学者……担任各科教师。如朱光亚、杨振宁是物理老师，翻译家许渊冲为英文老师，历史学家许寿鄂、李晓讲授历史，王树勋是语言教师，华罗庚是数学老师，申泮文（中科院院士）是化学老师。……仲牧先生所在班级（第 45 届初甲班）有十几人后来成为科学家、教授、学者。正如仲牧先生所说：'联大老师把渊博的学识、开阔的学术视野、勤奋严谨的治学精神带进了天祥中学，播撒下中国传统文化的种子。那些知名教授的言传身教、课堂讲授，规范了我从少年时代开始的人生道路、价值取向和学术追求，促使我一生致力于哲学学术追求和诗词创作。'"（赵淑霞、徐有光，2014：265 ~ 266）读初中二年级时，参加作文比赛，得一等奖。《滇池的美景》一文，登在天祥中学校报《天祥年刊》1944 年第 2 期上。"读初中二年级时，仰望天空，深感宇宙浩渺无垠。这种惊异感将我引向了天文学，引向了认知天上的星座，更引向了探索宇宙的奥秘。"（《赵仲牧学术小传》，2002）

1945 年，16 岁。从天祥中学初中毕业，进入高中阶段。"1945 年至

1948 年，从高一到高三是在内战方炽、学潮叠起中度过的。"（《赵仲牧学术小传》，2002）"经班主任王刚老师介绍，参加了民主青年同盟，走在'一二·一'运动的前线，进行'反饥饿、反内战、反迫害'的斗争，后通过民青组织到马龙中学教书。"（赵淑霞、徐有光，2014：266）高中二年级 17 岁时，"精读梯利著、陈正谟译的《西洋哲学史》等哲学书籍，深感哲人之思比世界或宇宙更辽阔、更深邃，探索哲理、跻身于哲人之列成为终身追求的目标。也曾醉心于《康德传》，康德的生活方式和哲学体系对我一生的影响可谓大矣。"（《赵仲牧学术小传》，2002）

1948 年，19 岁。7 月，高中毕业，由于参加学生运动，当年不得报考大学，于是下乡参加滇桂黔边纵队。

1949 年，20 岁。年初，受命到陆良农村参加对敌斗争。7 月，由于家庭经济困难，放弃了报考北京大学哲学系的愿望，就地考入云南大学文史系（1951 年 4 月分为中文系与历史系）。当时的云南大学文史系，汇集了一批著名学者，如刘文典、李广田、刘尧民、张若名、方国瑜、姜亮夫、汤鹤逸、叶德均、江逢僧、江应樑等。"刘文典先生讲解温、李诗时，用浓重的徽南口音，畅论诗词同'观世音菩萨'的关系。……刘尧民先生简朴的书斋里，他将自己的著作《词与音乐》送给我，并让我看他年轻时手书的诗稿。……我拜访过张若名先生……由于她的推荐，我读了纪德的小说《牧歌交响乐》（又译《田园交响曲》），感受极深，至今不忘。"（赵仲牧，2014：194～195）在大学期间，"以听课为辅，课外博览群书为主。诸如哲学、逻辑学、文艺理论、道德哲学、心理学、历史哲学、宗教哲学等方面的论著无不广泛涉猎。此外又把对哲学和文学的兴趣结合起来，潜心攻读美学理论。这样做大大开阔了知识视野、理论视野和哲学视野。毕业前写了两篇论文：《陶渊明的思想与生活》《论南朝的唯美主义文论》。白小松先生给予很高的评价，两篇都定为'甲上，传观'"（《赵仲牧学术小传》，2002）。

1953 年，24 岁。从云南大学中文系毕业。"盛夏季节，统一分配出省和赴北京的毕业生，登上了'出征'的大卡车。卡车缓缓驶离南大门，门里门外站满了夹道欢送的低年级同学。卡车路经青云街，我探寻着街边熟悉的茶舍，呆望着向后移动的石砌路面……第一次单独出远门的青年学子，坐在车厢里的铺盖卷上，既有强烈的兴奋，也有深切的怀念，还有莫名的彷徨。"（赵仲牧，2014：197）毕业后统一分配到北京，又转到沈阳，在沈阳师范学院中文系任教。

1958 年，29 岁。2 月，被错划为"右派"。9 月，辽宁大学建校，调到辽宁大学中文系参加"大跃进"的劳动。1956 年参著的《文艺学引论》于 1958 年正式出版，名字被删除，"从此失去了发表文章和出版论著的权利"（《赵仲牧学术小传》，2002）。仲牧先生在辽宁大学时的好友、著名民俗学家乌丙安先生曾在书信中忆及自己与仲牧先生在"反右""文革"中的艰难处境（乌丙安，2014：4~5）。尽管如此，仲牧先生的哲学思考与诗词创作并未停滞，"从'反右'到'文革'，二十年来我的哲学沉思并未中断，营造体系的愿望也未消失。'文革'中，1970 年辽大搬迁到农村开展'大批判'活动。幸运的是，我染上了'波浪热'，在传染病院的隔离病房中住了四个多月，每当体温正常时能自由自在地步入冥思的王国。虽然手边不可能有任何相关的资料，我还是兴致勃勃地秉笔草写了一些系统论和价值论的提纲""大学时期我的写作兴趣已转向传统诗词。'文章穷而后工'，诗歌创作也是'穷而后工'。1957 年后处境艰难，'不平则鸣'，潜心律诗和绝句的构想。随兴之所至，有感而发，寄寓遥深，因此渐入佳境。但可悲的是，连创作活动也需'暗箱操作'，至于诗作'不足为外人道'，只能是'独开自赏一枝娇'。积累一两百首小诗，'文革'中自行消尸灭迹，'文革'后又重新抄录。"（《赵仲牧学术小传》，2002）

1977 年，48 岁。在 1 月 8 日的《辽宁日报》上刊登七律《缅怀周总理》。"直到 1977 年，我才有资格公开写作，公开发表文章。"（赵仲牧，2003）

1978 年，49 岁。在辽宁大学出版的《语文教学参考》1978 年第 1 期上发表论文《形象思维必须遵循认识和思维的普遍规律》。"我是云南大学中文系 1953 年的毕业生。毕业后在辽宁大学等高校的中文系讲授文艺理论和美学等课程。长期的教学经历，再加上对思维学的兴趣，所以 1977 年动笔伊始，就把二者结合起来，写了几篇有关形象思维（即艺术思维）的文稿。"（赵仲牧，2003）

1979 年，50 岁。发表论文《形象思维特殊的思维形式与文艺创作的关系》（《语文教学参考》1979 年第 3 期）、《形象思维的矛盾运动与解决矛盾的特殊方法》（《语文教学参考》1979 年第 4 期）。

1980 年，51 岁。5 月，从辽宁大学中文系调到云南大学中文系任教。"二十七年后，我从遥远的沈阳回到故乡，回到母校，重新漫步于久别的青云街。远处圆通山上的洋草果树，还是那样蓊蓊郁郁；近处翠湖一潭碧水，依然微波潋滟。'辽鹤归来兮，山水依旧，人事已非'。"（赵仲牧，2014：197）6 月，参加在昆明召开的中华美学学会第一次全国美学会议，并在分组讨论会上作关于美的本质问题、形象思维问题、美育问题的发言。

1981 年，52 岁。12 月，在由云南省外国哲学史学会、云南美学学会筹备会、云南大学中文系美学研究会联合举办的纪念康德《纯粹理性批判》出版 200 周年与黑格尔 150 周年诞辰的学术讨论会上，作题为《从康德到叔本华》的学术报告。

1983 年，54 岁。发表论文《艺术思维的形式结构及其与文艺创作的关系》（《思想战线》1983 年第 4 期）、《谈谈知识的系统性》（《昆明师专学报》1983 年第 4 期）、《审美价值的探源》（载云南省社会科学院编《纪念马克思逝世一百周年论文选》，云南人民出版社，1983）。

《艺术思维的形式结构及其与文艺创作的关系》一文认为，文艺创作与欣赏是思维活动的一种特殊类型，可称为艺术思维活动或形象思维活动。艺术思维的思维形式由"以视觉与听觉为主的知觉映象""记忆中的以视觉与听觉形态为主的表象""想象中的以视觉与听觉形态为主的意象"组成。无论是从认识论的角度、心理学的角度，还是从美学或创作论的角度来看，艺术思维的思维形式及其运动过程与一般的感性认识、直观活动都有着显著的区别。文艺创作活动的全过程中，艺术思维及其特殊的形式结构始终占据主导地位。

《审美价值的探源》从分析人的本性和本性的系统结构入手，研究了对象的审美价值的形成等问题。文章认为，审美价值关系是人的审美需要、人的"审美－创作"能力和人的"审美－创作"活动，跟对象的能够满足人的某种审美需要、能够证实和肯定人的相关"审美－创作"能力和相关"审美－创作"活动的原有或改变着的属性之间，建立起来的一种价值关系。一般的对象只有在审美价值关系中证实和肯定人的审美本性或审美的本质力量，它才具有了审美价值。文章还认为，原始人与自然对象之间的审美价值关系，是由实用功利的价值关系和幻想功利的价值关系分化出来，并叠加在两种价值关系之上的一种特殊的价值关系。

1984 年，55 岁。发表《他山之石，可以攻玉（美学漫步）》（《滇池》1984 年第 1 期）。

1985 年，56 岁。发表论文《从思维学的角度研究原始思维的十个问题》（《哲学研究》1985 年第 1 期），获云南大学 1984～1986 年优秀科研成果奖论文三等奖；《论休谟的美学思想》（《思想战线》1985 年第 1 期），获云南省第二次哲学社会科学优秀成果三等奖；《再论休谟的美学思想》（《云南社会科学》1985 年第 2 期）。完成《原始思维形式结构的分析》初稿（1985 年 10 月）。"追本溯源，为了追寻人类思维发生的源头，1985 年前后我进入了原始思维（神话思维）的领域。顺便说两句，虽然我一直喜爱独立思考，在学术上走自己的路，但毕竟经历了'文革'前的'十七年'，因此在改革开放之初撰写的几篇有关形象思维的文稿，难免留下了'十七年'特有的理论氛围的某些痕迹。不过在探析原始思维时，此等痕迹日渐淡化了。"（赵仲牧，2003）

《从思维学的角度研究原始思维的十个问题》一文认为，原始思维是史前时期原始人类的思维，是人类一切思维类型的"发祥地"。从思维学的角度研究原始思维，侧重研究其特殊的思维结构、思维形式、操作程序以及思维过程中的各种形式化的关系。思维着的主体跟被思维的对象之间的"摹写－洞察"关系和"投射－幻化"关系组成了原始思维特殊的思维结构。初步类化的实象和虚象组成了原始思维的思维形式。原始思维的操作程序可以大致划分为几种样式：在"摹写－洞察"的基础上形成的"追忆－记述"的程序；在"摹写－洞察"和"投射－幻化"相结合的基础上形成的"联想－类比"的程序；运算动作等实际操作动作的程序"内化"为思维动作的程序。在原始思维逐渐消亡的过程中，不仅分化出"运算－推导"思维，而且分化出"洞察－领悟"思维和"审美－艺术"思维。

《论休谟的美学思想》着重考察休谟对美的根源和本性问题提出的两个论断。论断之一：美不是对象的性质，而是对象在人心上产生的一种效果。这一论断将事物的美与人的审美感受联系起来，有其合理性，但若由此否定事物审美价值功能的客观性，则不恰当。论断之二：美在于人性和人心的特殊构造与对象的特殊形式和性质之间的协调一致。从人的审美本性和对象的形式结构的关系来探寻美的根源与本性，是这一论断的合理内核。《再论休谟的美学思想》探讨休谟关于审美趣味的学说。休谟认为，审美趣味差异有心理功能、个人性格、社会历史等多方面的根源。各种审美趣味可以比较和评价，其标准就是从人们共有的审美经验中总结出来的"艺术之法"。作为趣味标准和批评原则的"艺术之法"不排斥想象的作用。"艺术之法"是既有定法又无定法之法，因而评判文艺作品应当采取灵活宽容的态度。

1986 年，57 岁。发表论文《艺术、美与人本主义——西欧文艺复兴时期的美学思想》（《云南美术通讯》1986 年第 1 期）。

1987 年，58 岁。发表论文《一种"元哲学"的思考》（《思想战线》1987 年第 2 期；《高等学校文科学报文摘》1987 年第 5 期摘登；《哲学动态》1987 年第 6 期摘登）、《从哲学到元哲学》（《云南社会科学》1987 年第 4 期）、《"诗是虚构的历史"——论培根的美学思想》（《昆明师专学报》1987 年第 3 期）。完成文稿《视觉美感及其意识结构》（1987 年 10 月）。

《一种"元哲学"的思考》认为元哲学是关于哲学思考的思考。首先，元哲学的思考可以任选一个经验事实作为思考的"出发点"，关于它的描述可以划分为最基本的三种描述：第一元的描述可称物理学的描述或"物"的描述，第二元的描述可称心理学的描述或"心"的描述，第三元的描述可称人类学的描述或"人"的描述。其次，确定三元化的描述中每一元与其他二元之间的关系，可将对"物 - 心"关系的描述叫作第一维关系的描述，将对"物 - 人"关系的描述叫作第二维关系的描述，将对"心 - 人"关系的描述叫作第三维关系的描述。最后，将三元化的描述和三维关系的描述组织起来，形成一个形式化的描述系统，可称为"元哲学"的宏观描述系统，其中每一元的描述都是一个微观系统，都有自己的微观结构。这种"元哲学"思考，是一种有实际意义的思考。它的三元化和三维关系的宏观描述系统，具有多种功能。

《从哲学到元哲学》认为，西方哲学"分析时代"的来临，是促使包括"元哲学"在内的一系列"元理论"诞生的主要原因之一。元哲学把各种哲学理论以及与哲学相关的命题和陈述，看成是自己需要加以分析的对象理论、对象命题和对象语言，因此，其有理由作为一门哲学学科或分支学科独立于世。钱伟量在发表于《社会科学战线》1992 年第 1 期的《哲学学的学科定义及其主要分支》一文中认为："80 年代后期，元哲学在我国哲学界也越来越引人注目。《哲学译丛》1986 年第 4 期摘译了苏联学者布鲁强的《哲学和元哲学》，《云南社会科学》1987 年第 4 期所载赵仲牧的《从哲学到元哲学》，李光程的《哲学究竟是什么——从元哲学的观点看》（《哲学研究》1987 年第 12 期）以及《哲学研究》1988 年初登载的几篇与李光程商榷的文章，都是在国内较有影响的代表作。"

1988 年，59 岁。发表论文《一种"元价值学"的思考——对价值描述的透视》（《思想战线》1988 年第 2 期）、《审美评价、美学命题和一种"元美学"之一》（《云南社会科学》1988 年第 6 期）、《审美评价、美学命题和一种"元美学"（之二）》（《云南民族学院学报》1988 年第 4 期）、《发展社会主义商品经济和人生价值观的更新》（载《商品经济与观念变革》，云南人民出版社，1988）。

《一种"元价值学"的思考——对价值描述的透视》关心的是价值描述之间的形式关系和形式系统的问题。对价值事实可以进行以三种不同单元为中心的描述，即"物"的价值描述、"心"的价值描述与"人"的价值描述。以价值事实的三元化描述为基础，还可以对其中一元的价值描述与另一元的价值描述之间的关系进行描述，即"心－物"价值关系的描述、"天－人"价值关系的描述与"心－人"价值关系的描述。把对价值事实的两组描述结合起来，就形成一个关于价值事实的、多元化的、具有三维关系的描述系统。这种描述系统不仅能使价值描述的关系网络有序化、系统化和简约化，有助于对价值描述的具体情况加以分类和比较，还能为价值理论问题的研究制定描述方案、筛选描述方式。

两篇《审美评价、美学命题和一种"元美学"》作为"元哲学""元价值学"思考的美学延伸，设计出一种试图超越传统美学的本体论和认识论藩篱的"元美学"。第一篇对日常言谈中的审美陈述或审美评价进行形式结构分析，认为其主项和谓项主要由指称审美对象的对象词语、指称审美价值的审美词语以及指称审美评价主体的主体词语构成。文章把审美词语和它所指称的审美价值与事实之间的关系同三元化的描述系统与事实系统之间的关系组合在一起，提出了关于审美词语的四种解释模式。第二篇则在审美词语的四种解释模式的基础上，对传统美学中四种关于美的性质的命题形式结构进行了分析。从元美学的角度来说，美学史上各种关于美的性质的命题之间的分歧，都有可能还原为此类命题形式结构方面的差异或相关概念排列组合方面的差异。

1989 年，60 岁。发表论文《生产力标准和道德标准》（《云南社会科学》1989 年第 3 期）、《元哲学和元美学》（《贵州日报》1989 年 2 月 19 日）。

《生产力标准和道德标准》认为，生产力标准和道德标准都属于价值标准，可以将两者及其关系问题放在价值学范围内进行考察。生产力标准的内涵和职能，是用是否有利于发展生产力去检验和衡量人们在一切领域、一切行业中的劳动和工作的正负价值，是人们在劳动和工作中的所思所为、一言一行的正负标准。在价值标准的系统中，生产力标准既是它的一个成员，又是规范和衡量系统中其他成员的一把总的尺子。道德标准同样是一种重要的价值标准，其职能在于，要针对人们的劳动、工作和一切涉及人际利益的行为以及与此相关的所思所言做出道德规范和评价。道德标准的组成部分和生产力标准之间有远近亲疏之分。生产力标准对道德标准有规范制约的作用。由此出发，可以对生产力标准和标准中具有重大现实意义的德才关系问题、义利关系问题、公私关系问题等，重新加以梳理和审定。此外，在人道主义道德标准的名目下，适用于日常工作劳动的符合生产力标准的道德标准同适用于各种特殊情况的道德高标准，是各司其职、并行不悖的。

1990 年，61 岁。发表论文《论中国古代审美理论中的寄托范畴》（《思想战线》1990 年第 6 期）。完成《思维与秩序》初稿（1990 年 12 月 5 日）。

《论中国古代审美理论中的寄托范畴》认为，"寄托"是中国古代审美理论中影响深远的审美范畴。"寄托"之说源于"言志"、"缘情"以及"比显兴隐"的古老传统。然而，总揽前人之遗产，将"寄托"升格为审美学之核心范畴，则是常州词派的功劳。张惠言是常州词论之首倡者，虽并未明言"寄托"，实启其端。周济创立"寄托说"，从多侧面揭示了寄托范畴之丰富内涵，并以寄托范畴为中心建构了一套深致而完整的审美理论。谭献进一步深化了寄托范畴与寄托理论的内涵，并把"寄托"拓展为整个文学理论领域的审美核心范畴。陈廷焯和况周颐在发展寄托范畴和寄托理论上也有不少建树。"寄托"作为审美范畴，其指述意义有广义和狭义两种。常州词派所论狭义的寄托范畴，意义结构由内部关系和外部关系两个层面组成，且相互为用，内部关系也能转化为外部关系。

1991 年，62 岁。2 月退休，继续承担云南大学中文系本科生、研究生的教学、指导工作。发表论文《审美范畴与审美活动——二论寄托范畴与中国传统审美范畴》（《云南社会科学》1991 年第 1 期）、《寄托范畴与审美意识——三论中国传统审美理论中的寄托范畴》（《云南民族学院学报》1991 年第 2 期）、《审美范畴与思维模式——试论中国传统审美理论的体悟型思维》（《思想战线》1991 年第 3 期）。

《审美范畴与思维模式——试论中国传统审美理论的体悟型思维》通过常州词派的词论家对寄托范畴的阐释，辨析出中国传统的体悟型审美理论思维的六个基本特性：思维对象的过程性、审视方位的内向性、思维形式的有象性、思维内容的可体验性、思维构成因素的多样性、思维程序的非程式化。在中国传统思维模式里，体悟型审美理论思维与体悟型宗教理论思维互通声气，诗道之"妙悟"和禅宗之"顿悟""渐悟"相互辉映。体悟型审美理论思维属于人类思维活动基本类型中的"体悟－直觉"思维，介乎"审美－艺术"思维与"思辨－分析"思维之间，兼有二者的部分特点，又同二者有明显的差别。中国传统审美理论和审美范畴的构造以体悟型审美理论思维为主，西方传统美学理论和美学范畴的构造以思辨型美学理论思维为主。

1992 年，63 岁。发表论文《论思维的类型》（与何明合写，《哲学研究》1992 年第 10 期），获云南省第三次哲学社会科学优秀成果二等奖；《思维的界说和思维的三要素》（《思想战线》1992 年第 5 期，《新华文摘》

1992 年第 12 期摘登），获云南省第三届社科文艺期刊优秀作品编辑奖二等奖；《思维的分类和思维的演化》（为邓启耀专著《中国神话的思维结构》撰写的序言，重庆出版社，1992）、《从审美活动的特点看审美教育的地位》（云南省美学学会首届年会上的学术报告记录，整理者仇学琴，发表于《云南高教研究》1992 年第 4 期）、《"言在耳目之内，情寄八荒之表"——略谈诗词创作中的"寄托"》（载张文勋主编《云南诗词》第二辑，云南教育出版社，1992）。完成文稿《道德内涵的理论探讨——道德问题面面观之二》（1992 年 12 月 28 日）、《审美心理研究讲稿》（1992 年为 1989 级汉语言文学本科学生开设的选修课程"审美心理研究"的听课笔记，整理者秦丽辉）。

《思维的界说和思维的三要素》认为，当前国内外对思维的界说或以偏概全，或模糊不清，存在一些因袭的理论定势，缺乏学科理论之间的交流沟通，因此有必要为思维活动的界定寻找新的出路，即以大脑功能和内外信息为前提，寻找一切思维活动都具有的构成性要素。符号、秩序和程序，就是人类的思维活动都具有的和最主要的结构性三要素。由此，可为思维活动立下一个比较合理的构成性界说：思维活动是同大脑活动相关的、综合了环境信息和机体信息，运用符号和依据一定程序去发现或构造各种秩序和规范的意识活动。《论思维的类型》认为思维的整体结构包含两个方面：一是思维活动自身的主体性的程序和形式，二是进入思维活动的客体性的信息材料以及思维活动梳理、描述和解释着的客体性的秩序与规律。思维活动总体结构中的主体性部分与客体性部分之间形成了各种类型的关系，可以由此把思维分为六种类型："原始－神话"思维、"审美－艺术"思维、"思辨－分析"思维、"体悟－直觉"思维、"计量－运算"思维、"日常－综合"思维。

1993 年，64 岁。发表论文《比较哲学和比较文化学——哲学和文化比较研究的方法论构想》（《思想战线》1993 年第 2 期）、《〈易经〉与未来学——对预测未来的哲学思考》（《思想战线》1993 年第 6 期）、《思维、思维分类、辩证思维和系统思维》（与何明合写，载苗启民、毕国明主编《辩证思维方法及其应用》的"引论"部分，云南大学出版社，1993）、《一种文化构造理论及其研究方法的模型》（载张文勋主编《民族文化学论集》，云南大学出版社，1993）。完成文稿《政府的职能与职能的转换》（1993 年 8 月 25 日）。

《〈易经〉与未来学——对预测未来的哲学思考》认为，《易经》是古代的未来学，同当代西方未来学相比，除了皆以怎样预测未来和展望前景作为思考的中心课题外，还包括三项共同的原理：连续性原理、类推原理、期望原理。两者的差异在于：《易经》认为"未来"在成为"现在"之前就已"实在"，当代西方未来学则否认"未来"在成为"现在"之前就已"实在"；《易经》认为未来为"天命"所决定，当代西方未来学则以"非决定论"作为哲学基础和方法论支柱；《易经》认为"未来"是确定的，当代西方未来学则认为"未来"是不确定的。

《一种文化构造理论及其研究方法的模型》建造了一种文化构造的理论模型，同时也是一种揭示如何解析文化的共时性结构或文化的整体构造及其组成部分的方法论模型。文化系统有独特的组织结构，由实物、行为和观念三大层面组成。文化构成中的实物文化既包括经过人类加工、制作和创造的一切可观察感知的物品和工具，也包括获得了稳定的文化内涵的自然物。行为文化大体上可划分为三大类型："生产－技术"行为、"语言－符号"行为与"伦理－政治"行为。观念文化也包括三种成分：实证性的知识、价值性的观念以及建构实证知识和价值观念的思维模式。价值观念又包括实用观念、"生产－交换"观念、"求知－爱智"观念、"伦理－政治"观念、"信仰－宗教"观念和"审美－艺术"观念。实物、行为和观念三大层面相互作用，其中任何一个层面皆非"本体"，亦非"实体"，无须考虑文化构造的本体论问题。

1994年，65岁。发表《书法审美之艺术心理》（为庞有应《淡泊居士书法艺术集》所作序言，云南美术出版社，1994）、《文化、价值、观念与符号》（为何明、廖国强《中国竹文化研究》所作序言，云南教育出版社，1994）、《观念文化、哲学思想和民族精神》（载伍雄武主编《中华民族精神新论：各民族精神的融汇与凝聚》，云南人民出版社，1994）、《元美学与美学的一次谈话》（为苗启明《效应形态论——审美世界的特质》所作序言，云南人民出版社，1994）。完成文稿《儒家传统道德的回顾——道德问题面面观之三》（1994年6月1日）。

1995年，66岁。发表《心理美学与书法艺术》（《思想战线》1995年第3期）。完成文稿《书法与诗文——一种符号学的阐释》（1995年5月11日）。完成讲座提纲《禅宗的佛性论与心性观》（1995年5月25日）。

《心理美学与书法艺术》以分析视知觉为起点，研究同书法艺术创作和欣赏相关的审美活动中的几个心理美学问题。中国书法与视觉的明暗对比寸步不离，特别是明暗对比中的线条，以及线条的构架和组合，是不折不扣的视觉艺术、最有代表性的线条艺术、三维化的空间艺术、注重"神似"的抽象性造型艺术。人的大部分感觉均能同视知觉相结合，就书法而言，动感、力度感、平衡感甚至触感、温觉等，皆同纸上黑字的线条感和形体感，以及相关的比例感、方位感和距离感结下了不解之缘。书法艺术引起观赏者的动感，其深层根源在于笔画线条在视觉空间的三维造型所引发的对书写动作及其力度和节奏的联想与"内模仿"。书法还是典型的表现艺术，是书法家自我的心态思绪与创作个性的表现。中国书法透过纸上的线形去表现意蕴，意蕴又直接来源于作者的情思和人格，无须转化为汉字的字义，也不必接受汉字字义的规范。

1996年，67岁。发表《回顾与展望——一份"元文学理论"的论纲》（《昆明社科》1996年第1期）、《儒家哲学中的人性论》（《曲靖社会科学》1996年第6期）、《"实体"的消解，是21世纪文论的一种走向》（《中外文化与文论》，1996年）。

《回顾与展望——一份"元文学理论"的论纲》试图构造一种有关众多文学理论的构成性或共时性的元理论。文中设计了一个正三角形，以重心O代表作品，三个角A、B、C分别代表客体、作者和读者，AB、AC、BC、AO、BO、CO连线也各代表一种关系。利用这一元理论的图形符号，就可以厘清古今中外各流派的文学理论的立论基点与审视中心的分布特点，由此比较中外传统文论的差异，预测西方当代文论的走向。冯巍在《文学理论：作为研究对象》（《甘肃社会科学》2009年第1期）一文中认为："1996年，赵仲牧的《回顾与展望：一份"元文学理论"的论纲》一文，接续他80年代以来在元哲学、元价值学、元美学层面的一系列思考，试图建构一种文学理论的'元理论'。他认为，'元文学理论'的任务，是把千差万别的文学理论视为客体理论，通过精心梳理使它们看起来无序的关系网络有序化，形成一个相对稳定的秩序结构。从哲学到文学理论的入思理路，使他的'元文学理论'的设计与预测有着明显的学科价值。"

1997年，68岁。发表《哲学和哲学史的多元视域》（为程云冠《中西方概念认识史略》所作序言，云南人民出版社，1997）。

1998年，69岁。发表《青云街的茶社与士文化》（《山茶》1998年第1期）、《从先秦哲人的矛盾观到现代辩证逻辑的构想》［为罗翊重《东西方矛盾观的形式演算（第1卷）——〈易经〉象数学概论》所作序言，云南科技出版社，1998］、《多维视野中的批评语境和作品语境——〈多棱镜下的文学〉代序》（为李炎《多棱镜下的文学》所作序言，云南大学出版社，1998）。

1999年，70岁。完成文稿《简论符号》《关于符号学的几点思考》《符号学、符号美学和心理美学》《符号与美学》（根据20世纪90年代中

期以来符号学、符号美学方面的讲座记录以及为文艺学硕士研究生开设的
"符号美学与艺术符号"等课程的听课笔记汇编、整理而成。)

2000年，71岁。发表《物理场论对哲学思考的提示》（《思想战线》
2000年第5期；《科学技术哲学》2001年第1期全文转载）、《文化学、符
号学、美学与文学批评的整合——兼评朱曦、章立明新著〈文本·文化·
美——新时期云南文学人类学批评〉》（为朱曦、章立明《文本·文化·
美——新时期云南文学人类学批评》所作序言，云南大学出版社，2000）、
《探索的成果　开拓的力作：评张佐邦〈作家心理美学〉》（《学术探索》
2000年第3期）。

《物理场论对哲学思考的提示》认为，物理学的"场"范畴与"场
论"能为哲学思考提供一系列的重要提示：将"相互作用及其连续性"的
观点引入哲学领域，并进行全面的拓展与深化；以"非实体主义"的基本
理论为参照系，为众多的哲学问题找到新的答案；以"非决定论"的基本
理论为参照系，引导相关的哲学问题寻找新的答案。"实体主义"历来是
"决定论"的理论支柱，"非决定论"常跟"非实体主义"结伴而行。不
妨用系统论的方法论及其术语去转换物理场论中的数学关系式，从而更有
利于在哲学思考中引进物理场论的方法论模式。仿效物理学的"场论"或
"场"的物理学，建构"场的哲学"或"场哲学"；模拟理论物理学预设
的"大统一场论"，建构包含古今中外多种哲学体系和流派之间相互作用
的"哲学理论场的场论"。

2001年，72岁。发表《事象、关系、过程——兼论"物"、"心"和
"人"》（《思想战线》2001年第5期）。整理讲座记录《秩序和方法演讲
录》（2001年2月）。口述文稿《元初事象——哲学思考和哲学讨论的新
起点》、《"元初事象"的哲学阐释》和《识知哲学——哲学思考和哲学讨
论的第二个起点》（张震、苏荟敏等记录、整理）。整理讲课记录《第一组
专题：审美形式感的分析》和《第二组专题：审美表现的分析》（2001年
为文艺学硕士研究生开设课程"心理美学"的听课笔记，整理者秦丽辉）。

《事象、关系、过程——兼论"物"、"心"和"人"》指出，事象包
括各种实物、现象、行为和事件，事象是有形象、可观察感知的。事象总
是处在关系网络中，而事象和关系网络均处在动态过程中。事象、关系、
过程是三个基础性的哲学范畴，事象理论、关系理论和过程理论是研究哲
学问题的三个重要的理论前提和审视方位。从事象论的方位审视一切，则
一切皆为有形体或有相状的事象；从关系论的方位审视一切，则一切均在
关系之中；从过程论的方位审视一切，则一切均在过程之中。由此出发，

可以重新考察"物"、"心"和"人"三个古老的观念，进而分析和消解传统哲学对三者作出的实体主义解释和本体论预设。实体主义往往赋予"物""心""人"三类事象以三种独立的、固定的"本质"和"自性"。在事象论、关系论、过程论的视野中，所谓"物""心""人"不过是统一的事象世界分化出来的三种"相"，是统一的关系网络中的三个"关系极"，是大化流行过程中的三种"过程态"，皆非孑然自立的"实体"，也没有无依无傍的"自性"。

《元初事象——哲学思考和哲学讨论的新起点》中的"起点"指的是哲学思考和讨论的起点，无须进行本体论的承诺或预设。哲学思考的起点必须具备的条件：回归常识；同人类哲学思考和哲学观念的缘起有关；能够梳理出人类哲学的发展历程；有利于宏观鸟瞰当代各家各派哲学。以"元初事象"为哲学思考和讨论的起点，就是以没有被古今中外哲学的思考和言说所"污染"的元初实物、现象和事件为起点。关于这个"起点"，可以从语言哲学的方位、认识论或知识论的方位、自然科学的方位三个方面来"去污"。元初事象的三极分化：从体验、做梦、思考等的反思中发现"心"极，从行为、交往、言说中发现"人"极，从物理空间、物体运动、自然法则等分化出"物"极。元初事象作为起点具有实在性和公共性，即"物"的公共性或"客体性"的公共性、"人"的公共性或"主体间性"的公共性、"心"的公共性或"通感"的公共性。元初事象三极的可分化性与可合成性：从任何一极出发，均能找到不同于其他两极的专属本极的事象；从任何一极的专属事象中均能找到其他事象的参与。

《"元初事象"的哲学阐释》探讨了何谓元初事象、元初事象的还原、元初事象的构成性和基础性分析以及其与日常共识的关系等问题。元初事象是现实生活中个体化的、有属于自己的形态和特性的、可感知的、动态的、有象的实物或现象，是组成世界图景的基本要素、构成原子事件的原子事实、构成类别的基本单元。所谓元初事象的还原，即是对附加在元初事象上的观念性、人格性因素的消解，还元初事象以本来面目。对元初事象进行构成性、基础性分析，以普通人的常识为参照系，同时也将"我"的思考活动、言说活动"悬搁"起来。通过对元初事象的基础性分析，可以发现并确认日常共识的几组信念：我们周围有众多的实物、实相、实性和实事，且都有实象；个体化或个别化是事象的基本形态，事象世界由个体组成；个体性的实物、实相、实性及其实象，既有差异，也有相似之处，从相似之处可推演出类别或共相；确认我们的感知能力、感知活动、肢体动作的实在性，进而确认进行感知活动、肢体动作的自我的实在性；确认人与人之间的感知能力、感知活动具有主体间性，进而确认凡人皆有共同本性，我们共同参与、构造着同一个事象世界；实象与表象具有同一性，我们感知或认识着的实象构成的世界，既内在于又超越于我们观察感知到的表象世界；语言的所指对象，既是实象构成的世界，又是表象构成的世界，语言的所指对象既内在于语言，又超越于语言。

2002 年，73 岁。10 月获第五届"王中文化奖"。"一个真正的哲人思接千载、胸汇万有，一个真正的哲人就是一个思想家、革新家，任何思想监狱、精神牢房或是主义教条都拦阻不住他。赵仲牧之可贵，在于他挑战禁忌，突破边界，否定一切旧的价值标准，粉碎一切偶像崇拜；在于他自觉把追求知识和探索真理、自我生命与学术生命融为一体；在于他无拘无束追求完美，永不满足，'好学不厌，海人不倦'，既永远在追随着时代和理论的变迁，又并不跟着它们打转，而是超越其上，避开风头和时尚，排除浮词词嚣议，我行我素，自立门户开创天地。"（《第五届王中文化奖授奖辞》，2002）发表《时间观念的解析及中西方传统时间观的比较》（《思想战线》2002 年第 5 期），获云南省第七次哲学社会科学优秀成果三等奖。发表会议论文《形而上学的建构和西方现当代哲学对传统形而上学的解构（发言提纲）》（《全国"形而上学与反形而上学"学术研讨会论文集》，2002 年 8 月）、《符号学视野中的语词、诗句及其审美形式》（在武汉召开的"符号学与东亚文化的全球意义——第三届东亚符号学国际会议"，2002 年 10 月）。口述文稿《人性论》、《权力结构和中华传统文化中的权力结构——兼论儒家对中华传统权力文化的权力结构的阐释》和《情感问题的哲学分析》（张震、赵嘉鸿等记录、整理）。

《符号学视野中的语词、诗句及其审美形式》认为，可以从符号学的视角出发，并结合心理美学的有关理论，去解析诗句的形式结构及其相关的形式关系，从中寻找诗歌的形式美感的符号学或语言心理学之根源。符号的结构包含六重关系。第一重关系是能所关系，涉及符号中的能指层面和所指层面之间的关系。根据能所关系的不同特性可以将符号大体划分为四种类型：肖似符号、标示符号、象征符号和艺术符号。第二重关系是象意关系，涉及符号所指层面的所指对象与所指意义的关系。第三重关系是表里关系，涉及符号所指意义中的表层和深层的关系。第四重关系是编组关系，涵盖与符号构成相关的编码规则和组合方式两个方面。前四重关系形成了符号的共时性结构。第五重关系是施受关系，涉及符号在运用过程中的发施者与接受者之间的关系。第六重关系是传承关系，涉及符号的传播与继承之间的关系。施受关系与传承关系形成了符号的历时性结构。作为符号的语言，根据其所指层面是否具有可感性或形象性，可大致区分为有象词与无象词。有象词所指称、描述或摹写的是形体的"形体之象"、物态的"物态之象"与行为的"行为之象"。有象词的所指对象的形象与心理表象是合而为一的，这里的心理表象包括观察感知的"实象"、回忆的"心象"与想象的"虚象"。除了专有名词外，有象词的所指对象可以由类化的表象构成，不过在使用这类词项时，可以在观察感知或记忆想象中将其转化成个别化的表象。有象词的所指对象及其相关表象既具有私人性，也具有公共性。解决这些问题将为分析诗句的结构及其审美形式感的生成提供必不可少的理论前提。

2003年，74岁。发表《目的论·因果论·辩证论——中西方传统哲学中的三种秩序论模式》［《云南大学学报》（社会科学版）2003年第4期］。完成文稿《试论"哲学场"中的相互作用——物理场论对哲学思考的提示（续篇）》（2003年1月）；《赵仲牧文集（第一卷）：思维学、元理论和哲学卷》（云南大学出版社，2003），获云南省第八次哲学社会科学优秀成果二等奖。

《目的论·因果论·辩证论——中西方传统哲学中的三种秩序论模式》认为，"秩序"是一个重要的哲学范畴，"秩序论"是研究包含"规律"在内的各种有序性的理论模式。哲人历来十分关注作用关系和作用过程的有序性。"目的论"、"因果论"和"辩证论"是中西方传统哲学中三种主要的"秩序论"模式。"目的论"认为，外在的或内在的合目的性是作用型秩序的"本原秩序"，合目的性的基本规律和普遍秩序组成了决定整个秩序世界的"核心结构"。"因果论"主张，因果关系是作用型秩序的"基本环节"或"核心结构"，因果链是决定一切事象生成演变的"本原秩序"。"辩证论"则强调，矛盾双方的相反相成是作用型秩序的"核心结构"，相互作用、各方对立统一的规律是一切事象生生不息的"本原秩序"。目的论和因果论倾向于单向度的作用型秩序论，辩证论则建构了双向度的作用型秩序论。

2004年，75岁。发表《道德问题纵横谈》（《云南文史》2004年第3期）。

2005年，76岁。9月，"赵仲牧哲学书院"成立并开讲，至2006年4月结束。"从赵老师后期在学校、哲学书院以及自己家的讲课中，我感觉贯穿着一条主线，就是以语言和事象分析为出发点来分析中外哲学的主要范畴和概念，形成了自己独特的一种视角和哲学观点。"（余俊，2014：

257）"赵老师在一次哲学书院的讲座中说：'我是想借这个哲学书院沙龙的讲坛，讲自己的哲学观点和哲学思考，通过讲述，把我的哲学传授出去，另外听听同志们对讲述到的哲学问题的反馈，我很愿意听到各种不同意见的反馈。'"（余俊，2014：259）

2006年，77岁。完成文稿《语言和事象哲学》、《语言构成中的六重关系》、《语言与诗学》、《说与写的分析美学》和《说写与听读活动在三维时态中的"在场"与"即时"心理分析和意向性分析》（根据2000年以来语言哲学方面的讲座记录以及研究生课程"词项分析与语言哲学""语言哲学与现象哲学"等的听课笔记汇编、整理而成）。

《语言和事象哲学》由"本体论原则"、"语言构成中的六重关系"与"哲学思考以什么为起点"三个部分组成。第三部分认为，中外历代哲学家各自选择了不同的哲学研究与思考的起点，但是，不管以什么为起点，有两个方面是不可避免的，一是语言，二是事象。可以借用王弼提出的"言、象、意"来讨论语言与事象。"言"就是语言。语言由能指与所指构成，所指又包括所指对象与所指意义。"象"可以扩展为事象。事象既包含形象，又包含有形象的事件。事象中的形象有形体之象、声音之象、相状之象和行为之象，其中形体之象是核心。事象中的事件由四种象形成。事象中的形象还可以分为三个层次：印象、心象和虚象。事象构成了语言的所指对象，作为所指对象的事象既内在于又超越于语言。"意"即意义，可以划分为三类：感情意义、价值意义和理论意义。感情意义是和形象联系在一起的，是一种表情之象；价值意义也可以同形象联系起来；理论意义没有所指对象和形象。哲学思考应该从语言中的词语开始，从词语的所指对象，即从词语所指的事象和形象出发，从最简单、常见的事实出发，不作任何本体论、认识论预设。从词语出发，从词语的所指对象——形象和事象出发，总体用的是分析的方法，同时综合运用系统论、场论、现象学等方法。把哲学思考的起点和分析的方法引入后，会发现许多哲学问题，主要包括两个方面：对元初语词进行分析，揭示出约定性的公共性；对事象进行分析，揭示出主体间性的公共性与客体性的公共性。三种公共性进一步化解了传统的本体论预设与认识论预设。

2007年，78岁。5月16日，因病逝世。文章《民族电影的符号学解读》发表（载郭建斌主编《文化适应与传播》，云南大学出版社，2007）。

参考文献

曹云雯，2002，《纵浪大化中，不喜也不惧——访云南大学中文系赵仲牧教授》，《都市
　　时报》9 月 28 日。

罗常培，1996，《苍洱之间》，辽宁教育出版社。

乌丙安，2014，《回忆仲牧老友》，载施惟达、段炳昌主编《薪火相传待后人——赵仲
　　牧先生纪念文集》，云南大学出版社。

余俊，2014，《从语言和事象分析消解传统哲学——赵仲牧教授最后的岁月学术琐忆》，
　　载施惟达、段炳昌主编《薪火相传待后人——赵仲牧先生纪念文集》，云南大学出
　　版社。

赵淑霞、徐有光，2014，《忆哲人、诗人、宗师赵仲牧的人生风范》，载施惟达、段炳
　　昌主编《薪火相传待后人——赵仲牧先生纪念文集》，云南大学出版社。

赵仲牧，2003，《〈赵仲牧文集〉后记》，载《赵仲牧文集（第一卷）：思维学、元理论
　　和哲学卷》，云南大学出版社。

赵仲牧，2014，《青云街》，载《赵仲牧文集（第五卷）：诗文卷》，云南大学出版社。

《赵仲牧学术小传》，2002，《王中文化奖第五届获奖者哲学家赵仲牧》（未刊）。

《第五届王中文化奖授奖辞》，2002，《王中文化奖第五届获奖者哲学家赵仲牧》
　　（未刊）。

人类学与区域研究

《魁阁》2021 年第 2 期（总第 5 期）

第 25～45 页

© SSAP，2022

新中国成立后内蒙古蒙古族牧民居住生活变迁及原因分析

——基于内蒙古包头市×嘎查^①的田野调查[*]

刘 朦^{**}

摘 要：本文通过对内蒙古包头市×嘎查的田野调查，梳理新中国成立后至今蒙古族牧民"游牧－半定居－定居"居住生活的变迁，包括生活方式、活动空间、建筑形式三个方面的变迁历程，并分析造成居住生活变迁的生态、政策、经济、文化等方面的原因。

关键词：内蒙古 蒙古族 居住生活 变迁原因

×嘎查隶属内蒙古自治区包头市，是一个以纯牧业生产为主的村落。总面积 176.76 平方千米，草场面积 267370 亩。×嘎查地形为东西长、南北短的长方形，地势西北高、东南低，西北为山地，南部为半坦之地，西部最高之处海拔为 1700 米，是整个嘎查的分水岭。从草场类型来看，南部为典型荒漠草原，北部为荒漠化草原，植物以针茅为主。居民分布在东、西、南、北四个方向，但牧民通常把牧区分为东西两个区域。其中西边居民户数最多，也最为集中。据笔者 2019 年 8 月的调查，整个嘎查共有 95 户 211 人。民族主要是蒙古族和汉族，其中蒙古族 68 户、汉族 27 户，常住户数有 40 余户。这是一个以纯牧业生产为主的村落。

---

* 本文为 2019 年教育部人文社会科学研究青年项目"云南少数民族建筑景观艺术构形类型与文化空间的人类学研究"（19XJC760003）的阶段性成果。

** 刘朦，博士，云南大学民族学与社会学学院讲师。

① 嘎查：蒙古族称行政村为"嘎查"。

笔者在×嘎查进行了为期15天的田野调查，对当地30余户蒙古族牧民的居住生活进行了调研。新中国成立后蒙古族牧民经历了"游牧－半定居－定居"居住生活的转变，本文从生活方式、活动空间、建筑形式三个方面梳理其居住生活的变迁历程，并分析背后的原因。

一　新中国成立后至50年代：游牧时代的蒙古包

蒙古包是游牧民族的传统建筑，蕴含着蒙古族最古老最深刻的生存智慧。在×嘎查，现在仍能看到蒙古包，不过大多不再为居住所用，而是为游客所准备。据当地蒙古族牧民（50~70岁）回忆，他们小的时候还住过蒙古包，推算时间大概为20世纪四五十年代，当时人们还普遍住在蒙古包里，过着游牧生活。

蒙古包的产生与北方民族从游猎向游牧生活的转变有关。

（一）　生活方式

建筑形式总是与生活方式密切相关，从一定意义上可以说是由生活方式决定了建筑形式。游猎时期，人们逐兽而居，居住条件十分简陋，居住形式为"斜仁柱"[①]。游牧时期，生产力较游猎时代有了较大发展，逐兽而居演变为逐水草而居，生活日趋稳定，活动范围也日益扩大，于是一种既能适应长途迁徙又能适应风沙暴雪的居住形式——蒙古包产生了。蒙古包轻便、易拆、便于多人居住的特点，满足了游牧民族迁徙频繁且人口增多的生活需求。

饮水是放牧中的重要一环，因此水资源[②]便成为蒙古包选址的重要决定因素。据牧民介绍，在游牧时代，水资源很丰富，到处都有河流，挖地几尺很快就有水出来。另外，放牧对大草场面积的需要，决定了人们不能扎堆居住，蒙古包之间相隔比较远。牧民说，蒙古包隔音效果不好，家里说话，外面都能听到，住得远在最大限度上保护了牧民的隐私。因此，草原上的聚落属于分散型聚落。

---

① 上端用几十根木杆绑紧，下端分开立于地面，呈圆锥形架子。上面覆盖兽皮或树皮等。据有的学者考证，蒙古包的前身就是斜仁柱。
② 水资源包括河流、水井等。

（二）活动空间

游牧时期，牧民的活动集中在以蒙古包为中心的数里或数百里范围之内，看似随意，实际上每年的游牧路线都相对稳定。牧民不可能每年都去开发一条新路线，以往的放牧经验让牧民知道哪里有水源、哪里水草丰盛，去年留下的牛羊粪便也可以继续使用。因此，牧民还是在一个相对固定的草场空间内活动，他们有着各自的领地。这就是为什么游牧民族虽然过着散居生活，但彼此互不打扰、社会井然有序的原因。

综上，游牧民族的生活空间可以概括为"以逐水草而居为基本特征的游牧方式，以及依各有分地为原则确定的游牧空间"（韩茂莉，2003）。

（三）蒙古包形式

蒙古包结构包括套瑙、乌尼、哈那、门四个部分。制作原料为木头和羊毛毡。以下简要介绍蒙古包结构、室内空间构成以及生活用具。

1. 蒙古包结构

（1）套瑙（屋顶）

套瑙（见图1）是蒙古包的顶，位于蒙古包中央，为圆形。圆形分为内圆和外圆。内圆里面为十字形中心，在内圆里用榫接四根较长的轴条，构成套瑙基础结构。除较长轴条以外，内圆周边再增加几根短的轴条，以构成外圆（一个更大的圆圈）的联结点。外圆上有很多槽孔，是为乌尼插入哈那而准备的。

套瑙最古老的形式是不透明、不透风的，后来因采光和排烟需要改良为透明、透风的形式。

（2）乌尼（椽子）

乌尼（见图2）是连接套瑙与哈那之间的条形斜杠。乌尼的长短、数量由套瑙的大小来决定。据当地人说，乌尼一般由柔韧性比较好的柳木制成。木材要制作成弧形，上端因要插入套瑙，需光滑稍弯曲，下端要有绳扣，以便与哈那相连。

（3）哈那（墙）

哈那（见图3）是用条形木头交叉编织而成的网状结构，支撑着整个蒙古包的重量，相当于墙壁。哈那的制作使用柳树条，将柳树条交叉编织成等距离的平行四边形小网眼，用马鬃把交叉点捆绑起来。网眼的大小决定哈那的高矮，制作完成的哈那具有较强的伸缩性。哈那的丫形支口，上接乌尼，下支撑地面。哈那的网状结构可以承受上千斤的重量。哈那用红柳制成，红柳这种材料具有防蛀防潮属性，是蒙古包的最佳选材。哈那网眼大小一致，具有参差错落的美感。

（4）门

门是最后一道工序，哈那立起来固定好后，由哈那的高度决定门的高度。门大概在 1.3 米至 1.5 米，人进门需弯腰，不得踩踏门槛。

图 1　套瑙　　　　　　　　图 2　乌尼　　　　　　　　图 3　哈那

资料来源：作者拍摄。

2. 室内空间构成

蒙古包坐北朝南，包内空间不做分隔。父母和未婚子女同住一室。蒙古包内讲究方位：西北向为家中长者座位区；东向为女性区域，放置奶桶、碗柜等杂物；西向为男性区域，摆放与男性相关的畜牧、狩猎工具（见图 4）。方位遵循西为贵原则。

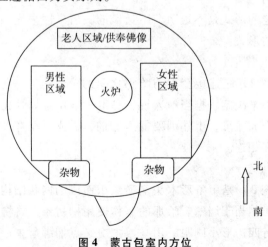

图 4　蒙古包室内方位

资料来源：作者自绘。

吃饭时大家围成一个圈，从西北方向开始，老人先坐，之后按照年龄、性别顺时针入座。坐好后如要走动，不能从人前经过，需从背后过。现在蒙古包的座位就比较随意了，不太区分位次。

传统的蒙古包中，在西北角有专门供奉神灵的区域，人们定期祭拜神灵。不同的家庭会供奉不同的神灵，女人不能去西北角。后来，人们不再相信房子里有神灵，供奉神灵的区域便消失了。在×嘎查牧民家，笔者只看到一户人家的蒙古包中供有神灵。

图5为牧民乌兰格日勒家蒙古包西北角的神龛，神龛上供奉有太上老君像和菩萨像，神像面向南方。据乌兰格日勒介绍，这个蒙古包不住人，主要用于堆放杂物。

a　　　　　　　　　　　　　　b

图5　蒙古包西北角的神龛

资料来源：作者拍摄。

3. 生活用具

蒙古包入口狭小、蒙古族喜欢席地而坐的习俗以及频繁搬迁的游牧状态，决定了蒙古包内的生活用具需具有粗壮耐用、体量小、便于搬动等特点。在砖瓦房中，家具配合垂足坐使用，体量也就相应变大，符合人体的正常尺寸。

（1）茶桌

茶桌体型较小，桌的长宽为30至40厘米，桌腿比较粗壮。

（2）衣箱

衣箱体型较小，长度大约为60厘米，宽为34厘米，高为45厘米，正立面为长方形。

（3）火炉

火炉是蒙古包最主要的生活用具，一般摆放在蒙古包的中心。最早的火炉较为简易（见图6），是一个非常简单的铁圈，可随意移动。在蒙古包居住时，人们生火做饭大多是在蒙古包外，取暖的时候再把火炉搬到蒙古包里。蒙古包一开始是没有烟囱的，烟从门出去，通常会把屋子熏黑。后来，蒙古包顶上开了天窗，有了烟囱，火炉也就演变为带一个烟管直通天窗的样式（见图7）。定居以后的蒙古族牧民也采用这种带有烟管的火炉。

（4）羊毛毡

蒙古包地上铺羊毛毡，人们席地而睡，那个时候没有炕和床，炕和床都是后期（20世纪60年代以后）才有的家居用品。

（5）橱柜

橱柜是放餐食用具的地方，一般放在东墙。柜子分成好几层，分别放不同的东西。放置东西遵循先白后红的饮食习惯，奶食和茶要放在上面，肉食放在下面。

（6）奶缸、水缸

住蒙古包的时候，家家都制作奶食。因为当时不吃蔬菜，大量食用牛羊肉需要奶食作为搭配方能解腻。奶制品一般在夏秋两季制作，所以蒙古包东南角放置的东西会随季节而变化。夏秋是奶缸，冬天是水缸（见图8）、牛粪、火炉。如今，因不再制作奶食，奶缸就很少见了。

（7）木碗

吃饭的餐具为木碗。木碗轻便，适应蒙古包的移动性。木碗上绘有花纹。

图 6　简易火炉　　　图 7　带烟管的火炉　　　图 8　水缸

资料来源：作者拍摄。

二　20世纪60年代至70年代：半定居时代的土坯房与蒙古包

（一）　生活方式

20世纪60年代至70年代，草原由完全自由的游牧时代进入大集体时代。草场、牲畜皆为集体所有。由于人口增长、草场退化、集体化经济等多方因素的影响，游牧向半定居倒场轮牧①过渡。倒场轮牧的好处是保证草场的草资源供给稳定，生态维持平衡。

由于倒场轮牧的生产方式代替了四季牧场（游牧），牧民的生活逐渐稳定，半定居化生活也就应运而生。半定居指的是一半走动一半定居的生活方式，固定居所建立在冬营盘，夏季放牧时仍使用蒙古包。

据牧民介绍，夏季牧场以水源为核心，蒙古包建在水源旁边。夏季牧场结束，便把蒙古包拆了带回冬季牧场。冬季牧场建有固定性居所——土坯房，土坯房冬天保暖性强，不怕日晒风刮。另外，冬天羊群、牛群要回来住，需要搭建牛羊圈棚给它们躲避风寒。因此，不论是从人的居住舒适性考虑，还是为了满足牲畜冬天的居住需要，土坯房都是草场牧民生产、生活发展到一定阶段的必然选择。

（二）　活动空间

游牧到半定居的转变，意味着牧民生活半径缩小，移动次数减少。移动的路线并非固定不变，而是处于相对稳定的状态。在冬营盘建造固定性强的房屋，在夏营盘仍然使用蒙古包或新兴的移动板房②等。

（三）　土坯房建筑形式

据牧民介绍，1968年后，蒙古包减少了，出现了土做的蒙古包，这种蒙古包是从游牧到半定居过渡时期的产物，存在时间比较短。现今在×嘎查没有见到此类蒙古包。二十世纪六七十年代，当地建筑以土坯房为主。

---

① 倒场轮牧是指大集体时代草场分为冬、夏两个营盘，轮换放牧。冬营盘为11月至次年5月，夏营盘为6月至10月。

② 移动板房目前已经见不到了。

1. 20 世纪 60 年代的土坯房

（1）建筑形式特点

土坯房多建在平地上，墙体为夯土墙，在山墙上放置木檩条，屋顶的重量由墙面来承担。屋顶为泥面平顶或单坡顶，屋顶上有烟囱，屋顶下做成两层吊顶空间，有利于温度缓冲，起到冬季保温、夏季散热的作用。房屋朝向为坐北朝南，多建于山坳处，形状为狭长形，多为单间。

（2）室内空间结构

20 世纪 60 年代的土坯房只有一个房间，如同蒙古包一样空间不分隔。土坯房比较低矮，高度只有一个人那么高。室内方位不再遵循"西尊东卑、西男东女"的习俗，而是按照炕的热量分布来划分位置，老人睡在炕头（南炕），晚辈睡北炕，依辈分从南到北依次排列。

（3）生活用具

①炕

据牧民孟克巴特尔说，×嘎查在 20 世纪 60 年代有了炕。牧民朝克巴特尔也介绍道，牧民居住中最重要的问题是采暖问题。蒙古包的供暖设备顶多是烧一个炉子，但在零下三四十度的冬天，根本起不了什么作用。

土坯房冬暖夏凉，冬天的采暖来自炕、火炉和火墙。"走西口"过来的山西、陕西一带的人带来了炕①这种采暖设备。根据摆放的不同位置，炕可分为前墙炕、后墙炕、顺山炕（见图 9）。

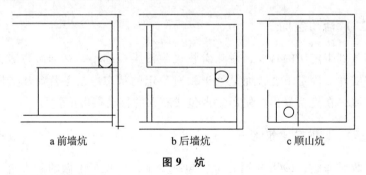

　　a 前墙炕　　　　　　b 后墙炕　　　　　　c 顺山炕

图 9　炕

资料来源：作者自绘。

炕的位置需靠着墙，还要紧挨着火炉，这样才能达到取暖效果。烧炕的方法一般有三种：第一种，直接在炕的下面开一个口，做成炉灶，加燃料燃烧用以取暖（见图 10）；第二种，在炕的旁边建一个炉灶，炉灶与炕

---

①　炕指的是用土坯或砖砌成的床，留有烟孔，跟烟囱相通，可通过烧火取暖。

相连的地方设一个排烟孔，炉灶的热量直接进入炕（见图11）；第三种，卧室紧挨厨房，厨房的炉灶紧靠着炕的位置，灶膛（炉灶内用于燃烧的空间）与炕的排烟通道相连，灶膛里有好几个烟孔，厨房里烧的火一部分用来做饭，一部分通过排烟道传递到炕内（见图12）。第二种和第三种方法往往会一并使用。

为了能最大限度地保温，炕的面积不宜做得太大，高度也不能太高，否则热量难以均匀分布。炕的尺度决定了房间的面积不能太大，面积太大反而对保温不利。因此，传统的土坯房的房间面积都比较小，这应该是着重于保温节能的原因。另外，不论是土坯还是砖砌起来的炕，都有一定重量，不适合建在土木结构的楼面上，二楼也无法传递热能，所以蒙古族的建筑几乎都是一层平房。

图10　自带炉灶的炕　　　图11　与灶相连的炕　　　图12　厨房里的炉灶

资料来源：作者拍摄。

在×嘎查，除了少数汉族人家使用床以外，蒙古族牧民都是用炕。炕上一般都会摆放炕柜、炕桌等家具。炕作为室内主要设施，是连接各个房间的核心，可以与起居室、厨房、卧室结合起来布置。烧炕的材料为牛羊粪、炭等。

②炕桌

定居以后有了炕桌，炕桌尺寸比茶桌大，呈长方形，一般为红色。炕桌上绘有彩绘图案，图案为龙、狮、凤、八宝图等。

③火墙

与火炕一样，火墙也是受到北方汉人的影响。火墙的墙壁中空，与炉灶相接，炉灶中的热气通到墙体，可以蓄热，最后烟从屋顶烟囱排出。

2. 20世纪70年代的土坯房

（1）建筑形式特点

随着汉族人口增多及蒙汉文化交流，20世纪70年代的土坯房得到进一步发展。为了进一步增强土坯房的稳固性，建筑的四个墙角处用砖来包裹和固定，中间仍然是土，用洋灰（水泥）糊起来。当地人把这种建筑形式称为四角落地土坯房。采用砖来加固，一方面说明砖开始作为建筑材料出现，另一方面也说明砖还不是很普及。20 世纪 70 年代的土坯房一般为三开间，呈"日"字形空间布局，长者居西边，年幼者居东边，新婚夫妇居中间。格局与现在看到的大致相同。

从 20 世纪 70 年代开始，×嘎查牧民基本不住蒙古包了。但因各地情况不一样，内蒙古还是存在一些游牧条件较好的地方，例如锡林郭勒大草原，那里的牧民直到 20 世纪 90 年代才逐渐不住蒙古包。

（2）室内空间结构

20 世纪 70 年代的土坯房有一个很大的变革，便是内部空间开始分隔。由此前类似于蒙古包时期的单间（大通间），所有人居住在一起的方式，变成了"进两开，只分里外"的模式，即一进门有两个开间：第一间作为过厅（兼用作厨房，称作外间）①；第二间是卧室（里屋）。这个时期，不同辈分的人开始分开居住。

（3）生产空间

由于冬天在冬营盘的时候，牲畜每天晚上都要回来，因此牧民专门建了牛棚、羊棚以及草料库房等，形成比较完整的生产环境体系（张嫩江等，2009）。

（4）生活用具

这个时期开始使用床。

三　20 世纪 80 年代至今：定居时代的砖瓦房

（一）生活方式

20 世纪 80 年代，大集体时代结束，进入家庭联产承包责任制时代。×嘎查 1987 年分草场，1988 年分牲畜。分了草场后就不再分冬夏营盘，人们开始在自己的草场上放牧。这个时期游牧时代全面结束，进入定居放牧时代。

牧民每天骑着摩托车或开车到离住所不超过 30 里的地方看看自家的牲

---

① 当地人把过厅称为"门斗"，作为室外与室内的过渡空间。

畜群，清点下数量。往返时间大概一两个小时，草场就在家门口的牧民更加便捷。据牧民说，每天最多出去看一两趟就可以，如果碰到有事，两三天去看一下也可以。"游牧"被定居放牧取代后，牧民生活变得更加悠闲。不出去看牲口的时候，妇女就在家里做点家务活，有的妇女做起了网络代购生意；男子则翻修下房屋，到别家串门或招待下来访客人。生活十分自由自在。

（二）活动空间

草场分到户后，为了防止牲畜乱跑，每家的草场都用铁丝网和门分隔开，一望无际的草场被划分为一个个小的单元，牲畜只能在自家的草场范围内活动。在×嘎查，每户人家的草场大概在 1500 亩到 9000 亩不等。草场的面积是 1987 年分的时候定下的，政府还颁发了使用证给牧民。后来在 1997 年第二轮承包的时候，又重新调整过一回。现在的草场就是延续 1997 年划分的面积和范围。即便牧民家人口增多，草场总量也不再增多，只在自家范围内重新划分。

划分草场带来的家庭变革是分家和分草场。① 随着小家庭的增多，属于每户人家的草场越来越少。调研结果也表明，草场少的人家一般都是分过家的。

综上，相较游牧、半游牧时代，定居时代的牧民生活空间骤减，生活也更稳定。

（三）砖瓦房建筑形式

1. 建筑形式特点

20 世纪 80 年代以后，住房演变为砖瓦结构，但还有人家保留着土坯房（土坯房进行了翻新）。"砖瓦房 + 土坯房"已完全取代了蒙古包。

砖瓦房（见图 13）相当普遍，一方面，人们的经济条件变好了，随时都可以买到砖；另一方面，砖瓦房比起土坯房具有更多的优点，更加牢固、卫生、美观。有的人家把原有的房子推翻重盖，有的则是在原有土坯房基础上进行翻修。重修土坯房时把外立面墙体改为砖，室内的墙体基本沿用原来的土墙，因为土墙更厚实，也更容易通风、通气，保暖性更强。最后把土坯墙表面刷成白色。

---

① 在牧区，分家不分房子，而是分草场。

屋面采用蓝色石棉瓦，更为轻便，防水性更好，只是美观度有所下降。土坯房室内没有任何装饰，砖瓦房室内的装饰成分增多，例如地板铺上瓷砖或木地板，墙面刷白，贴墙纸，墙上挂装饰画（见图 14），窗户改为比较大的玻璃窗户。

图 13　砖瓦房

图 14　砖瓦房内的装饰画

资料来源：作者拍摄。

2. 功能空间

如果说 20 世纪 70 年代的房间分隔注重的是性别和隐私，那么 20 世纪 80 年代以后的房屋空间分隔更注重的是功能的区分（见图 15）。

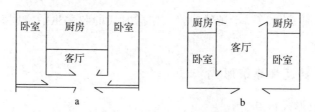

图 15　砖瓦房的室内空间结构

资料来源：作者自绘。

（1）客厅

土坯房没有专门的客厅，砖瓦房在 2000 年左右有了客厅。客厅里摆放桌椅、炉子等，有了电视和无线网络（见图 16）。

（2）卧室

在客厅的一侧或两侧的房间是卧室，卧室里有炕和烧火用的炉灶。自从有了客厅与卧室的区分后，客人不便再轻易进入主人卧室。但有的人家还是把卧室作为接待客人的空间（见图 17）。

（3）厨房

2000 年左右，在砖瓦房中，厨房独立为一间，不再与其他生活区域合在一起。厨房面积较小，大概3~5平方米，摆放着锅灶和水缸等。厨房挨着卧室，油烟经排烟道从屋顶烟囱排出。厨房兼具做饭和取暖两个功能，因此它的位置十分关键。例如图15a的厨房在两个卧室中间，都设有排烟通道与卧室的炕相连；图15b两个厨房与两个卧室连在一起。近两三年来少部分家庭有了现代化的厨房（见图18）。

（4）卫生间

独立的卫生间是在2000年以后，政府宣传"厕所革命"后才出现。在蒙古族的洁净观念里，人和牲畜的排泄物是无污染的，自然风化后还能当肥料，反而比较环保洁净，只要不在家门口或者水井旁排泄就行。所以，独立的现代化卫生间使用的人家不多（见图19），即便有，也很少用，因为他们觉得马桶冲水和洗澡都很浪费水。

图16　客厅　　　　　　　　　图17　卧室

图18　厨房　　　　　　　　　图19　卫生间

资料来源：作者拍摄。

（5）地窖

据牧民介绍，地窖是在1983年包产到户后开始有的。20世纪80年代以后，由于饮食结构受到汉族影响，牧民开始吃蔬菜；又由于市场经济的发展，交通方便，蔬菜随时可在集市上买得到。为了保存蔬菜，便在屋外挖一个地窖（见图 20）①，地窖的温度很低，与冰箱作用相当，蔬菜和瓜果都可在地窖里存放。有的牧民甚至在家里挖一个大约几十厘米的小洞作为地窖（见图 21），放点土豆、白菜等常吃的蔬菜。

图 20　室外的地窖　　　　图 21　室内的地窖

资料来源：作者拍摄。

（6）粮房

粮房是定居后出现的。不仅仅是放粮食，还堆放其他杂物。到了冬天可以用来冻肉。冬天气温很低，牧民一般用粮房而不用冰箱。

（7）菜地

在有的牧民家里，院子里会开辟一小块地种菜，种植沙葱、萝卜、油麦菜、豆角、白菜等蔬菜。据牧民说，种菜是在 1995 年后才多起来的，是汉族先开始的。

（8）车库

近两三年，牧民买车的越来越多，有的家庭有好几辆车。车库也成了必需空间。

3. 生活用具

（1）发电机

据牧民介绍，×嘎查在 20 世纪 90 年代初（1992~1993 年）就统一发展风电工程了，2004 年开始用太阳能发电，2010 年有了风、光互补的机器，政府还会发放一定的用电补助。有了电后，牧民开始使用电灯，以前都是用蜡烛。由于内蒙古草原风很大，牧民基本上都是使用风力发电。

（2）抽水水井

有了电后，牧民开始使用发电机来抽井水，因此井的深度可达好几米

---

① 地下深几米至几十米的一个洞。

甚至几十米。技术的革新使牧民不必生活在河流旁边。

（3）电视

每户牧民家都有电视，休闲的时候牧民都喜欢看电视。

（4）冰箱

冰箱的使用使储藏食物的方式发生很大改变，以前牛、羊等肉类都是做成风干肉来储藏，现在几乎都是用冷冻方法来保存，风干肉不太做了。但因为冰箱耗电较大，牧民不经常使用，储藏食物大多还是选择在粮房或地窖里。

（5）洗衣机

洗衣机在牧民家里并不常见，有洗衣机的人家使用频次也比较少，大多数牧民还是选择到河边洗衣服。

（四）蒙古包的演变

在笔者走访的30余户人家中，仅有两三户人家还在使用蒙古包。蒙古包成为辅助性空间，用来堆放粮食，或做成接待游客的客栈，不再是当地人的住所。蒙古包的材料、外形、陈设也都发生了很大改变，例如：由于木料缺乏或为了省事，哈那使用了塑钢材料并且变成了直线排列的钢条，不再具有移动性；屋顶增加了一个颇具装饰性的顶，蒙古包上装饰图案增多；蒙古包里摆放着床、床头柜等用具，有了电灯。近几年来，蒙古包成为旅游景观，专供游客住宿。这类蒙古包的形式和颜色都力求做到接近传统的蒙古包。蒙古包室内空间分为餐厅和住宿区。

（五）楼房

在所走访的人家当中，只有一户人家（桃子家）建造了楼房（见图22）。楼房盖好后现在住的土坯房就要推掉，响应政府提出的"以旧换新"政策。① 楼房室内空间设置与现代楼房并无太大差别，楼房里已经无法使用牛粪、羊粪作为燃料，全部用煤来供暖。现代厨房、卫生间的使用也使煤、电、水的用量增大，这些是很多牧民不愿意建盖楼房的主要原因。

综上，新中国成立后 × 嘎查蒙古族牧民的居住生活发生了很大改变，以下用图表进行总结（见表1）。

---

① 以旧换新政策：要盖新房，必须把原有的房子推掉，或在原地建盖，或者找新的地块盖房。如是后者，原有的地就收归集体所有。

图 22　桃子家的楼房

表 1　×嘎查蒙古族牧民居住生活变迁

时间	生活方式	活动空间	建筑形式	室内空间	生活用具
20 世纪 50 年代	游牧	在方圆 100 公里范围内的草场活动	蒙古包	室内不分隔，有尊卑方位区别	火炉、羊毛毡、水缸、奶缸、橱柜、衣箱、木碗等
20 世纪 60 年代	半游牧 – 半定居	冬季、夏季牧场	蒙古包、土坯房	室内不分隔，成家的子女另建房屋	增加了炕、炕桌
20 世纪 70 年代	半游牧 – 半定居	冬季、夏季牧场	蒙古包、四角落地土坯房	室内开始按辈分来分房间	增加了床
20 世纪 80 年代	定居	自己家草场范围	砖瓦房、土坯房	房间按功能划分，有了地窖（粮房）	
20 世纪 90 年代	定居	自己家草场范围	砖瓦房、土坯房	客厅、厨房（单独）	沙发、餐桌椅
21 世纪	定居	自己家草场、城里	砖瓦房、楼房、土坯房、客栈式蒙古包	现代化厨房、卫生间（旱厕与现代化卫生间）、车库	冰箱、手机、电视、洗衣机、发电机、太阳能

四　原因分析

　　×嘎查牧民居住生活的变迁有着复杂的原因，与生态环境、国家政策、经济体制的变迁以及与汉族的文化交融等都有着密切关联。

（一）生态环境变迁

无论是游牧还是后来的定牧，都要依赖草场的生长情况。草质好坏、草量多少直接决定了牲畜的饲养数量。草场生态与自然条件、人为因素密切相关。自然条件主要指降雨量，人为因素包括人口增长速度、放牧情况、污染程度等。

有研究指出"达茂旗于20世纪60年代还是优良牧场，随着人畜激增，加之干旱少雨，给本来非常脆弱的生态环境带来了很大的破坏"（毕力格、杜淑芳，2016）。当地牧民朝格巴特尔①对草原退化问题一直忧心忡忡，他总结了草原退化的几大人为因素：不遵循自然规律，乱用地下水源；非法开采地下资源，大规模建厂，超负荷使用地下水源，大自然的原生态整个改变，甚至出现断流；大面积开荒，扩建开垦面积，以前优良肥沃的草场全部被破坏；实际载畜量超过合理载畜量；人为破坏草原，如乱挖药材等。

从游牧到半定居，再到定居生活的演变，从某一层面上来看，反映的是游牧民族对草场生态变迁的一种适应。游牧是一种能最大化利用、保护草场资源的方式，是游牧民族千百年来生存智慧的选择。但随着气温升高、降雨量下降，草原生态逐渐恶化。新中国成立后，人口倍增、过度开发等因素，无一不在加重着草原的负担。②面对这些问题，政府提出禁牧、休牧、轮牧等政策和措施，旨在防止人为过度放牧，与此相适应的居住方式便是定居。在此基础上，发展农业和其他产业。

（二）国家政策变迁

从20世纪50年代开始，国家就推出了一系列推进和引导牧民从游牧向定居转型的方针政策。具体有以下几个阶段。

1. 20世纪50年代至70年代：推进游牧到定居的方针政策

在提倡"人畜两旺"的方针政策下，采取一系列措施。例如：试行并推广牧户间的生产合作，保护牧主经济，开展保畜、增畜运动。推进合作化－集体化的方针政策等。

---

① 资料来自2019年8月对牧民的访谈。
② 据当地许多牧民回忆，在他们小的时候，草原的草又高又绿，到处是河流，水资源丰富，随便一锄头便能挖出井水。那个时候过着游牧生活，自由自在，生活十分美好。后来，草场生态环境日益恶化。

总的来说，20 世纪 50 年代到 70 年代，国家的政策方针都是围绕着推进牧民从游牧到定居的转变。

2. 20 世纪 80 年代：推进家庭联产承包责任制，推进定居工程的建设

20 世纪 80 年代，×嘎查开始推行草畜双承包责任制①，草场、牲畜划分到个人以后，定居便由政府提倡转变为牧民的自觉需求。另外，这时期政府还开展了大规模的定居工程，加大对牧民定居的奖励措施，为牧民定居提供了很大的物质支持和保障。

3. 20 世纪 90 年代：组织牧民定居

政府进一步加大对牧区牧民定居工作的推进，组织牧民定居成为政府的主要工作任务之一。同时，出台了一系列开发当地资源的政策，定居生活基本实现。

二十世纪八九十年代，国家出台了一系列生态治理的政策措施。"生态移民""禁牧政策"是这个时期最为重要的两个方针政策。

生态移民使牧民大量转移到城镇，参与城镇的各项工作。与生态移民紧密相连的是"禁牧政策"，这是一个对×嘎查牧民影响深远的政策。在这一政策影响下，牧民纷纷搬到城里，很多牧民就是在那个时期买了城里的房子，在城里开始打工生活。但由于牧民大多没有一技之长，过惯了自由的生活，很难完全适应城市生活。于是，随着后期禁牧政策的松动，禁牧时期出去的牧民，有的回到了牧区继续放牧，有的则留在城里没有再回牧区，还有一部分选择两头居住。

（三）经济体制变迁

新中国成立以后草原经济生产方式经历了三个阶段的变迁。

1. 私有制改革

新中国成立初期（1950～1953 年），国家废除了封建制度，草场变为公有，实行自由放牧。这时期有产业的牧主成为最早定居的人群，普通牧民依旧以游牧为主，居住在蒙古包中（乌尼巴图，2015）。

2. 集体所有制

集体所有制时期，草场固定下来，连片经营的草场面积大大增加，牧民共同在一个较大范围内实施季节轮牧或划区域轮牧。冬季草场由于建立了一些基础设施而成为牧民定居的首选。

---

① 草畜双承包责任制是家庭联产承包责任制的一种形式，即把草场、牲畜承包给个人的责任制。

3. 家庭联产承包责任制

家庭联产承包责任制仍属于集体经济，只不过更加灵活，其特点为"集体所有、分户经营"。×嘎查 20 世纪 80 年代开始实施草畜双承包责任制，草场和牲畜包产到户后，牧民放牧草场面积减少，游牧不再可能。自此以后，游牧完全消失。

（四）蒙汉文化交融

综观蒙古族牧民居住生活的变迁史，是一个不断与汉族文化交融的历史。汉人移民进入草原带来的蒙汉交流，早在明清至民国时期就已经非常普遍，史料记载较多。只不过，那个时期的移民主要集中于大城市，还未深入草原牧区。新中国成立后，伴随着国家的一系列移民政策以及经济发展的需要，来×嘎查定居的汉人增多。

笔者结合史料以及当地人口述，分析对×嘎查牧民居住生活产生重要影响的人口流动和文化交融因素。

1. 山西人与土坯房

清代至民国数百年间，随着"走西口"过来的内地人开始在内蒙古各地经商，这些商人中，尤以山西的晋商居多。山西和内蒙古的地理位置接近，气候也较为相似，因此，两地的生活习俗相近，文化沟通较为频繁。

一开始，"走西口"的人大部分集中在内蒙古包头市，"'走西口'成为推动包头城市化进程中的第一个移民高潮。……开始搭帐篷居住，后变帐篷为庐舍，逐渐形成村落"（张淑利，2010）。随着商业活动的扩展，"走西口"的商人逐渐深入距包头市 160 多公里的×嘎查。

史料记载，"包头城乡居民所住之房屋，多半皆土坯房，房屋后高前低，一门两轩，室内皆设土炕与灶相连，故冬日暖和，仅铺芦席。……不谙卫生，居家多不洁净，空气不流通，且多人居一室。至于父媳兄妹母子均可同炕而寝，在内地为绝无之事"（张淑利，2010）。

由此可知，清末民初之时，包头的居民住所明显受到了山西建筑形式的影响。

隶属包头市的×嘎查的移民潮晚于"走西口"至少半个世纪，当地人说，20 世纪 60 年代，这里便有了土坯房。大饥荒时代来的山西人，大多是平民，带来了他们的建房技术，当地人觉得好，也就跟着建起同样的房子。土坯房是山西民居建筑中的一种，多见于晋北。晋北与内蒙古气候非常相似，御寒性很强的土坯房比较适合这样的气候。

基于山西和内蒙古土坯房建筑的诸多相似性，以及牧民们也都说土坯房是山西人带来的，基本可以断定内蒙古地区的土坯房受到了山西建筑文化的很大影响。主要表现在以下几个方面：（1）建筑材料以土坯为主，墙壁为夯土墙，没有木构架结构；（2）建筑形式为三开间，平顶或斜坡顶；（3）院墙和房屋围合形成东西长、南北窄的院落；（4）只在一面开窗；（5）房屋进深小、高度不高，为平层。（6）采用炕来保暖；（7）墙壁较厚，具有保暖性。

2. 知识青年与空间分隔

20 世纪 70 年代，土坯房有了一个重大变革，即房间开始分隔，先是隔辈之人分开，然后是性别不同的人分开。阎云翔对下岬村的研究指出，空间的分隔，反映了人们对于隐私空间的需要。这个时期，随着兵团和知识青年的大量进入，土坯房已慢慢替代蒙古包成为主流。虽然知识青年并没有带来更新的居住方式，山西土坯房建筑风格仍延续至今，但以知识青年为主体的人群，对个人隐私生活比前一个阶段更为重视，促使土坯房由不分隔的空间结构转变为分隔开来的"间"。

3. 改革开放至今

20 世纪 80 年代改革开放以来，经济的发展促进了牧民的消费需求，砖瓦房普遍代替了土坯房并掀起了房屋装修的热潮。20 世纪 90 年代后，室内空间越来越趋向于功能化分隔；进入 21 世纪，随着发电机的使用，电器得以普及，现代媒体、网络的介入使牧民生活步入现代化，他们的生活方式发生了根本性改变。

五 结语

综上所述，从新中国成立至今，内蒙古蒙古族牧民居住生活完成了"游牧 – 半定居 – 定居"的转变。在时代变迁的背景下，蒙古族牧民的居住生活也发生了巨大转变，转变的发生不是由单一因素造成的，而是由生态变化、经济体制改革、国家政策变动、与汉族文化交融等多方因素共同参与并推进的。其中，生态因素是决定因素。归根结底，正如纳日碧力戈所言，"游牧文明的核心不是逐水草而牧，而是它的价值观，游牧文明的价值观是生态价值观"（纳日碧力戈，2014）。人与自然和谐相处，是决定草原牧民居住生活发展的根本性因素。

参考文献

韩茂莉，2003，《历史时期草原民族游牧方式初探》，《中国经济史研究》第 4 期。

张嫩江，宋祥，张杰，王伟栋，2009，《地域视角下的蒙东农村牧区居住建筑类型研究》，《干旱区资源与环境》第 1 期。

毕力格、杜淑芳，2016，《内蒙古人口迁移对草原畜牧业及生态环境变迁的影响研究》，《前沿》第 9 期。

乌尼巴图，2015，《50 年代以来内蒙古牧区牧民生产关系演变与定居》，《内蒙古科技与经济》第 3 期。

张淑利，2010，《"走西口"移民在推动包头城市社会变迁中的作用》，《阴山学刊》第 6 期。

纳日碧力戈，2014，《游牧文化的共生价值——评邢莉、邢旗著〈内蒙古区域游牧文化的变迁〉》，《民俗研究》第 2 期。

《魁阁》2021 年第 2 期（总第 5 期）

第 46 ~ 64 页

© SSAP，2022

俐侎人传统服饰的传承与变迁[*]

杨玺可　夏循祥^{**}

摘　要：俐侎人，是云南省临沧市独有的一个彝族支系，至今仍保留着独具特色的民俗文化。俐侎服饰作为族群文化传统，有着独属的神话故事、分类体系、制作技艺和穿着情境。这使得它的基本形制、设计风格和社会作用都相对稳定。随着俐侎社会的内部发展和对外交流的不断扩大，服饰文化也更加丰富多样，这些都反映在当代俐侎服饰的形制中。

关键词：俐侎人　服饰文化　社会变迁　非物质文化遗产

俐侎人是彝族的一个支系，现主要聚居于云南省临沧市的凤庆县、永德县、云县等地，族群总人口 2 万余人。本文的田野调查点是凤庆县的团山村。2021 年底，全村下辖 9 个自然村 15 个村民小组，现有农户 548 户 2344 人。其中彝族支系俐侎人有 433 户 1814 人，约占总人数的 77%，形成俐侎人集中聚居、汉族和其他少数民族小杂居的格局。

2017 年 5 月到 2021 年 8 月，中山大学社会学与人类学学院人类学专业的"夏循祥团队"，利用四个暑假和一个寒假在云南省凤庆县团山村进行了总计五个多月的田野调查。四个暑假的调查都由 10 人以上的团队进行。每个团队成员分别从不同角度、不同主题撰写调查报告，累积了上百万字的文字资料和很多影像资料。本文将以团山村俐侎人日常生活中的服饰实践和服饰文化为基础，来探寻"物"到底是如何获得生命、展开旅程

* 本文为国家社科基金项目"村落内部的社会组织场域及其文化机制研究"（项目批准号：17BSH089）的阶段性成果。

** 杨玺可，女，苗族，中山大学社会学与人类学学院 2019 级硕士研究生；夏循祥，男，汉族，博士，中山大学社会学与人类学学院副教授。

的，分析呈现隐寓其中的人－物纠缠。如今，团山村的俐侎人多已穿上现代服饰，只有年长的女性还以传统服饰为常服。但各家各户的俐侎妇女依然会缝制传统服饰，木织机、染料桶等制作工具在村里随处可见。不再穿着传统服饰的俐侎人，为何还要坚持缝制她们口中"啰唆"又"不好看"的服饰呢？

一 "老古时代"的服饰

（一）俐侎服饰的过去

关于俐侎人较早的记载见于乾隆年间《皇清职贡图》卷七："利米蛮，状貌黝黑，颇类蒲蛮。宋以前不通中国，元泰定间始内附，聚处顺宁山箐中。男子戴竹丝帽，着麻布短衣，腰系绣囊……妇女青布裹头，短衣跣足。"（傅恒等，1991：881）《云南通志》卷二十四："顺宁有之，男子好衣皂，面黄黑，善弩猎，每射雀，得之即为生噉。女子分辫赤足，出外常披花布，以蔽其身。"（靖道谟、鄂尔泰，1736）其中顺宁即今天云南省凤庆、昌宁、云县一带。光绪《宁洱县采访》载："男子耕艺，妇女种麻织布。男衣麻布短衣裤，女衣麻布长衣，俱跣足，婚丧悉如汉民。"（邓启华，2007：346）

据此可推断，俐侎服饰的形制起码可以追溯到近 300 年前的清朝，而且其独特的服饰成为官方记录和人口分类的标准之一。

（二）俐侎服饰的神话起源

透过历史文献，我们发现俐侎人自古就崇尚黑色、戴包头、衣长衣。但为什么呢？俐侎神话《天公找凡人》[1]，为我们提供了解释。远古时代，藏于葫芦中躲过洪水灾难的两兄妹奉天公之命婚配生育，诞下九男七女。后来天公带着赤、橙、黄、绿、青、蓝、紫、黑、白九种颜色的布料交予九个弟兄，让他们各自缝制衣服。因为颜色鲜艳的布料都被其他的弟兄抢去了，俐侎人的祖先只能用黑色布料缝制自己的衣装。等弟兄们都穿上了色彩各异的服装，天公说你们是九个民族的祖先，你们的服装用来区别不

---

[1] 俐侎人传承至今的口承经有"正经十八调，副经七十四调"，共九十二调。这些经调基本都是在葬礼中吟诵的。其中副经中的《作廊》就包含了《天公找凡人》的故事。天公的俐侎语为"朵朵"，意为神仙、天神、天公。

同的民族，今后永远不能改变（李有旺，2007：14）。

除此之外，俐侎人相信自己的祖先是从澜沧江那边的"阿古米"逃亡到顺宁的。当时为了遮掩行踪，祖先改穿了黑衣。所以也有人说穿黑衣是为了纪念逃亡的祖先。

对于祖先身份的记忆也有不同的说法，有的说是逃亡的奴隶兄弟和他们的妻子；有的则说是奴隶和奴隶主家的小姐私奔泅渡而来。依据后一种传说，部分俐侎人相信女性服饰繁复而男性服饰朴素，就是因为祖先中女的是富人而男的是穷人（张锦繁，2008：149）。

俐侎人极具特色的包头和大围腰也有着相应的传说。很久以前，在寨子里有一对相依为命的俐侎母子，儿子长大后到外地求学，母亲留在家里操持家务、辛勤劳作。老母亲生活艰辛，对儿子又甚是思念，加上年事已高，久而久之抑郁而终。于是儿子找了一位俐侎"朵希"求问母亲投胎的详情。朵希告诉儿子，他的母亲转世成了一条花母狗。于是他便辗转各地找寻。找到母亲的转世后，他把狗放进自己挑书的担子里，长长的扁担一头挑着书，一头挑着狗。为了既不辜负母亲又不轻视书本，他一路上平挑着扁担回到家里。回家后他像侍奉母亲一样奉养着这只花母狗。狗死后，他也按照安葬母亲的礼仪给狗下葬。葬礼结束后他根据狗的皮毛花色做了一块布巾，每天戴在头上纪念母亲。俐侎族人被他的孝行感动，也开始佩戴头巾并将这一习俗代代相传（胡正刚，2018：71）。

我们在田野调查中发现，这个故事还有另一个版本。找到花母狗后，儿子想办法把母亲变成了人，但因为法力有限，母亲的胸口有一些狗毛，背后还有一条尾巴。于是母亲穿上"挡胸帕"遮住胸前的狗毛，围上"屁兜"遮住身后的尾巴。之后"挡胸帕"变成了俐侎妇女的内衣，形制与汉族的肚兜类似；"屁兜"变成了大围腰，厚重的布料折叠捆绑在腰间。

俐侎人的传统服饰在适应自然环境和生产生活的同时，无疑也连接着想象中的祖先，规范着人们的行为，给予游荡的灵魂一个安居的家。

二　俐侎传统服饰的分类及其手工制作技艺

（一）传统服饰分类

传统服饰中，成年男性和老人的衣服比较朴素，即使是庆祝节日、完成礼俗的时候，也和平时差别不大。小孩的服饰花样较多，缀满饰物的衣帽十分精美。而青年女性的服饰最是复杂和特别，可分为便装和盛装。

1. 男性传统服饰

（1）婴儿装

婴儿出生后的 90 天内，无论男女，都是穿用棉布手工缝制的脱胎衣、脱胎帽。90 天后，可用棉布给婴儿缝制新衣帽。帽子为圆顶帽，帽顶缝制个圆结，结上留穗，缨穗为各色丝线一绺。帽边钉银泡。

（2）儿童装

男孩身穿青黑色对襟短衣，钉纽扣 5 个。衣服有两层，内层为天蓝色，布料是买来的；外层是自织自染的黑色棉布。裤子为黑色摆裆裤配黑色裤袋，摆裆裤的特点是裤裆、裤腿宽大，十分舒适。男孩的圆顶帽不钉银泡，改挂三角荷包，包内装有粟米籽、花椒籽，意为治邪魔、保平安。

（3）青年装、中年装

男青年的上衣分为有领对襟短衣和圆领右襟短衣，钉纽扣 7~9 个。衣面两侧有衣袋，衣袋上有 3 个箭式角的图案。裤子为大摆裆裤，裤脚镶上杨梅色的自染棉布。男青年头戴羊毛线帽或者包头。帽顶上用羊毛线扎一大朵花，做好后放入加了黑树枝的水里煮透，直至帽子染成深黑色。包头为自织自染黑棉布，长 3.6 丈，宽 0.6 尺。

男性中年装与青年装形制一致。家境宽裕的人家还会在衣袋上缀两个银扣子。与青年不同的是，中年人喜爱穿自己加工、缝制的羊皮褂子。俐侎人有一句顺口溜："打歌穿上羊皮去，阿哥怎摆，妹怎摆。"

（4）老年装

年长的俐侎男人，头带大包头，除了穿短衣外，还会穿右襟长衫，衣摆大约到膝盖位置。老年装更宽松，钉 5 个银纽扣，衣服内侧缝有大衣袋。一样着大摆裆裤，穿羊皮褂子。不同的是老人常常背上俐侎挎包，包内装有火铃、火石、火草。老年装的装饰很少。比如年轻人的纽祥扣是精心编制的盘扣，用彩线缠绕定型，而老年装的纽祥扣是用黑布条缝成的一字扣。

老年装中有一种有衣领、无衣袖的外套，称为大裳衣。只有颇具威望的俐侎老人或是做过科级以上干部的才可以穿。

由于俐侎男性在平日里很少穿着传统服饰，所以笔者并没有目睹上文中的一些诸如挂三角荷包的男孩帽、羊毛帽、羊皮褂子、大裳衣等服饰，其描述摘录于老支书李永和整理的《俐侎人习俗合集》。

2. 女性传统服饰

（1）婴儿装

女婴服饰和男婴的形制相同。差别在于婴儿圆顶帽的顶部还得用贴布绣缝制一个蝴蝶图案，颜色多为蓝、粉、红等。帽边两侧有编结，结边钉银纽扣（见图 1）。衣服的背面绣两只蝴蝶图案，胸衬一般为红、蓝、紫、黄、黑、白等，六色俱全，衣领钉 2 个银泡。

图 1　在母亲背上张望的女婴

图片来源：作者拍摄。

（2）儿童装

女孩的服饰形制与青年女性的基本一致，差别主要在帽子和饰品的缝缀上。女孩的帽子为三角帽，前两角短，后角长。帽檐钉银泡，帽顶周围用银链圈成六角形。前两角凸起，各缀一簇五颜六色的缨穗；后角宽大，形似包巾，其上缀饰彩色的长流苏。流苏必须长及膝盖（见图 2、图 3）。所以随着女孩长高，母亲或者其他女性亲属须不断改制或做新帽子。但也有小女孩带包头的，依喜好而定。

（3）青年装、中年装

成年女性平常穿便装，重大场合着盛装。

便装可分为上衣、下装及饰物。上衣有两件，分为里衣和外衣。里衣为无领对襟长衣，衣摆长及膝盖。脖颈处用花布裹边，宽约 1.6 寸，镶银纽扣 1 颗。里衣衣襟不衔接，仅在前襟上端凭 1 颗银纽扣扣连。左右襟边镶有杨梅色、黑色、白色、麻花色、红虹花色、菊花色①等各色布条 12

---

① 摘自《俐侎人习俗合集》，尚不知晓具体指什么颜色。尤其是杨梅色、麻花色、红虹花色、菊花色等以植物指代色彩的情况。俐侎人的染料来源多为自己种植的板蓝根和在集市上购买的苏木，所以这些颜色应该都是不同靛染次数产生的深浅不一的颜色。其中板蓝根靛染的布料颜色有蓝色、暗青色、青黑色等；用苏木染的布料颜色有黄色、红色、暗红色等。

图2　儿童三角帽正面　　　图3　儿童三角帽背面

图片来源：作者拍摄。

层，形状为纵梯形。衣袖口选用较宽的彩色布条或花布镶边，一般不超过3层。衣摆按照规律镶饰各色布条和各种"心花"①，数量可达20层之多。同样的手法还运用于大围腰、小腿套的制作，因为工艺烦琐，这些部分要单独做好后再和衣面缝接。

外衣为直领对襟长衣，衣长短于里衣，穿上后可以露出里衣下缘做工考究的衣摆。外衣左右襟边的图案与里衣一样，但数量为24层。左右衣襟也不衔接，露出内层衣襟上的银纽扣和纹样。不同的是，外衣的左侧衣襟直至腹部拼接一块矩形布料，使该侧衣襟自上而下、自左向右形如"反L"。矩形布料的右顶角缀上麻线或者扣眼，以便与右侧衣襟相连。衣袖口镶五色花布5组24层，再镶花布1层。外衣的袖子短而宽大，可以露出里衣的袖口。彩色的装饰布料与黑色外衣相映成趣，十分醒目。外衣的衣摆形制同里衣，只是较之更窄。

下装分为上下两截，上半截是裤脚长至膝盖稍下的黑色筒裤，下半截是黑色小腿套布。穿着时，将筒裤的裤脚收拢对折上挽，再将小腿套扎于膝下。过去俐侎人习惯赤足，多穿草鞋，但女性也穿一种精美的尖头绣花鞋。鞋尖翘起宛如月牙，黑色的鞋面上绣有简练的花纹，多为植物形和几

① 碎布重叠、拼接而成的长布条，俐侎语为"汝基"。将不同色彩的棉布裁剪成较为规整的矩形，每3块缝制成一个双色的组合布块，再将布块拼接成有规律的长布条。李永和整理的材料中称其为"心花"，《临沧地区民族志》中称其为犬齿图案。

何形。

衣服穿戴好后，就可以选择是否佩戴围腰。围腰分为大围腰和小围腰两种。大围腰长度及脚踝，自下而上翻折后系于腰间。小围腰为一整块方形黑棉布，两角缝缀上蓝色带子，使用时绑在大围腰上即可。

少女们戴花包头。包巾是自织自染的黑白方格子花布。包带为黑色，两段留有线须。将线须搓成细线条拴上五色丝线，再串上六色珠球等缀饰物形成流苏。瓦片状的包头紧贴着额头与脸颊，包带两端的流苏一方垂在面庞一侧，另一方垂在脑后的包巾上。高高的包头蓬松而舒展，宛如女子绾起的发髻，端庄大方。后面铺展开的包巾好似瀑流般的秀发，应和着流苏的摆荡，平添一份灵动与飘逸。

中年人服饰的形制与之相似，只是装饰物的颜色和形状更加含蓄、保守。其次，已婚的女性一般戴黑包头。

盛装与便装的样式一致，只是颜色更为艳丽，装饰品更多。盛装里衣的脖颈两边增缀 20～30 枚小银泡，胸襟两边加钉 8 个大银泡。外衣前片和腰侧钉银泡和银纽扣数个。除此之外，不再围围腰，改为绑腰带。腰带两头各镶五色布条 24 层，伴 2 路"心花"，并留 1.2 尺长的流苏。围腰起到固定衣物的作用，但它的精美性又为服饰增添了亮点。头带上的流苏更加华丽，使用大量色彩鲜艳的珠子进行装饰。有时候，为了更加好看，还会佩戴两条腰带和两条头带（见图 4）。

俐侎女子穿戴好精美的盛装后，还要佩戴大量饰品。两耳坠银制大耳环，两手环一双银镯，手指上戴银、铜打制的戒指，胸前挂一串由银针筒、银铃铛、银吊饰连缀而成的帘状传统挂饰（见图 5）。一切准备妥当，盛装打扮的女性将奔赴节日与庆典，一展风采。

新娘装是对盛装的"再升级"，装饰更多，花销也更大。特别的是，新娘须要穿着多套盛装出席自己的婚礼。少则两套四件、多则四套八件的盛装，让新娘抬手、走路都成了难事，不得不依靠女性亲属或友人搀扶。另外，新娘穿戴专门制作的三角帽，帽布为自织自染的棉布。首先将黑棉布拼接成正方形，四边用深红色、深蓝色的传统花布装饰，折叠为三角帽后用针线固定。然后在帽子上缝缀三角荷包、珠串、银泡、彩色丝线等装饰即可。从正面看，新娘帽装饰有彩色丝线遮住额头。丝线两侧加钉大量珠串或者花边，于帽前呈交叠状连接到帽顶两角。从背后看，新娘帽呈倒三角形，下角长度及腰。帽顶有箭形图案，两侧的小角上各扎 1 朵丝线组成的花儿，环绕银泡、花边。帽顶小角上各加钉三角荷包一个，荷包上缝缀珠串若干。两角之间加钉大三角荷包，连接大量珠串、丝线，长度超过帽子下角。

图4　身穿盛装等待友人的少女　　　　图5　帘状传统挂饰

图片来源：作者拍摄。

（4）老年装

年长女性的服饰装饰少，颜色、花样也更隐蔽。但老人习惯带着传统的银制大耳环，不甚规整的圆耳环穿过被拉扯得很明显的耳洞，垂在脸颊两侧。对她们而言，传统服饰就是便服，是生活中不可或缺的一部分。村头杂货店的阿婆告诉我，以前她去昆明进货还是穿的传统服饰。一到昆明，就围上来很多记者拍照，认为是少数民族的服饰，十分惊奇。阿婆也不觉得害羞，说："没什么不好意思的，拍就拍嘛，只是衣服而已。"

以上便是传统服饰的基本分类。虽然记录中的传统服饰样式明确、装饰有制，但实际上，服饰细节上的设计并无定数，更多的是凭借个人经验和喜好。如今随着经济条件的改善和物资的充裕，服饰制作更具灵活性和创造性。

（二）服饰制作的原料及原料的变化

1. 布料

过去，纺织原料多为麻、棉和羊毛。1949年以后，大麻的种植被禁，麻布基本退出历史舞台。加上国家提倡保护生态环境，减少放牧，俐侎人养的羊也少了，羊毛供给远远满足不了纺织的需求。因此俐侎人大都改用棉花纺制棉布。随着集镇商店的增加，现成的棉线，艳丽的绸布、花边应有尽有，源源不断地为俐侎服饰提供新的原料（见图 6）。

图 6   乌木龙乡赶街时的服饰摊贩

图片来源：作者拍摄。

（1）纺线

由于气候限制，团山俐侎人无法种植棉花。一到棉花成熟季节，他们就到气候相对温暖的永德县亚练乡、永康镇、大雪山乡和凤庆县营盘镇等地购买棉花。收来的棉花要先脱棉籽得到纯棉，再将棉花掸开、掸软。之后用一块小木板和一根筷子大小的竹条将掸过的棉花搓成粗细均匀的棉条。棉条搓好后用纺车纺成棉纱。纺车也都是手工制造的，右侧是大大的纺轮，右手转动纺轮，带动线锭子转动，左手捏着棉条接向线锭子，不断扯出细长的棉纱。之后将棉纱和玉米粉拌好放进大铁锅煮，进行灌浆。煮好后分作数支串在长竹竿上晾干。晾干的棉纱以支为单位套在改纱架上，绕成线团（见图 7）。

图 7   在院子中晾晒的棉纱

图片来源：作者拍摄。

（2）织布

俐侎人家使用的织布机是自家制造的脚踏式提综织布机。织布机方方正正，女性坐在框架里面，手脚并用，效率很高。织布机利用两片综（提升经线的部分），分别提升单数和双数的经线，形成梭口，以供"引纬"。木梭子从梭口穿过，用"打纬板"将纬线推向织口，组成平纹棉布。随着棉布一点点成型，将该部分引离布料"打纬"区，卷成一卷。在"引纬打纬"的过程中，布匹逐渐成形，经线逐渐减少。这时需要放开拉直固定好的经线，增加长度后重新固定。织好的棉布有三种：黑布、黑白方格子花布和使用最多的素白布。受限于织布机的幅宽，俐侎人的服饰接缝很多。

2. 装饰品

（1）银饰

20世纪50年代以前，俐侎人服饰上的扣子、银泡等装饰物都是银的，由丽江人做好后背到村里来卖。在一毛八可以买一斤米的年代，一个银扣子要两到三块钱。所以当时只有有钱人才能在衣服上挂银饰，彰显自己的财富。老人去世也要在下葬时往嘴里喂细碎的"银米子"，表示带足"路上"的盘缠。

（2）仿银制品

随着经济的发展，乡镇的集市和村上的店铺不断增多，偏僻的团山村通过各种市场与云南各地尤其是省会昆明联系在一起。经营者往返于乡镇与省会之间，根据早已被烙上民族性的审美偏好，挑选大量布匹和饰物回到村里摆卖。

其中仿银制品最受欢迎。新的银泡、银纽扣、耳坠、手镯物美价廉，迅速填补了传统服饰的空白。比如以前最多是门襟顶上缀一个银纽扣，现在却可以顺着门襟整整齐齐地钉一排。对于年轻姑娘来说，甚至已经没有便装和盛装的差别了。因为便装也可以和盛装一样缀满饰品，穿戴首饰。怪不得现在的小年轻不会烦恼衣服不够漂亮，而是"嫌弃"这服饰太重了！

（3）塑料珠子

除了古朴的银饰，圆滚滚的塑料珠子也颇为俐侎女性所喜爱。俐侎姑娘将晶莹的珠子串起来，缀连在自己的头带和腰带上。随行而动的珠串在黑色的包头和衣服上十分显眼，是女性服饰中不可缺少的装饰品。

随着商业的发展和现代工艺水平的进步，大小不一、颜色各异的塑料珠子很快就取代了过去流行的单一、粗大的珠子。集市上，装着各式各样珠子的塑料圆筒呈列在一起，桶里还有大小不同的铁汤匙。一小汤匙珠子卖 3 元，用大一点的汤匙盛的珠子卖 5 元……，不同圆筒里的珠子价格又不一样。除此之外，还有缀满吊坠的珠帘形花边售卖。但这种过于鲜艳的饰品往往只用于小孩或者新人的服饰，而且一般在无碍的位置上进行添加，如头带、帽子、衣袖、衣摆和围腰上，对传统的黑衣黑裤并没有影响。

大多数中年男女的传统服饰都还形如旧制，即使增添装饰也以素色为上。以女性为例，平时在家穿传统服饰，肯定是穿装饰少的或者旧的衣服。而去做客、赶集就会特意穿上装饰较多的、比较新的衣服。对此苏阿姨解释道："就是专门要去显摆的！"

（4）化纤花边

据老人回忆，过去俐侎人衣服上的装饰很少，都是依靠土花布的贴缝、刺绣、编结来增加美感。土花布分为红色、黄色、蓝色的素色土布和带有黑色或蓝色圆点纹的土布。将不同颜色的花布裁剪成条状，翻折重叠起来缝接在襟边、衣袖、衣摆和围腰上，为原本颜色暗淡的衣裳增添了一份活力。四代同堂的张爷爷说："像现在这些花花绿绿的（花边），20 年前都还没有。"

当色彩艳丽、图案复杂的化纤花边成为这个小山村可以负担的消费品时，它挤占传统花边的位置似乎是自然而然的事。能干的妇女们甚至很快就结合美观和轻便，缝制起马甲和小挎包来。这两样东西从材质到设计，都不属于传统服饰的范畴，但却广泛流行于整个村子乃至乡镇。它们俨然被打上了俐侎文化的烙印，成为传统的一部分。

但是，传统的花边并没有彻底退出服饰的舞台。在传统图案的拼接上，它们是不可取代的。如果有人使用了化纤花边或者商品布料来缝制这些图案，会很"没面子"。因为这代表这位女性要么手艺差，要么本性懒，才以次充好。

但这种评判标准具有年龄差异。30 岁以下的年轻人对此满不在乎，因为缝制和穿着传统服饰已经脱离了她们的日常生活。而 30 岁到 55 岁的女性对此尤为讲究。她们处于"做而不穿"的阶段，不穿是因为要劳动，而缝制是因为习惯和传统。同时，这个年龄层的女性会因为缝制服饰产生"家务社交"，大家相互学习、借鉴，对服饰优劣的评判逐渐"标准化"，成为新的传统。55 岁以上的女性，一方面囿于身体素质的减弱——视力模糊、手不灵便，难以继续达到"标准"，群体内部对其要求降低；另一方面，对于年长女性而言，传统服饰更多的是作为衣服，而不是象征，所以"是否方便于日常生活"也被纳入考虑的范围。比如在中年女性看来很

"没面子"的"汝基适查叭"花边和仿"汝基"图案的装饰，老人在便装里无甚顾忌地使用。一位在小卖部买布料的阿婆告诉我："这种仿的花边更薄，洗了之后容易干，干活方便。"所以下文中对传统服饰评判标准变化的讨论以 30 岁到 55 岁的女性为例。

（三）传统服饰原料加工

1. 靛染

除非是参加葬礼，否则织出来的白布只有染过之后才可以使用。这种限制不仅是因为俐侎人觉得白色不吉利，更是因为靛染的原料靛叶（板蓝根）是有"灵"的。俐侎人认为植物的灵性可以通过靛染布料转移到人的身上，对身体好。所以，每一年各家各户都会种植或购买大量板蓝根（见图 8），俐侎妇女的手也因为染布而沾上了黑色。撇开神话传说，俐侎人尚黑的传统无疑根植于板蓝根染布的技艺。但有能力获取其他颜色时，仍然坚持旧制，则是传统在发挥作用。

图 8　家户附近种植的板蓝根

图片来源：作者拍摄。

（1）制作染料

制作染料，要先将靛叶放到靛缸里密封浸泡五到六天，待叶子腐烂后，捞出叶渣，留下靛叶水。而后在靛叶水中加入化开了的石灰水，用大勺或盆子不断翻搅，充分混合、反应（见图9）。翻搅的过程中还要咀嚼核桃仁吐入靛叶水中（也可以倒入茶油代替），利用油脂去除泡沫。翻搅好后，静置一段时间，让靛浆沉淀。之后舀去靛缸上层比较清澈的靛叶水，将剩余物倒入悬挂着的大布袋中，沥干水分。等待三到四天，布袋中的靛浆呈橡皮泥状，就说明染料做好了。

染布最重要的就是制作染料，即提取靛浆，一旦失败，大量的板蓝根和时间就都浪费了。俐侎人在提取靛浆时有一种禁忌——翻搅靛叶水的时候，不允许外人观看，也不能跟别人说话，否则染料就做不成了。至于为什么，有的人说是因为靛叶有"灵"，外人观看、说话会把"灵"吓跑。有的人说是因为每个人身上都有"脏东西"，你做染料的时候看着别人，和别人说话，脏东西就趁机偷溜进染缸里面，把靛叶水搞坏了。而更多的人则是说"老古时代就这样，我们也这样，不知道为什么"。对于传统而言，重要的不是解释，而是行为，即什么是应该做的。

除此之外，染好的布还是俐侎社会中很重要的仪式礼物。但赠予他人的布料必须是存放在家中一段时间了的，不可以把刚染好的布送人，否则以后也染不好布了。至于原因俐侎人也说不清楚，笔者猜想是不是担心布料里面的"灵"也被送走了，才有这样的禁忌。

在本次田野调查里，团山俐侎人虽然还有这些说法，但很多人都已经不再遵守了。可人们仍然相信自己染的布对身体有益。撇去靛叶有"灵"的解释，人们开始用板蓝根的中药价值作为佐证。在现代化进程中，俐侎人对染料的认知逐渐渗透了新的内容。虽然"灵"的观念消解，但对板蓝根的信任却凭借新的理由得到延续。

（2）染布

将做好的染料取适量放入染缸中，倒入煮好的灶灰水将染料稀释成靛水。将白布浸入其中约半天，不时揉搓。之后再取出布拧干，缠绕在木棒上，用木槌敲打布卷，使布料颜色均匀、顺滑平整。最后把布卷打开，进行晾晒。如此反复不同的次数，可以得到颜色深浅不一的布料。

除了直接染色获得纯色的布料之外，俐侎人还调制石灰浆在布料上点绘图案，晒干后再投入染缸加以染色。染好后将布料晒干，刮去石灰浆，被覆盖的部分就会保留之前的颜色，形成图案。反复多次，图案才能长久保存。俐侎花布的图案一般分为两种，一种是规整的散点图案，一种是5~7点的花形图案（见图10）。

图9　翻搅靛叶水

图10　晾晒用板蓝根染色的俐侎花布

图片来源：作者拍摄。

2. 镶饰、拼布

在传统俐侎服饰的制作中，镶饰和拼布是最常用的装饰技法，两者通常结合使用。其中最具代表性的当数传统花边的缝制和运用，即上文提到的"汝基"。

"汝基"的缝制尤为烦琐，是俐侎服饰中最特殊的装饰物。它的基本制作方式是将各色布料裁剪成宽约1.5厘米的布条，再将布条裁剪成细碎的矩形小布块。然后将小布块折叠，一点一点地拼缝成左右交叉、部分重叠的花边（见图11）。根据花色和拼缝方式的不同，"汝基"被分成以下6种。

图11　有白点的花边为"汝基"

图片来源：作者拍摄。

"汝基咯莫萨"的基本布块为黑色，白布在中间，两边布料的拼接规律为1、2、1、2交替叠加。双数布块中可选用彩色布块。因为拼缝有白布，所以在花边中间自带"眼睛"。这种"汝基"是比较普通的一种，在传统服饰上很常见。

"汝基适查叭"的基本布块为黑色，无白布，缝好后颜色单一暗沉。两边布料的拼接规律为1、2、1、3对称叠加，无"眼睛"，需要用白线钉2个"眼睛"。该花边的制作方法简单，颜色也少，所以是"汝基"中比较低端的一种，只有便装和老年装才会使用。嫁衣若是使用这种"汝基"，一定会遭人笑话。

"汝基阿嘎拉"的基本布块为黑色，无白布，两边布料的拼接规律为2、2、3、3交替叠加。单数布块中可选用彩色布块。因为这种"汝基"比其他"汝基"更宽，又没有白布，所以要用白线另外钉4只"眼睛"作为修饰。

"汝基活咯"的基本布块为白红两色，黑布在中间，所以"眼睛"是黑色的。两边布料的拼接规律为1、1、1、1对称叠加。间隔一定距离可采用彩色布块。

"基突汝基"的基本布块为蓝、黑两色，两边布料的拼接规律为2、2、3、3交替叠加，无"眼睛"。间隔一定距离可使用彩色布块。

"汝基阿砸懵"的基本布块为黑色，无白布，两边布料的拼接规律为1、1、1、1交替叠加，无"眼睛"。颜色丰富，不再用白线钉"眼睛"。这种花边制作方法简单，色彩杂乱，所以是汝基中最次的一种。现在俐侎女性已经不再使用这种"汝基"，觉得"不好看""很低档"。

通过俐侎女性对不同类型"汝基"的评价，可以看出制作过程烦琐不仅不是缺点，反而为"汝基"增添了价值。这也可以印证俐侎女性一面抱怨做衣服"啰唆"，一面又引以为傲的态度。千辛万苦做好的"汝基"，想来定要装饰在最显眼的位置才对。但俐侎女性却把"汝基"和其他布条交叠拼缝在一起，本来就只有2厘米宽的花边，最后露出来的只有中间不到1厘米的部分。

这种反差十分有趣。但遮遮掩掩的花边在俐侎人眼中是显露无遗的。有经验的妇女瞥一眼就知道是什么类型，用的什么布料，有没有偷工减料。笔者认为，这种独属于俐侎人的"知识"其实和服饰文化一样，代表着人群间的区分。俐侎人在潜移默化中习得这些知识，而非俐侎人甚至不会注意到。

3. 编结、缀物、贴花

编结主要运用在纽扣的缝缀上。俐侎女性习惯将纽袢卷成两个圆，再用彩色丝线固定。布纽扣编好后和银纽扣一起缀在衣服上，成为装饰。

缀物以银饰为大宗，丰富了服饰的外观，增添了服饰的厚重感。除此之外，就是头带和腰带末端悬缀的帘状珠串。这类装饰的动感、空间感很强，它们随着穿戴者的动作而呈现飘逸、摆荡、灵动的魅力。

贴花是化纤布料和花边大量出现后才广泛采用的技术。它将不同的布料通过刺绣与主体衣物联结，成为新的图案。此种手段操作简单，装饰性强，多见于小孩马甲、外套，结合大量装饰品，很容易打造出艳丽的视觉效果。

马甲是新时代的产物，这种服饰大多是由现成的布料和花边拼凑而成的，与传统服饰的"原型"大异其趣。但对于当地人来说，这是他们认同的可以代表俐侎人身份的服饰，是传统服饰对现代社会的适应和妥协。新的服饰文化伴随着新的技术产生，但在审美偏好上仍受限于传统的"惯性"，并表现出重复性、集体性和稳定性等特点。

三　传统俐侎服饰的功能

（一）实用功能——俐侎服饰的工具价值

早期的服饰，首先考虑的是实用。俐侎人多居住在山区，气候偏凉，阴晴不定，传统服饰没有明显的冬夏之分。宽大厚实的黑衣，吸热快散热也快，对天气的适应能力强。除此之外，各部件的设计也充分适应生产与生活。例如，布腿套可以随时穿戴或脱掉，灵活适应劳作和天气。包头既有保暖的功效，又可应对当地时有时无的细雨。而配饰里的银吊坠，更是一个集审美和实用功能于一体的收纳盒。项链中间连着两个针筒用于装针线，针筒下面坠着四五个小玩意，如镊子、挖耳勺、拨片、拨针等。其中拨片、拨针是用来疏通烟筒和响篾的。虽然现在的女性只是把它当作装饰品，但在以前，缝纫、抽烟、吹响篾都需要它。

（二）族别标志——本民族的认同

经常外出打工、求学、经商的俐侎人不愿意穿着传统服饰。在各民族共居的大社会中，现代服饰可以模糊人群间的区分，带来更多的便利。但这些人依然拥有自己的传统服饰，还有人以穿着传统服饰为傲。

穿着传统服饰除了能够区分汉人与俐侎人之外，还可以实现俐侎人内部的区分。比如附近乌木龙乡的俐侎人会用蜂蜡擦拭布料形成亮色；"汝基"上的"眼睛"更大；偏好更宽、更鲜艳的花边；女性盛装的腰部上习惯钉 5 颗银纽扣……。团山俐侎人则不然。

（三）判断指标——对个体情况的判断

透过传统服饰，人们可以大致推断出个人年龄、婴儿性别、女性婚否等个人情况。除此之外，服饰还用来评判财富多寡和本性勤懒。

以女性服饰为例，女性拥有的盛装和饰品越多，代表家庭条件越好。因为这要求女性有余钱、有空闲，经济条件不好的家庭是做不到的。

女性的勤懒既体现在缝绣功夫上，也体现在原材料的采用上。使用自织自染的布料要比使用现成的布料有面子，缝制传统图案要比直接用缝纫机钉出相似的图案有面子。制作过程越是复杂，就代表女性越勤劳、优秀。

（四）仪式构成——作为礼仪服的存在

俐侎人在出生、结婚、死亡等人生的重要阶段都要穿着传统服饰。此时传统服饰成了礼仪服。

孩子出生要穿脱胎衣和脱胎帽。由"脱胎"二字可见服饰具有"留住"孩子的功能，是对孩子存活和成长的期许。孩子满 90 天之后，俐侎人才能缝制正规的婴儿装给孩子穿。可能对于俐侎人来说，孩子出生 90 天后才意味着孩子真正进入了"现世"，成为家庭的成员。

婚礼上，男女双方都要穿戴隆重的传统服饰。因为婚服和盛装非常相似，为了区别，新人往往会穿戴不止一套盛装。两套最为普遍，讲究的新娘可以同时穿上四套，连走路都需要人搀扶。除此之外，新娘的头饰也和盛装不同，是专门制作的三角帽。

张爷爷告诉我们，过去俐侎人结婚不会做头饰，都是去一个叫"仙人洞"的地方借。后来有人借了没还，俐侎人就没得借了，只能自己做头饰。虽然故事的内容显得不甚清楚，但单单是故事的存在，就已经具备了社会意义。它使得婚服与其他服饰区分开来，代表着一种特殊的身体或文化展示。

当人生不可避免地走向终结，衣服便成为现世通往彼世的护佑。死者要穿戴完整的传统服饰，同时还要陪葬一定数量的衣物。这时，传统服饰不仅是死者在彼世享有的物资，更是被祖先接纳时所需提供的证明。传统服饰的族别标识功能被再度启用。

（五）情感媒介——亲朋之间感情的纽带

姑娘结婚的时候，不仅母亲要赠送手工制作的布料和服饰，姑姑、小姨等女性亲属也要赠予一定数量的布料或衣物。家中有老人逝世，参加葬礼的亲属后辈要用背篓背上一套衣服、一卷白布、一卷黑布。其中布料需要留给举行葬礼的家庭，而衣服可以背回去，等又有亲人去世时可以重复使用。但给孝子准备的东西都不可拿回，而且数量要更多，"档次"要更高。

没有红白喜事的日常，俐侎女性也会给自己的侄女或侄子缝制帽子、外套或马甲作为礼物。尤其是现在很多年轻人外出打工，留守儿童增多，有心的女性亲属会主动肩负起缝制服饰的责任。现在商品布料和装饰品唾手可得，只要有点余钱，想要给小孩缝衣服已经不是什么难事。

综上，传统服饰在俐侎社会中具有难以取代的地位，始终以一种鲜活的状态留存在社会生活之中。它不仅为人们提供安全感和归属感，还凭借着自己强大的生命力和适应力影响着现代生活。

四　结语

在特殊的自然、社会环境中，俐侎人传承着独特的族群文化，其中又以服饰文化和信仰习俗最具稳定性和标识性（杨丽、夏循祥，2018）。但文化传承不是因循守旧。在社会发展、族群互动过程中，俐侎人积极主动地利用新的物资、技术、观念重塑自己的族群文化。这既促进了俐侎人的文化自觉，又提升了俐侎人对中华民族的文化认同。

总体而言，俐侎传统服饰文化的变迁首先体现在原料和款式上。这是因为传统服饰的原料加工比较复杂，不仅费时费力，穿在身上也很笨重。款式上的变化主要是为了适应商品服饰的穿着。商品服饰容易购买，价格合适，易洗易换，轻巧方便。所以民族服饰中增加了外套、马甲等款式，既可让俐侎人享受商品服饰的轻便，又可发挥传统服饰的功能。

其次，传统服饰的穿着方式出现了时代性的变化。比如现在的婚礼，新郎往往是既穿传统服饰，又穿西装。甚至有的男性里面穿上母亲精心缝制的对襟短衣，外面套上西服。在他们心中，这是兼具礼俗和时髦的装扮。俐侎新娘似乎要"守旧"得多，但实际上，银饰、流苏、珠串……从头到脚的装饰物都远超过去的规制，其繁复与绚丽是传统服饰难以企及的。各少数民族服饰文化利用丰富的物资供应对传统服饰进行修正和强化，它来源于传统，又重塑了传统。

最后，服饰文化的展示者不断减少，越来越多的人（尤其是男性和年轻人）放弃穿着传统服饰。他们逐渐融入了主流文化，传统服饰的工具价值和社会价值被逐渐消解。比如青年男性要打工赚钱，穿着传统服饰不方便。即使在家，轻便、便宜、便于农作的现代服饰也更受青睐。此时，俐㑊女性变成了日常服饰文化中硕果仅存的展示者，成为非物质文化遗产的传承者。

参考文献

邓启华主编，2007，《清代普洱府志选注》，云南大学出版社。

傅恒等编著，1991，《皇清职贡图》卷七，辽沈书社。

胡正刚，2018，《丛林里的北回归线》，中国青年出版社。

靖道谟纂、鄂尔泰等修，《云南通志》卷二十四，https://www. bookinlife. net/book - 199347 - viewpic. html#page = 41，最后访问日期：2021 年 9 月 13 日。

李有旺，2007，《秘境探踪——探访神秘的俐㑊人部落》，云南民族出版社。

杨丽、夏循祥，2018，《团山村俐㑊人的信仰与变迁》，《文化遗产》第 6 期。

张锦繁主编，2008，《临沧记忆》，云南美术出版社。

《魁阁》2021 年第 2 期（总第 5 期）

第 65~84 页

© SSAP, 2022

"央"与家屋的生命力：基于墨脱县门巴族村落的研究

格茸扎什[*]

摘　要：本文基于笔者在西藏自治区墨脱县肯肯村的田野调查材料撰写而成，主要探讨门巴族家屋与存在其中的"央"的关系，包括家屋建造时如何引"央"进入，在家屋的日常生活中怎样去维持甚至增加"央"的存在，以及如何进行家屋内"央"的代际传递这三个问题。笔者认为在门巴族社会中，"央"与家屋之间具有一种不可分离的关系，而且"央"作为门巴族家屋的文化表达符号，能够说明门巴族社会具备列维－施特劳斯所言的家屋社会的特征。"央"赋予家屋生命力，协调家屋内外人与人之间的关系，还将家屋与广大的自然世界联系起来。

关键词：家屋　生命力　"央"　墨脱县　门巴族

一　引言

"以前我们家有很多牛，结果有一年那些牛大部分都死了，一些是在山上放牧的时候死去的，还有些是在冬天赶在村子附近时摔死的。这些牛死掉之后，我们家里就做了叫'央'（jaŋ³¹）的法事。"CM 老人继续解释："'央'是一个女的，我们看不到她，但是她可以看到我们。她听说长得不怎么好看，她是一位红脸、长头发、瘦削的

---

*　格茸扎什，男，云南大学民族学与社会学学院民族学专业 2019 级硕士研究生。

女人。"CXLM 补充道："'央'在家里的时候能给我们带来福气、好运、财富、长寿，但是如果家里没有'央'存在了，那么就是非常不好的，家里的牲口会死亡，粮食会收获得少，家里不够吃。然后家人也有可能生病，甚至去世。"

上述关于"央"的介绍与讨论，摘自笔者 2021 年 7 月至 10 月在西藏墨脱县肯肯村的田野笔记。"央"是当地门巴族村民反反复复提到的一个关键概念。笔者不由地思考，牛死后需要叫回来的"央"是什么？"央"既然可以叫，也会跑，那么"央"来自哪里呢？村民们回答说："'央'到处都有，在家外面的各个地方，家里面的'央'就是从周围的那些地方喊进来的。"从这段对话，我们可以看出，"央"是一种具象但不可见的精灵，其存在与否关系门巴族家庭发展的几项核心指标，直接指涉家屋能否正常发展。

"央"的观念并非只存在于墨脱门巴族，在藏文化辐射区域也能够看到其影响。旦正加认为"央"是藏族民间一个非常古老的概念，"央"一般被译为"福泽、福禄"，也被译为"宝气、灵气"。而"夏"或"恰"观念与"央"相近，二者在苯教中已经拥有了比较发达的知识体系。在吐蕃时期，社会上层会举行相应的祈"央"仪式，普通的家庭与部落也会举行，祈"央"仪式包括人们生活的方方面面，如求财、求寿、求顺、求兴旺以及求好婚姻、好名声，甚至求好的人际关系等（旦正加，2007：54）。降边嘉措认为"央"观念意涵丰富，很难用单一的汉语词汇表达，该观念有很强的世俗性，应该是藏族传统社会民俗仪式的遗存，还提及"央"在格萨尔传说文献中的重要性（降边嘉措，1994）。才项多杰分析附着于箭之上的"央达"文化，从具体的附着之物综合理解"央"，认为"央"应该是一个活态的东西，而且在藏地各区域有不同的祈求仪式（才项多杰，2013）。意大利学者乔凡尼·达·考（Giovanni Da Gol）基于在德钦的田野经验，将"央"看作一种身体运势，创造性地提出了"运势观"，还指出"央"超越时间的限制，缔结着事物的精华与活力，是生命和力量，促进了所有其他能量的轮回。这一观点无疑指出了"央"与生命之间存在的联系（乔凡尼·达·考，2015）。

才贝通过分析苯教和格鲁派经文中"央"的祈福仪式，认为在苯教中，"央"成为仪式者一切幸福生活的源泉，具有某种灵性和生命力（才贝，2017）。而格鲁派求"央"仪式中，在请求的事项里，会求非常具体的"央"，与日常生活道德标准如怎样做人、择友、择君，与生活方式、生产资源、饮食习俗都有密切的关系。仪式者还在降"央"时说："请防止'央'衰退，请大开夏'央'之门！请降福，帐前多牲畜，让家中多生育，库中多财富，长寿活一百，今天唤'央'，今天唤'央'，喊夏可依一招财引喜！"（才贝，2010：102~104）在文末对苯教和格鲁派进行比较研究之后，才贝认为"二者都是祈福仪式，关系世俗福泽、五谷丰登、人牲兴旺、财运亨通、长寿无灾"（才贝，2010：105）。

笔者认为，上面的论述可以体现"央"的几个特点：①"央"存在的历史久远，具备与生活息息相关的民俗特点，比如陈波对拉萨郊区村落的研究中就将"央"视为相对于以佛教为代表的大传统的小传统，凸显了其底层特征（陈波，2009：108）。②"央"的意涵丰富，财、福、兴旺、生命繁衍等都被涵盖于此。③"央"更倾向于是一种活态的东西，用抽象的概念去描述难以让人理解，需要具体应用在实际的事物上。

摩尔根（L. H. Morgan）将人类居住模式同亲属关系与婚姻制度相联系，并提出区分家庭、家户与氏族等不同社会组织形态的方法（摩尔根，1992：78），成为家屋研究的开端。国内学者林耀华在研究嘉绒藏族时，注意到屋名是界定其社会身份的核心，即屋名概括了家族团体的物质方面与非物质方面的两重内涵（林耀华，1985：412）。列维-施特劳斯（Claude Levi-Strauss）在分析博厄斯所不能解决的北美夸扣特尔人的亲属关系时，结合欧洲中世纪封建采邑制度背景下"家"的概念，正式提出"家屋社会"（house society）的概念（Levi-Strauss，1985），详细地论述何为家屋社会，为后来的研究者提供了参考。20世纪90年代，以卡斯腾（J. Carsten）和琼斯·休（Jones Hugh）为代表的学者在剑桥大学举行会议，根据他们的民族志材料，进一步发展了原有的"家屋"的理解，认为不能局限于将家屋作为一种社会类型，而是要充分意识到以家屋为中心的研究所展现的开放性。他们希望以一种强有力的、基于民族志的研究，从不同的方面来整合建筑、亲属和文化类别，探析人和家屋联结的不同方式（Carsten and Hugh-Jones，1995：46）。自此以后，家屋研究开始转向多元化，如讨论家屋与宇宙观、社会秩序（布迪厄，2012：379~380；刘朦，2016；李锦，2012），家屋的变迁（巨浪·宗喀·漾正冈布，2020；赵晓梅，2020；陈默，2009；石奕龙、方明，2013；何海狮，2015：94~118），以及家屋与人观。最后这条路径受到东南亚人类学研究的三个重要成果的影响，一是斯特雷森（M. Strathern）的"可分割的人"，也就是认为人是由关系构成的集合；二是艾瑞顿（S. Errington）对人观的研究；三是沃特森（R. Waterson）对东南亚有生命的家屋的论述。我国学者将研究转向国内，如何翠萍及其学生对我国西南地区景颇族的家屋与人之间的关系进行了研究，认为当地社会中家屋与人之间存在一种相互比拟的关系，家屋会像人一样经历各种生命的过程，即兴建、修缮和倒塌。还将男性与女性的结合视为孕育家屋生命力的核心（何翠萍，2011：296～342）。何翠萍敏锐地捕捉到载瓦人家屋形制的变化，认为从传统直式干栏家屋到横式与混合式家屋的转变，体现了家屋中人观亲属伦理的原有阶序性被打破，人们不再通过居住在家屋内日复一日地体验、认知，来潜移默化地培养长幼、内外以及世代伦理价值（何翠萍，2013：89～145）。这说明物质结构的变化和伦理价值之间存在互动。

郭立新从家屋建造出发，认为在龙脊壮族中，存在将建造房屋与成就做人联系起来，通过一系列仪式与禁忌，将成就做人的理想寓于建造房屋的实践中，家屋、树与人三者之间有一种隐喻关系。孕育家屋的力量则有两个主要来源：一是家屋中夫妻二人的结合，二是父母与长辈（郭立新，2004）。这体现家屋孕育力量与横向以及纵向的亲属关系相关。衣辉锋对广西宜州百姓人家屋文化进行研究，指出家屋的建构与人观是叠合的（衣辉锋，2004）。谷宇阐释了黎族人如何在家屋建造、家屋布局和日常行为实践中给家屋赋予生命，并通过花婆信仰的供奉，女性相关的谷物、灶等生命力延续的象征去强化家屋的生命力（谷宇，2020），充分展现了黎族家屋的生命力与各类象征之间的紧密联系。苏世天则指出在老挝家屋的分家过程中，旧家庭的破裂到新家庭建立的过程并非简单的毁灭过程，而是呈现更广时间上社会关系的轮回特征。这也体现了家屋生命在分家以及社会关系重组过程中的文化意义（苏世天，2019）。

综上所述，在以往的研究中，研究者虽然强调"央"是家屋中需要重视的一个要素，但是并未将"央"与家屋紧密结合，没有详细讨论在家屋的日常生活实践中，"央"如何与家屋联系在一起。笔者以"央"为线索讨论这一问题，一方面能够呈现当地家屋存在的特点，另一方面也能从具体的生活实践中展现"央"的意涵。通过呈现家屋相关的生活实践，笔者将讨论家屋与存在于其中的"央"之间是怎样的关系，"央"如何进入家屋，以及"央"在家屋中如何持续存在。

本文基于笔者在我国西藏自治区林芝市墨脱县帮辛乡肯肯村进行的田野调查撰写而成，肯肯村位于墨脱县西北方向，属于雅鲁藏布江下游区域，是门巴族聚居村，海拔 1240 米。肯肯村属于喜马拉雅山脉亚热带湿润气候区，干湿季分明。该村落共有家庭 30 户，人口 149 人，其中男性 79 人，女性 70 人。大部分家户为核心家庭，由夫妻与其子女组成；也有少量的主干家庭，由核心家庭及其父母组成。

二　家屋建造与"央"的入驻

"家"在墨脱门巴语中称为"派"（$p^ha i^{31}$），作为家庭寄居的实体空间的房屋也有同样的名称。房屋整体为干栏式建筑，建房时须注意将房屋与地面隔开一定的距离，用木料支撑起房子，能够有效通风，避免过度潮湿。门巴人很珍视自己的房屋，正如他们在歌中唱道："我美丽的房屋，它的基础像两根金刚杵（zi^{31}），能够帮我们镇住地下的世界；房屋的四壁绿松石（ju^{33}）一样美丽；中间的房梁和柱子就像绿松石和黄金（$s\partial r^{31}$）一样珍贵；而房子的顶像吉祥八宝中的宝伞（$k^ha^{33} ma^{33}$），能够给家里带来吉祥。"笔者将概述门巴人家屋修建的过程，以及如何在这个过程中将象征家屋生命的"央"请进家里。

在墨脱门巴族社会中，建房是一项漫长而艰难的历程，以家中男性为主力。他们先去准备建造房屋所需的材料，因为房屋主体采用木制建筑，所以人们花费不少精力去获得足够的木材。门巴族村落大多沿雅鲁藏布江峡谷两岸分布，在农忙之后的冬季，肯肯村村民需要从河边的低海拔地域往上到海拔近 3000 米的林区获取优质木材①，这种木材抗虫耐蚀，晒干之后质地坚硬，不容易弯曲。如果邻居或者亲戚有空闲的时间，也可以邀请他们结成换工的伙伴②，一起将木材砍倒、去皮。在机械不发达的年代，只能用斧子将木材慢慢削成四方的木板，如今因为有锯子，工作变得轻松一些，但是也需要花费两三年的时间去准备足够的木材。

女性在这个时段也需要开始准备食材和酒，尤其是多养一两头猪，能够在修建房屋的时候提供足够的肉。之后将晒干的木板和木料从山里运输到家里，这不是一件容易的事情，需要全村人的通力合作。主人家会去其他村民家中拜访，请他们过来帮忙，这种名为定（$di\eta^{13}$）的劳作形式与上文提到的换工不同，主人家并不需要记工还工，而是以杀猪提供充足肉食的方式来回馈。大家合作把木材拉下来，然后聚在主人家一起吃猪肉、喝酒，接受热情的款待。

冬季（$z_{,}a^{13}$）往往是建房的好时机，因为雨季已经过去，那种湿热的

---

①　选用的树木称为 $Som^{33} \varsigma i\eta^{31}$。这些树木生长在肯肯村背后海拔较高的山地区域。

②　$Li^{13} z_{,}o^{31}$，Li^{13} 意为干活，而 $z_{,}o^{31}$ 则是伙伴之意，也就是一起干活的伙伴，这是一种换工形式，需要以同等的工时偿还。

天气算是告一段落。主人家会很慎重地确定建房的木匠，一般会请一到两人，他们才是接下来整个建房过程中的核心组织者。主人家和他们商量房子需要修多大，需要哪些其他的材料。传统上地基的选择需要喇嘛进行测算，以审视该地方是否适宜人修建房屋。如果算出不宜的结果，但是因为村落特殊的地形，很少能找到适宜建房的区域，人们往往会采用破解之法。他们从别人家"好"的地基下面挖一些土，再将这些土盖在自己选定的地基之上，意为用吉利的土盖过不吉。选址完成后，建房正式开始，村落的人都会前来帮忙，WJ 说："我们这边修房子，村里的人，只要是家里没有要紧的事情，都会过去帮忙，这是不需要主人家专门去请的，大家是自愿过来帮忙的，而且像周围比较近的帮果村、西登村、宗荣村的人也会过来帮忙，早上过来，下午回去，主人家只需要给他们提供午饭，不需要给报酬，也不像换工或者是请来帮忙，但是别人家需要帮忙的时候，也需要自觉地去。"当木匠主持平地基等事项时，大家先要从村子附近寻找适合的石块，为后面砌石墙做准备，男性一般拿着大铁锤去将大石头弄小，还要用其他工具将石块尽量加工方整，方便后面砌墙，而女性则主要负责将石块背回去。

笔者曾在田野调查期间见证了建房的过程，门巴族修建房屋时一般会考虑当地地势，其村落位于地形较陡峭的区域，所以房屋走向呈现与地势垂直的特征。在计算地基所需的空间面积时，木匠只用到几根简单的木桩以及一根白线。他们以身体的臂长作为丈量方式，一臂算作一个单位，一人站在一端将商量好的长宽标记下来，钉下木桩，如此就能确定最重要的四个基点。然后在一定的距离外，再放置一些木桩做标记，确定支撑房屋的干栏支柱的位置。就这样，一个家屋地基的勘测不到一个小时就结束，木匠用娴熟的技巧完成了这项工作。家屋的基础部分主要是两个纵向的石墙（Tse^{33} pa^{35}），它们被形容为"金刚杵"，镇住地下世界，避免其搞破坏，确保家屋稳固。

前文提到门巴族建房时走向的相对特征，而具体到房屋时，其重要的两个方位——门和窗的朝向却是绝对的。门巴人采用表示绝对方位的东南西北①去确定门窗朝向，门必须朝向东和北两个方向的夹角，因为东方（ȿia^{31}）代表能带来吃喝之路（tʂuo^{13} lam^{33}），而北方（lop^{31}）则被认为是"央"之路（jaŋ^{31} lam^{33}），门朝向这两个方向也就意味着能够给家里带来

---

① 如很多民族那样，门巴族对这些绝对方位的测定主要基于太阳，太阳升起的方位被视为东方，落山的地方则是西方，南北则是垂直于东西。

充足的生活物资，以及"央"能顺利来到家里。所以门被视为一种外来物进入的通道，门巴人通常将其往代表好的方向去开。而窗户则不同，代表着事物从家屋内出去。窗户朝向南和西的夹角，西方（nu³³）代表尸体之路（z̧o¹³ lam³³），在墨脱门巴族家屋中，当人去世之后，会把尸体放在靠近窗子的区域，在进行葬礼时一般也会把尸体往那个方向运送。南方（dan¹³）代表战争之路（dza¹³ lam³³），在那个方位，容易发生争斗等事件，所以家屋的窗朝向那里，则是希望家里的争斗能够往那个方向出去。自此，整个房屋的主要方位就已经被确定下来。

建造像绿松石一样美丽的四壁时，当地人采用组装木板的形式去完成。BMCR说："我们会在把木料锯成木板的时候，大致确定木板的长度和宽度，基本上都是一臂长，宽度是40厘米左右。房子比较长，很难有这么长的木板，所以要把木板拼接起来。在建房子的时候，把木板的两端削尖一些，从上往下，装到木板之间的夹板（ka³³ toŋ³¹）中。我们在先前已经把原木的四周推平，然后在两边凿出坑道，这样就能把木板一张张地装下去。修房子的过程当中，这个部分是最花费时间的，大家都会很小心地把木板组装好，不然如果中间有空隙，别人就会嘲笑你说房子都可以让老鼠搭窝了。"

家屋外部的主体工作完成，家屋内部空间的搭建才正式开始。在门巴人观念中，房梁和柱子是联结在一起的，所以往往在描述时也将它们放在一起，这对如绿松石和黄金一样珍贵的实体空间在家屋中的确立，正是与请"央"的仪式联系在一起。GS说："我们会选择一个天气非常好的晚上，云很少，在深夜月亮高高地挂在天上，月光照到村里，周围星星也能够看得清楚，这样的晚上才是最吉祥的。然后在火盆里烧上一盆大火，烧得越大越好，能够在立房梁①的时候亮一点，还有别的意思，希望以后家里的火也像现在这样烧得旺，火旺说明家里吃喝不缺，能够一直生火做饭。但是在立房梁的时候，是需要注意不能让老人、小孩和妇女来参加的，一方面因为这是一个力气活，他们不太帮得上忙，而且这是有危险的。另一方面，我们这边认为老人、小孩和妇女身上的福气没有年轻男的那么多，他们更能给这个房子带来福气。所以在立房梁和柱子的时候，村里的年轻小伙子能来的都会来帮忙，起码需要十个人才能完成。大家听着木匠的指挥，把柱子和房梁立起来。"

---

①　立房梁的过程称为 toŋ¹³ pa³³。

立起之后就会举行重要的叫"央"和祈福①仪式。仪式一般是由木匠中的年老者或者家屋中年长又懂得仪式流程和祈福语言的人去主持，门巴人认为老者送出的祝福是最容易实现的。HWD 是村中受人尊重的木匠，也是很多家屋的修建者，他跟我讲述了仪式的流程："成功将房梁和柱子立起来之后，主人家就会喝酒庆祝，这次聚会称为栋羌（toŋ¹³ tçaŋ³³）。村里来帮忙的人，还有主人家的一些亲戚待在房子里，主持人手里拿着新酿好的藏白酒，朝着柱子和房梁那里洒一些，然后开始说祝福的话，'在这个天气很好的晚上，月亮正在我们的头顶上，月光带给我们吉祥。新房的房梁和柱子已经修建好，希望它们能够一直坚固，不会断掉，能够一直顶住家的上面。希望生活在家里的人能长寿，寿命就像水流一样延绵不绝。希望家人能够平安和身体健康，体格就像石头一样坚硬，不容易被摧毁'。"说完祈福的话，主人家就会将一根象征吉祥的哈达拴到柱子上。然后大家一起大声地叫："新房子的大部分已经修好了，现在请周围世界四面八方的'央'来到家里，'央'来！'央'来！"之后主人家给大家送上酿好的黄酒，边喝酒边聊天，谈论着那些生活中的趣事。喝到兴起，又可以反复叫"央"，就这样庆贺直到深夜回去休息。

　　新居尚未完成盖顶，主人家不能正式搬进去生活。家人和家屋的物品都不在新居中，所以刚被请入家中的"央"也就缺少可以附着之物，没有和家屋真正融合在一起，面临着逃离家屋的风险。因此在立房梁和柱子之后，会花一天的时间，迅速完成盖顶工作，然后进行一项兼具庆祝和仪式的活动。木板被大家牢牢覆盖在房顶之后，参与的男人们会大叫嘎羌（kap¹³ tçaŋ³³）嘎羌（kap¹³ tçaŋ³³），这是在提醒主人家该拿出为庆祝家屋封顶而酿的酒。村落各家各户听到消息也拿出家里自酿的酒和哈达赶到新居。等大家聚齐，在正式进行庆祝之前，需要举行米卡仪式。米（mi³³）意为"人"，卡（kʰa³¹）则意为"嘴巴"，因此该词可以理解为"人言"。主人家认为建房的事情已经被附近的人知晓，他们就会对家屋和家人进行各种评论，无论是好的评价，还是说的坏话或者嘲笑的言语，这些最终都会变成坏的流言，与家屋的"央"进行争斗，导致"央"出走或者受损，这样就会使家屋的生命力衰落。因此，米卡仪式正是为了去除人言带来的负面影响。米卡仪式是非做不可的，JC 说："如果不做米卡，家里和人身上的'央'就会跑掉，会让家人容易生病，牛和那些牲畜也会死掉，

---

①　Mi³³ laŋ³³，意为一种祝福、期望的过程，所以也可以被看作一种祈福的行为。

整个家就像生病一样，变得不好。如果严重的话，还会影响到周围的邻居，让他们家里的'央'也跑掉。"

做米卡仪式需要一位相关的仪式专家进行主持，村落中很多男性都具备这项技能。还需要一位助手，一般会选择村里十多岁的少年，让其顺便学习。WM 主持过很多次米卡仪式，他说："房子建好，喝庆祝的酒，村里人过来玩，主人家就需要杀一只公鸡，取一个猪头，还要做一根表示米卡神的木棍（$mi^{33}\,k^h a^{13}\,çiŋ^{31}$）。木棍的上方被刻成男性生殖器的模样，下方则是做得像女性生殖器，就是代表着男的和女的合在一根木棍上。将公鸡一部分沾上血的毛粘在门上，这是为了避免别人说的话再进到家里面，剩下的血要涂在米卡棍和猪头上，这代表把猪头、鸡献给米卡神，从而让米卡神能够帮忙。主人家还需要准备一些有刺的枝条，各种品种的枝条越多越好，比如花椒树的枝条和一种叫卡辛树（$ka^{h\,13}\,çiŋ^{31}$）的枝条是最常合在一起用的。"仪式开始之后，米卡仪式专家会带着助手首先用小绳子把有刺的枝条绑在一起，口中念诵："让我们来看看这些人言在哪里，它们藏在人的头发里，藏在狗的尾巴上，藏在骡子的马鞍上，藏在公鸡的鸡冠里，藏在猪的背上，藏在牛的臀部。让米卡神把它们带走吧，消除百人的流言，消除千人的流言，消除病痛的折磨，消除作怪的万千魔鬼，消除敌人的诅咒，消除内部的争吵，消除明争暗斗的坏习惯。让四面八方的流言蜚语都被带走，把心怀恶意的那些人言都挡在外面。"接着就从内室门口出发，左手持米卡棍，右手拿着绑好的刺条，走到附近的人面前，用刺条抽打他们的身体，除了念诵着刚才提到的言语，还要加大音量，用一些暴力的词汇以及脏话去威胁米卡，让它们从被抽打的人身上出来到米卡棍上去，后面的助手紧紧跟住他，就这样顺时针抽打在场的所有人，意为将他们身上的米卡转移到米卡棍上，最后放在家门口的小路旁边，用石块围成小圈，最下面放刺条，然后将米卡棍立在上面，一般需要这样放三天，意为阻隔外部的米卡沿着小路和门进入家中。

从如何请"央"到家屋中可以发现，"央"来到家屋的过程与建造时候的准备工作息息相关，建造坚实的基础，让地下世界的妖魔不能给家屋带来负面的影响。将家门开向"央"来的方位，使其顺利来到家里。在立珍贵的房梁和柱子时伴随着祈福，正式请求"央"入驻家中。建成之后，也不敢放松，在庆祝新居时，首先要做的就是去除人言，保证家屋中"央"的安全存在。

三 家屋的两性空间与"央"的日常性维持

对于门巴人家屋内的"央"而言，通过建新房入驻家屋只是意味着其存在的开始，其存在的意义主要是在维持的过程中彰显。门巴人家屋空间的分类与运用，能够呈现他们怎样通过日常生活的实践去维持家屋中"央"的存在。

如图1所示，门巴人家屋内空间主要划分为以下几个区域。

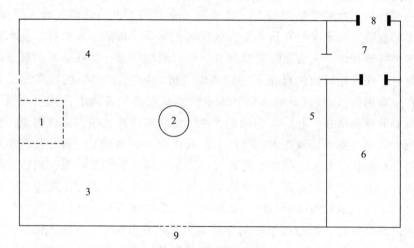

图1 门巴族家屋平面图

说明：1. 家屋内的火塘（$ko^{33} k^h a^{31}$）；2. 家屋的柱子（$ka^{33} wa^{35}$），用"○"代表柱子在平视时的图像；3. 男性生活的空间（$p^h o^{33} t \c{s} i^{33} ko^{33} ja^{13}$）；4. 女性生活的空间（$mo^{33} t \c{s} i^{33} ko^{33} ja^{13}$）；5. 孩子降生的区域（$za^{13} wa^{33}$）；6. 家屋的隔间（$zi^{31}$），一般用于存放家用杂物；7. 正门与主屋门的过渡空间，平时主要用于放鞋（$ko p^{33} kar^{31}$）；8. 家屋的正门（$ko \eta^{33}$）；9. 家屋的窗户（$ko^{33} dz o \eta^{33}$）。

家屋的日常生活主要围绕火塘进行，因此火塘是核心空间，也是家屋空间重要的区分标志物。火塘在靠近窗的区域（图中3号区域），即男性生活的空间，其对面（图中4号区域）为女性生活的空间，二者的区分正是以火塘为界限。男性空间又被称为坐的区域，年长者居上座，也是晚上他们睡觉的地方。而女性空间则是需要动的区域，这是操持日常家务的空间，家屋内的女主人在这里给家人做饭，弄黄酒，煮牲畜的饭食。最具象征意义的是被区分的两性空间中的物品。男性空间背后的墙上悬挂的是捕猎用的刀、弓箭和猎物皮毛、头，代表了男性主要从事的捕猎生计。女性空间背后放置的器物主要是食用的谷物、酿制好的黄酒以及家庭生活用具，体现她们主导的谷物种植和日常的家务活动。门巴人一年的生计安排能直接地体现男性和女性之间的生计分工。

在藏历三月，门巴人开始播种之前，他们需要求助于一种精灵，当地人认为这种精灵是女性，称其为卢米东琼（lu³³ miŋ³³ doŋ¹³ tɕoŋ³¹），认为需要播种的时候，这种精灵正好从冬季的休眠中苏醒，开始变得活跃起来。她属于苯教宇宙观中鲁神的范畴，会附着在村落附近的森林深处的石头上。不同于其他村落中依附在石头上的雄性鲁神，这种女性精灵非但不会加害或者惩罚人，而且还能使当地百姓的粮食丰产，让家屋获得充足的食物，也能够保护家里的牛①，其最终目的是去帮助保护家里的"央"。人们依据藏历找一个好日子，以家屋为单位，各家男女主人带上其他家人去村落附近森林的石头旁边，准备煨桑拜谒，同时带上进献给女精灵的物品，主要包括酥油、茶、黄酒、蜂蜜等放在碗里的饮品，还需要给女精灵带上一套新衣服，当地人认为女精灵是爱美的，在她苏醒之后，能有新衣服穿更能让她感到满意。当然，去拜之前也有需要严格遵守的禁忌，在前一天就需要注意不能吃有刺激性味道的食物，比如大蒜、葱，也不能喝酒，衣服要穿得干干净净，这样才能表现出对女精灵的尊重。煨桑开始，缕缕桑烟升起，家里会念诵的人就会说："今年又到播种的时候，我们给您带来了茶等东西，也给您准备了一件穿的新衣服，希望您能像往年一样，帮助我们丰收，保护我们的牛，让家里得到更多的'央'，不让家里的'央'跑到别的地方去。"

带着女精灵的庇护，门巴人开展新一年的耕种活动，以家里的男女主人为核心，全家人各司其职，抓紧时间去完成培育水稻苗和鸡爪谷苗、修整水稻田、翻玉米地等工作，这些都是辛苦的体力劳动。之后就能陆续种植各种谷物，赶在藏历六月的雨季到来之前完成。因为这时候家屋的男主人需要跟同伴一起上山捕猎，花费四个月左右的时间在高山猎区，甚至还会缺席大部分谷物收获。女主人则负担起谷物的除草、施肥等工作，也需要完成大部分粮食的收割。谈起打猎的经验，WM 是最被推崇的猎手，他曾经是村落中捕获猎物最多的人。他说："捕猎其实是一项辛苦的工作，我们一般会组成一队去捕猎，因为我是打猎里带头的人——温巴（ŋun¹³

---

① 牛在当地称为 nor³³，被认为是一种很重要的"央"的类型，需要去进行保护，如果牛群发展顺利，也能给家里带来更多的"央"，尤其是繁衍牛群的母牛，会被称为"央"阿玛。

pa^{31})①，村里各户的人就会提前给我打招呼，希望能加入我带领的队伍。每到要去打猎的时候，总要喝几天酒才能出发，因为那些后面想加入我们队伍的人会请我去家里喝酒，都是村里或者附近的熟人，我也不好意思拒绝。但是参加捕猎的人有一些需要注意的事情，如果有人的老婆怀孕，是不能让他来参加的，这样会打不到猎物。也不能九个人一起去，"九"对应的是古洞（gu^{13} ton^{31}），而洞（ton^{31}）意为没有（ton^{31} pa^{13} la^{13}），预示着不会捕到猎物。更重要的是不能六个人去，我们这里的说法是六个人去捕猎，就会有一个人死掉。"他们背着生活物品，主要是盐、辣椒面、玉米面、大米，还有糌粑、一点酥油，就往山上走，从村落往东南方向走，走到波密县和格当乡交界的雪山附近去捕獐子（ʐa^{33} tɕu^{13}）。在禁猎之前，每年通过捕獐子带来的现金收入，是他们补贴生活最重要的方式。

门巴人认为山中的猎物都归山神所有②，所以在捕猎的时候，需要煨桑来祈求山神同意，并希望它能给予猎物。WM 说："我们到捕猎的地方之后，就会早早起来，在我们烧火的这里给山神煨桑，去找适合烧香的树枝，在上面倒上糌粑、酥油和茶，然后开始念'我们知道给您献上的糌粑在做的时候可能会被弄得有点脏，酥油在挤奶的时候可能会被弄脏一些，酒在酿造的时候，可能也会有一些不干净的东西进去。在给您煨桑的时候，希望您不要嫌弃不干净'，用这种很尊敬的语气去与山神沟通，让山神看到诚意，这样山神才会保护打猎的人，也会给予他们猎物。相反，如果触碰到一些禁忌，就会招致山神的惩罚。"NMCR 说："我们去打猎的时候，一定要注意干净，不能在山上乱丢垃圾，那些剩下的饭菜也不能乱扔，更不能随地上厕所，特别是不能在水边。还有在煨桑请山神的时候不能叫错山神的名字，特别是不能说老家山神的名字，山神就像人一样，他是会嫉妒的，这样两边的山神容易打起来，山神就会发火。我们村以前就有人念错名字，念完后不久，天气就突然变差，刮起大风，开始打雷，把他们住的帐篷都吹翻了。不仅没有打到猎物，还差点儿受伤。"如果严格遵循和山神沟通的禁忌，跟着熟练的猎手一起去捕猎，每年都能获得一些猎物，打到的猎物虽然每年有多有少，但是都会在领头猎手的安排下被平均分配，大家将猎物出售，购买家中所需的菜籽油、盐等生活用品，还能

---

① ŋun^{13} pa^{31}是猎头的称呼，打猎行动中会有类似的称呼，以此彰显猎头在捕猎中的重要性，而其余的猎人则为 ŋun^{13} ʐu^{31}，意思是打猎的同伴。

② 在他们的表述中会用到 tar^{33} po^{31}（主人）一词，表示山神是所有猎物的主人。

给家人带回一些衣物。

　　还没等男人们回来，家里的庄稼就到了丰收的季节，家屋的女主人安排家里剩下的劳动力一起去收获鸡爪谷、玉米、小米等谷物。门巴人认为这些从地里收获的谷物都存在"央"，将其收获回家，就是要将"央"带回家，所以在进行收割的时候，劳作的人们会简单地大声喊："粮食收获了，'央'来家里哟，'央'来! '央'来[1]!"但是最重要的叫"央"仪式需要等男人们回来之后一起收水稻时举行。水稻是当地最晚收获的谷物，在藏历九月末，雨季最后的一场雨已经结束。獐子在这个季节因为天气变冷，已经藏匿到深山中，难觅踪影。村民往往以换工的形式，几个家屋的人一起收割水稻，以期在两三天内收获水稻，收割的时候开始叫"央"的仪式。CM说："以前割水稻的时候叫'央'，要把割好的一些水稻堆在那里，朝向家的那个方向，需要准备一个竹编的簸箕，还要准备一个错（tsuo^{31}），即用煮熟的米做成金字塔形，还需要两个煮熟的鸡蛋，从山上摘一些邦锦梅朵的花，最后将一根哈达放在里面，这些好的东西，都是为了引'央'过来。在竹编簸箕对面的地上插一把刀子，防止'央'从那边逃走。大家不能说话，不然可能会把'央'吓跑。然后选七个人用木棍去打那堆刚割好的稻谷，他们一边打一边轻声地唱'央'来，'央'来，'央'来。同时在家里还要请一个喇嘛，让他帮忙做法事叫'央'。这时候无论是在家里还是在水稻田里，除了一起在换工干活的人，别家的人都不能过来，不然'央'就会跟着他们走了。如果来了别人，需要剪一点他们的头发，还有衣服袖子，这样'央'就不会跟着他们跑了。"

　　总之，从上文可以看出，在维持"央"在家屋中的存在时，家屋中男性和女性往往合力进行，从开始耕作前一起祈求女精灵保护家屋的"央"，到收获水稻时一起参与叫"央"回家的仪式。虽然从藏历五月到藏历六月的生计安排呈现很大的差异，但是他们各自开展生计活动之后的所得，又都汇集到家屋中。女主人将这些东西放在火塘上进行烹煮，供家屋内的全体成员食用。火塘因为聚集了如此多有"央"的物品，所以被门巴人看作是家屋中"央"最丰富的空间。可以这样说，火塘作为男性空间和女性空间的区分标志，最终又成为两性空间结合的媒介，还因此成为"央"富集的空间。

---

　　[1]　jaŋ^{31} ço^{31}表达"央"来，这是在叫"央"的时候最基本的言语，会被反复地使用。

四　家屋与"央"的代际延续

在日常的两性合作下，"央"处于被维持和增长的状态。但是"央"与家屋一样，都面临着一个重要的问题，即如何进行代际的延续。家屋在进行代际延续时，不仅是家屋内各种物质性器物的传递，门巴人同时也看重家屋中存在的"央"的延续。

门巴人家屋的延续具备鲜明特征，在当地流传着这么一句话："无论有多少个孩子，无论他们去干什么，总有一个人需要留在家里。"[①] 一般的门巴族家屋拥有至少四个孩子，从门巴人的生育观念来讲，他们并不尊崇生儿或者生女，而是希望能儿女双全。对于其子女未来生活的安排，父母往往只会留下一个子女去肩负家屋延续的责任，其他的子女，无论是男孩还是女孩，大部分都会以"嫁"人的方式进入别的家屋，因此在家屋的继承者（tɕom^{33} joŋ^{31}）[②] 上倾向于单一的选择。在继承者的选择上，虽然他们有这样的古语："房子是留给儿子的，而首饰是给女儿的。"但是在具体的操作中，具备很强的实践特征。也就是说在当地，当家屋中有合适的儿子作为家屋的继承者时，他们会倾向于给儿子娶妻来延续家屋，尤其以长子为佳。但是在具体实践中并不抗拒帮女儿招亲，让别人家的男人"嫁"入成为继承人，他们认为有能力让家屋和"央"繁荣的人，就是最好的继承人。当地门巴族社会普遍存在从妻居现象，笔者所在的肯肯村全部30户人家中，有14户属于从妻居的居处模式，也有很多村中的男性离开原生家庭，到妻子家生活，这些男性"嫁"入新的家屋中，就会成为新家屋的男主人，其子女具有继承家屋的权利。因此，家屋的延续存在由居处与亲缘共同决定的特征。在门巴人的婚礼中，家屋延续的观念及其相应的仪式得到集中展现。

墨脱门巴人的婚礼主要由提亲、婚礼仪式两部分组成。提亲[③]时，主要由主人家的亲属和村落中的长者一起前去。这位长者一般是在当地品德受认可、能说会道以及有提亲经验的人，这位长者很多时候还扮演着婚姻担保者的角色，如果婚姻出现破裂，这位长者需要去进行后续的妥善处

---

① 这个说法来自 HM、CXLM 等人。

② tɕom^{33} joŋ^{31}，tɕom^{33} 在珞巴语中意为家，而 joŋ^{31} 是抓之意，也就是说家屋的继承者对待家屋需要像抓住物体一样牢牢把握。

③ 当地人用 miax na^{33} mu^{33} 或者 pʰar^{33} lam^{13} ka^{31} 来描述提亲，即意为讨老婆/丈夫，认为提亲是一个外人进入家屋的过程。

理。对于选取的结婚对象，除了要考虑当地的乱伦禁忌及受到鼓励的婚配规则，门巴人还要重点考虑对方家屋的物质财产和非物质性的声望，认为两个家屋之间在这些方面相称才是理想的亲家。家屋中物质财产的两个重要衡量指标是家里的生活物品和牛，LB 说："我们这边看一家人富裕程度怎么样，主要是看两方面，在家外面就是看他家的牛群，我们这边特别看中牛，谁家的牛多，就算是富裕的家庭。牛少也就相对要穷一些。挣到钱之后，以前喜欢买牛，从而让牛群变多，这样家里的'央'也会变多。去家里面看的话，主要就是看家里的东西多不多，看家里的刀装饰得好不好看，家里的水缸、水瓢、石锅还有其他家用东西的品种和数量怎么样。"如前文所言，这些家屋中的物品都与"央"相关，他们的数量直接影响家屋中"央"存在的多少。对于非物质的声望，他们更多看中生活在家居中的人是否和谐相处，对于要婚嫁的男女而言，他们很不愿意去那种经常处于争吵状态、亲属之间不够团结的家屋。BMDJ 说①："那种经常吵架的家，无论是父母之间吵得厉害、相互不满，还是父母和孩子之间的关系不好，都很难娶满意的人进来。我们认为这种家是很难发展的，大家意见不合，各干各的，不能一起让家里变好。而且关键是这种经常吵闹的声音会让家里的'央'跑掉。村里别家的人也会对他们不满，这些人言还会伤害到家里的'央'。你说一个家里，如果'央'都跑走了，那么这家的生活还能好吗？可能会变得越来越糟糕。"因此，人们在考虑家屋的物质财产与非物质性的声望时，是将它们与"央"联系在一起的，"央"存在较多的家屋对应的就是较好的物质财产状况，也对应关系融洽的家屋内部人际关系，反之则是负面的情况。可以说在婚姻选择上，人们都喜欢嫁入"央"繁荣的家屋，反之则不被视为理想的婚姻缔结对象。

　　提亲者带的物品主要由三部分组成，装在竹筒里的藏白酒（a³³ la³³）、一根哈达（tar kʰa）和彩礼。其中最为重要的是彩礼，这代表迎娶的家屋给对方父母的心意，用来酬谢他们将孩子养大。稍微富裕的家庭会送一头牛过去，另外有些其他的礼品也是受欢迎的，比如工布藏装、一些肉，或者水缸。没有严格的规定，而是由双方家庭的财力决定。白酒是在提亲人说亲的时候喝，提亲人会依据自己和对方的关系，给出不同的说辞。如果对方是主人家的亲属，他就会说："我们原本已经是亲戚，相互之间关系亲密，但是为了让我们的后代能够继续这么亲密，请把你家的儿子/女儿

---

　　① 我询问了当地别的男性和女性，他们认同这个说法，认为家屋关系是否和谐直接影响生活的前景。

嫁到我们家吧，这样就是更亲的亲戚了，我们以后互相帮忙和联系也就更加方便。让我们之间的亲戚关系能够继续下去吧。"如果对方并不是已知的亲戚，他们的措辞会显得更加客气，这样说道："太阳落山之后，你们这边依然温暖，听闻你们家在这里声望很好，受到别人的尊重。我们之前还不是亲戚，让我们通过这门亲事成为儿女亲家吧。我们成为亲戚之后，我们的子孙后代也会成为亲戚。"如果对方同意结亲，提亲者需要赶紧通报给主人家，然后他们两家的父母就能一起去找喇嘛算定适合举行婚礼的日子。

娶亲家需要抓紧时间去准备婚礼所需的一切。尤其是婚礼所需要的大量的酒，包括黄酒和藏白酒。婚礼还需要不少肉食，因此要根据自家的条件去准备杀猪或者牛。在婚礼正式举行前，嫁人家需要通知亲戚和同村的朋友一起组成送亲队伍，尤其是要嫁过去的女性/男性的亲舅是必须参加的，在门巴族观念中亲舅（doŋ¹³ tʂ i³³ a³³ tɕiaŋ³¹）无疑是最受尊重的亲属之一①，特别是婚姻这样的大事需要征得他的同意，获得其祝福才行。其余的关系较近的亲属也会参加，至于送亲队伍的规模，一般由对方的经济状况决定，如果娶亲家条件不错，能够招待很多人，那么送亲队伍囊括的亲戚就会更多一些，甚至还有一些村里的朋友。要去参加婚礼的长辈，都需要准备礼物，以往更多是牲畜和生活用品，比如富裕的亲舅可能会送去一头牛。也可以送石锅、铁锅、水瓢、竹编等其他礼物。在从家里出发之前，需要进行一次简单的叫"央"仪式，会专门请一个声音好听的人，在送亲队伍刚出门时，他就在家门口朝着那个方向叫道："'央'回来！'央'回来！'央'回来！"这是担心嫁出去的人身上的"央"，还有家里给的物品身上的"央"会从家里离开，把家里其他的"央"也带走，所以需要把它们喊回来，避免家里"央"的流失。

娶亲家还需要在路上安排接亲，从路上一直到家门口都要饮酒，一共要给送亲队伍提供三次酒，被称为苏羌（sum³³ tɕaŋ³¹）。无论距离的远近，是从远处的别村过来，还是同村的邻居，都需要遵守苏羌的规则。送亲队伍在亲舅的带领下，在家门口饮酒后进入家屋中休息。此时家屋内空间的安排有其特点，前来送亲的男性会被主人家统称为阿江（a³³ tɕiaŋ³¹）②，他

---

① 当地门巴人认为亲舅像金子一样的尊贵（sər³¹ ki³³ doŋ¹³ tʂ i³³ a³³ tɕiaŋ³¹）。

② 在有些文献中译为舅舅，但并不很准确，因为姑父也涵盖在这个范畴内，而前文提到的 doŋ¹³ tʂ i³³ a³³ tɕiaŋ³¹ 才是汉语语境下的舅舅（母亲的亲兄弟），所以笔者在此用阿江来表述，而并非直接译为舅舅。

们是这场婚礼中最受尊重的人群，被请坐在家屋用以待客的男性生活空间，年长者居上座，依次往下排列。阿江们前面需要摆上猪肉，用竹编的盘子装上猪身体的各部分，包括猪头、猪脚、肥瘦相间的肉块，以及猪肝、猪心、猪肚、猪肺等部分器官，如果这些不齐全，就会有阿江给主人家挑刺说："你们为什么不把猪肉弄齐，是觉得我们嫁过来的人缺什么部分吗？我们可是把一个各方面都完整的人送过来了。"阿江们在婚礼中可以挑各种毛病去为难娶亲家，来宣誓娘家的权威，被抓住这样的问题，就难免被批评，而娶亲家也只能主动道歉，以好言相劝。前来送亲的女性被称为阿尼（a^{33} ni^{31}）①，她们端坐在男性往下的位置。婚礼中家屋空间的核心由火塘转移到房梁和柱子的区域，新郎和新娘就是被安排坐在柱子前的位置，这象征了这对夫妇能够像房梁和柱子一样深深地结合在一起，成为支撑家屋的核心力量。他们端坐在这里，两边有伴郎和伴娘相伴。但是在正式的庆祝活动开始之前，家屋内需要进行米卡仪式，虽然其仪式的流程和颂词都与家屋建成时举行的类似，但是婚礼时的米卡却被认为是最重要的，所以一般的米卡仪式专家并不敢去主持，唯恐哪里出错导致新婚家屋发展不顺利，进而也会影响到自身。在这种谨慎的仪式操作下，人们迫切希望去除在婚礼筹备、送亲、接亲等环节产生的人言，能够保护家屋内的"央"。

　　婚礼要正式开始了，送亲队伍的阿江们从上位往下，轮流进行祝福。他们拿着自己准备好的哈达，将它戴在新人脖颈上，递上准备的礼物，送出的祝福大体都是希望年轻的夫妇能够承担家里的大部分劳动，能够孝敬家里的长辈，相互之间不要争吵，让这个家屋发展得越来越好。然后大家就开始吃主人家准备的丰盛饭食，喝上专门为婚礼酿造的黄酒和藏白酒。之后就是最激动人心的歌舞时间，男女分成两队，绕着房梁和柱子边跳边唱，相互对歌。SJ说："对歌唱的内容一般都是赞颂自己的身体，从赞美自己的头发开始，慢慢赞美身体的各个部位，最后唱到脚趾头为止，一般会对唱两三个小时才能完成。我们门巴人很看重自己的身体，认为能拥有这样的身体是非常幸运的事情。"第一天是婚礼仪式最丰富的部分，但第一天的仪式结束并不意味着婚礼的结束，还会接着庆祝两天，除了在娶亲家吃喝唱跳，村里的亲戚也会邀请送亲队伍的人去家里做客。婚礼至少会进行三天，稍微富裕点儿的家屋甚至会达到一个星期。

　　在婚礼即将结束，送亲的阿江们和阿尼们要回家之前，还有一个重要的仪式需要进行，这个仪式直接关乎到家屋的延续。送亲队伍、主人家的

---

① 　a^{33} ni^{31}与a^{33} tçiaŋ^{31}相对，也是一个意义范围很广的词汇，可以表达姑姑以及舅妈等意思。

亲属以及新郎新娘一起来到柱子前，亲舅拿一根哈达拴到柱子上，然后说道："婚礼已经要结束，两位新人都在这里，他们已经在房梁和柱子面前接受了大家的祝福，在我们离别之前，再送上一次祝福。这两位新人在婚礼之后，女的嫁过来，就是家里的女主人，她的丈夫就是继承家屋的人。男的嫁过来，要把这个新家看作自己的家，因为他从现在起就是这个家的继承人。从现在起，家里所有的东西都归这对新婚夫妇，这些东西上的'央'也归他们。这个家能不能过得更好，家里的'央'能不能越来越多，这些都要看他们怎么办。我们希望他们能够好好对待老人，让老人能够轻松生活。也要好好养育自己的孩子，跟自己的孩子讲有哪些亲戚，带他们多去亲戚家拜访，这样亲戚之间才能一直保持亲密，不至于到后面都不知道彼此之间是亲戚。"

这个重要的祝福和诉说正式确定了家屋的传承关系，家屋中潜在的男性继承人通过迎娶家屋外的女性，正式确定其事实上的继承人身份。而"嫁"入家屋中的男性，通过婚礼以及最后的祝福仪式，他也得到了受当地社会文化支持的继承人身份，成为家屋的核心，被正式纳入新的家屋。无论是何种情况，通过婚礼的流程，新婚夫妇在社会文化意义上正式成为家屋的核心，维持和增加"央"的任务也传递给了他们。虽然在生活实践中，家屋中各种大权会以渐进的方式交给他们，他们也渐渐地学会怎样处理家屋中的生活问题。但是他们在社会文化层面上获得了家屋延续的合法性，就算出现家屋继承的争端，无论是父母还是兄弟姐妹，都无法撼动他们这个合法的身份，只能以自己搬出去另立新家屋的方式解决。这也解释了为何墨脱门巴人愿意将自己的儿子"嫁"到别人家去，因为他们"嫁"过去之后也能取得家屋继承人的身份，并且这个身份在当地社会文化中是受到保护的。

五 结论

反复衡量后，笔者认为以生命力的赋予者去理解"央"最为适合，理由主要是：①"央"的缺失与生病、衰竭，甚至死亡相对应；②"央"所带来的福气、长寿、财富、兴旺，其内涵都可以用生命力来概括，同时家屋内"央"的状态，可以通过物品和牲畜的增减来感知。"央"在家屋中的存在受到墨脱门巴人充分的关注，包括建立家屋时祈求"央"的入驻，进行米卡仪式去保护其最初的存在等。在日常生活中，以两性为核心的家人进行分工，结合两性的力量，努力完成日常的生计活动，以求能够维护甚至达成家屋中"央"的增长。在看待家屋的延续问题时，"央"也是重要的代际传递内容，在婚礼中被不断强调。可以说家屋与"央"的存在是密不可分的，家屋兴衰等状态可以通过"央"的维持、增长和流失的趋向得以反映。而且从婚礼的过程中可以看出，居处和婚姻都是影响家屋延续的重要因素，家屋的物质财产以及非物质性的声望是婚姻考量中的重要部分。而这些都与家屋中的"央"有直接关联，因此基于列维-施特劳斯对家屋的观点，可以认为门巴族社会符合家屋社会的基本特征，而"央"作为家屋生命力的象征，同时也成为门巴族家屋的核心文化表达，"央"作为线索，能够反映门巴族家屋是如何运行的。

"央"观念也在影响着家屋内社会关系的建构，因为需要维持和增长家屋中的"央"，门巴人强调两性的良好结合，希望能够处理好家屋中以继承权为核心的代际关系。门巴人通过米卡仪式去除家屋内外人际关系带来的负面影响，这说明"央"观念是处理门巴族当地人与人之间关系的一种规范。另外，"央"在家屋空间中被人们所感知，但并非意味着其是封闭的。"央"与外部世界关联，叫"央"的过程需要"央"从外部的广大世界来到家屋；家屋中的人从各项生计活动中所获得的生活物品，其中大部分来自家屋外的自然空间；"央"在流失时，也是从家屋中逃离到广大的自然空间。因此，"央"在一定程度上也可以反映门巴人如何处理家屋与自然之间的关系。

参考文献

布迪厄，皮埃尔，2012，《实践感》，蒋梓骅译，译林出版社。
才贝，2010，《阿尼玛卿山神文化研究》，博士学位论文，中央民族大学。
才贝，2017，《藏族"央"概念探析——以阿尼玛卿"央拉"为例》，《青海民族研究》第 3 期。
陈波，2009，《生活在香巴拉：对西藏五十年间一个文明化村落的实地研究》，社会科学文献出版社。
陈默，2009，《西藏农区的家屋空间及其意义——以西藏曲水县茶巴朗村社区调查为例》，《中国藏学》第 1 期。
才项多杰，2013，《藏族"央达"文化解析》，《青藏高原论坛》（社会科学版）第 2 期。
旦正加，2007，《藏族"央"文化探析》，硕士学位论文，中央民族大学。
郭立新，2004，《打造生命：龙脊壮族竖房活动分析》，《广西民族研究》第 1 期。
谷宇，2020，《黎族家屋生命力象征与空间秩序》，《思想战线》第 4 期。
何翠萍，1997，《云南景颇、载瓦人的丧葬仪礼及"竹"与"家屋"人观的形成》，

"生命仪礼与人观"小型研讨会，中国台湾。

何翠萍，2011，《人与家屋：从中国西南几个族群的例子谈起》，载张江华、张佩国主编《区域文化与地方社会："区域社会与文化类型"国际学术研讨会论文集》，学林出版社。

何翠萍，2013，《变动中的亲属伦理——二十世纪晚期中国山居载瓦人家屋人观的案例》，《台湾人类学刊》第 2 期。

何海狮，2015，《家屋与家先：粤北过山瑶的家观念与实践》，社会科学文献出版社。

降边嘉措，1994，《关于"央"的观念及藏族先民的自然崇拜》，《西藏研究》第 1 期。

考，乔凡尼，2015，《"某时"观念：云南藏族神山卡瓦格博的事件、身体与运势观》，沈海梅、贺佳乐、杨鑫磊译，《西南民族大学学报》（人文社会科学版）第 2 期。

巨浪、宗喀·漾正冈布，2020，《火塘衰落与客厅兴起：嘉绒家屋中神圣空间的分化现象探析》，《建筑学报》第 7 期。

李锦，2012，《人神分界和僧俗分类：家屋空间的上下秩序——对雅安市宝兴县硗碛藏族乡的田野调查》，《西南民族大学学报》（人文社会科学版）第 8 期。

刘朦，2016，《神山、家屋与寺院：藏族仪式象征空间的原型同构性》，《民族论坛》第 5 期。

林耀华，1985，《川康嘉戎的家族与婚姻》，载林耀华著《民族学研究》，中国社会科学出版社。

摩尔根，路易斯，1992，《印第安人的房屋建筑与家室生活》，秦学圣、汪季琦、顾宪成译，秦学圣校，文物出版社。

石奕龙、方明，2013，《云南布朗莽人家屋文化的变迁及调适》，《民族研究》第 3 期。

苏世天，2019，《家庭分合与地方互动：老挝佬族的家屋生命》，《广西民族大学学报》（哲学社会科学版）第 4 期。

衣辉锋，2004，《家屋的建构与人观的叠合——宜州"百姓人"家屋文化研究》，《广西民族学院学报》（哲学社会科学版）第 6 期。

赵晓梅，2020，《家先祭祀与空间变迁——桂北苗瑶家屋二柱象征意义的获得》，《建筑学报》第 6 期。

Lévi-Strauss, Claude, 1982, *The Way of the Masks*, Translated by Sylvia Modelski, University of Washington Press.

Carsten, J., Hugh-Jones, S., 1995, *About the House：Lévi-Strauss and Beyond*, Cambridge：Cambridge University Press.

人口学

《魁阁》2021 年第 2 期（总第 5 期）

第 87～103 页

流动人口家庭化迁移的空间格局
及其影响因素[*]

许庆红　黄小丽^{**}

摘　要：本文基于 2011 年、2017 年全国流动人口动态监测调查数据以及《中国城市统计年鉴（2017）》，分析流动人口家庭化迁移的空间格局，并考察了制度性因素和结构性因素对家庭迁移模式的影响。研究发现：（1）与 2011 年相比，各省（区、市）家庭化迁移占比均有所上升；大多数人口净流入城市的总体家庭化迁移占比较大，但流动人口家庭化迁移占比仍较低。（2）在制度性因素对家庭迁移模式的影响上，中学教育、小学教育和医疗资源对流动人口家庭化迁移有显著的促进作用，但人均公共财政支出对流动人口家庭化迁移起到抑制作用。这表明，流入地政府应提供更加优质的教育资源和较好的医疗卫生服务，以此来促进流动人口家庭化迁移。（3）在结构性因素方面，第三产业占 GDP 的比重对流动人口完整家庭式流动的促进作用更加明显，人均 GDP 和城市商业魅力等级对半家庭式流动促进作用更加明显，而非农从业人数、职工年人均工资却对流动人口家庭化迁移起到抑制作用。这表明，第三产业就业机会是促进流动人口家庭化迁移的核心因素。

关键词：流动人口　家庭化迁移　完整家庭式流动　半家庭式流动　空间格局

---

* 本文受到云南大学"青年英才"计划资助。

** 许庆红，女，社会学博士，云南大学民族学与社会学学院人口研究所副研究员，主要研究方向为社会分层与流动、流动人口；黄小丽，女，华东师范大学人口学博士研究生，主要研究方向为流动人口。

一　引言

"七普"数据显示，2020 年我国流动人口为 3.76 亿人，与 2010 年（2.21 亿人）相比增长了 69.73%，[①] 流动人口已成为城镇人口增长的主要动力。近年来，流动人口从个体式迁移向以家庭为单位的整体迁移转变。据统计，2017 年流动人口最为集聚的五大城市群中，家庭化迁移流动人口占比已超过 80%（国家卫生健康委员会，2018）。但流入城市的流动人口占比与家庭化迁移流动人口占比之间却存在明显失衡的状况。事实上，流动家庭与流入城市之间是相互耦合、协调发展的动态关系。首先，流动人口的家庭化迁移有利于城市地区常住人口的增加，有利于拉动城市消费。其次，能促进家庭团聚和社会和谐稳定，在城市发展中起到"减震器"的作用。最后，从宏观层面来看，我国政府坚持走中国特色新型城镇化道路，致力于深入推进以人为核心的新型城镇化。十三届全国人大四次会议表决通过的《中华人民共和国国民经济和社会发展第十四个五年规划和2035 年远景目标纲要》强调要"以城市群、都市圈为依托促进大中小城市和小城镇协调联动、特色化发展，使更多人民群众享有更高品质的城市生活"。因此，要想顺利推进新型城镇化和完善城镇空间布局，就需要在把握流动人口家庭化迁移趋势的基础上，分析流动人口家庭化迁移的空间格局，厘清影响流动人口家庭化迁移的关键因素，通过协调机制来破解流动人口家庭化迁移空间分布不均衡的问题。

流动人口家庭化迁移的空间分布是流动个体、家庭因素与制度性因素和结构性因素相互作用的结果。本文基于 2011 年、2017 年全国流动人口动态监测调查数据和《中国城市统计年鉴（2017）》[②]，首先分析省级层面2011~2017 年流动人口家庭化迁移的空间分布及其变动，其次在城市层面探讨影响流动人口家庭化迁移的制度性和结构性因素。

[①] 数据来自国家统计局 2021 年 5 月 11 日发布的《第七次全国人口普查主要数据情况》，http://www.stats.gov.cn/tjsj/zxfb/202105/t20210510_1817176.html。

[②] 《中国城市统计年鉴（2017）》收录了 2016 年全国各级城市社会经济发展等方面的主要统计数据，由于 2017 年全国流动人口动态监测调查的调查标准时点是 2017 年 5 月 1 日零时，因此城市特征数据滞后一年或多年。

二　文献回顾及研究假设

（一）流动人口的空间分布及变动

以往有关流动人口的空间分布研究主要从个体层面展开。第七次全国人口普查数据显示，2020年，东部地区吸纳跨省流动人口9181万人，占全部跨省流动人口的73.54%，流动人口仍主要集中流向东部沿海城市。①与2010年相比，广东、浙江和江苏成为10年间新增人口最多的三个省份，这些省份均位于东部沿海地区。在此之中，城市群成为东部沿海地区流动人口集聚的主要空间形态，空间连绵化趋势增强。但城市群内部的空间分布模式差异显著，分布重心出现了明显的北移（段成荣、刘涛、吕利丹，2017），中西部省会城市等特大城市和城市群成为省内流动人口的新兴聚集地（高向东，2018）。从迁移距离来看，2000~2010年我国流动人口省际人均迁移距离有所增加，迁移距离增加的省份主要分布在西部地区，而迁移距离减少的省份主要分布在东部地区（古恒宇等，2020）。刘涛等以中国328个地级及以上城市行政单元为研究对象，采用腾讯公司根据用户位置获取的2015~2018年人口流动数据研究发现，人口流动网络的空间格局表现为以北京、上海、广州、深圳、成都、重庆、西安、武汉和长沙等为顶点的十字骨架支撑的菱形结构（刘涛、齐元静、曹广忠，2015）。

除个体流动研究之外，分离家庭成员间的空间组合及其变化亦是流动人口空间分布的一个重要研究领域。如杨菊华、陈传波（2013），林李月（2021），盛亦男（2014）的研究都表明，中国流动人口中分离家庭成员的团聚具有梯次性，流动家庭的成员一般分批次到达流入地。吸纳省际流动人口占比较高的珠三角地区，由于在劳动权益、薪酬、公共服务供给等方面表现较差，该地区农民工家庭的离散状况比长三角地区更为普遍（汪建华、范璐璐、张书琬，2018），农民工随迁子女入读公办学校的比例也明显低于长三角地区（汪传艳，2013），而长三角地区的流动人口入户意愿更强（魏万青，2015）。此外，新近研究发现，人口、家庭及流动特征对流动人口留居意愿的影响总体上呈现带状的空间分异模式（杨菊华、陈传波，2013；古恒宇等，2020），流动人口在流入地和流出地城镇购房意愿

---

① 数据来自国家统计局2021年5月11日发布的《第七次全国人口普查主要数据情况》，ht-tp：//www. stats. gov. cn/tjsj/zxfb/202105/t20210510_1817176. html。

呈现"此高彼低"空间互补的状态（张伟丽、晏晶晶、聂桂博，2021）。但上述研究主要在较大空间范围内研究人口流动相关问题，没有进一步就城市层面的流动人口家庭化迁移的空间格局进行探讨。

（二）流动人口家庭化迁移的趋势特征及影响因素

自 Mincer（1978）提出"家庭迁移"概念以来，从家庭角度来研究人口迁移的学者逐渐增多。有关家庭化迁移的原因主要有以下三种理论解释。

一是新迁移经济学理论。该理论将迁移决策的主体由个人扩展为家庭，认为迁移不仅是为了实现收入最大化，而且是为了实现收入多样化，从而尽可能降低家庭风险（Massey，1993）。国内的研究表明，流动人口家庭的规模、经济状况（袁霓，2008）、先行迁移者的外出经历（杨云彦、石智雷，2008）、子女性别（吕利丹、王宗萍、段成荣，2013）、经济因素（杨中燕等，2015）与非经济因素（陈卫、刘金菊，2012）都是影响流动人口家庭化迁移的重要因素。

二是家庭生命周期理论。该理论认为家庭所处的生命周期阶段如婚姻（邵岑、张翼，2012）、是否有适龄入学子女及学龄期子女（李代、张春泥，2016）对家庭迁移决策有着重要甚至绝对影响。

三是制度性因素与结构性因素。长期以来，中国的户籍制度以及由此形成的城乡二元经济结构是影响人口流动的重要制度因素（杨菊华，2015）。国内研究者认为，整体上城市提供的公共服务资源（如教育资源、医疗资源、公共财政支出等）对流动人口家庭化迁移起到积极的促进作用（夏怡然、陆铭，2015；杨刚强等，2016；刘立光、王金营，2019；陶霞飞，2020）。制度性因素（如住房保障、公共卫生、异地就医和异地中考政策等）是流动人口获得市民身份、平等社会权利和政治参与的主要障碍（肖子华、徐水源、刘金伟，2019）。家庭化迁移的流动人口更愿意寻求稳定的就业、生活环境，对教育、医疗等社会福利需求较大，居留和落户意愿均相对较高（刘涛、陈思创、曹广忠，2019）。流动人口家庭收入水平、社会活动参与度、融入意愿等因素的提高有助于家庭化迁移（赵玉峰、卢新强，2021）。但也有研究者发现，教育、医疗和社会保障等在人口流向的引导机制中仅起到辅助性作用，且对不同的流动人口具有异质性影响（Zhao、Zhou，2019）。除此之外，基于舒适度理论，许多学者认为流入地具有更好的制度环境和社会经济结构，将吸引更多流动家庭流入。如 Gutmann（2010）等提出大型自然灾害、短期有利或有害的气候条件、环境等因素会促进或阻碍人口流动。同时流入城市的人均 GDP、职工年平均工资、产业结构等也对流动人口的家庭化迁移具有一定影响（王文刚等，2017；许庆红、王英琦、李龙飞，2018）。

总体而言，现有研究更多的是关于流动个体的空间格局研究，而较少探讨流动人口的空间分布及其变动，同时现有研究多是从大的空间范围（如城市群）来进行人口空间分布的探索，较少细化到城市层面。此外，在有关流动人口家庭化迁移的影响因素方面，以往研究主要聚焦个体和家庭因素，而对制度性因素和结构性因素挖掘不够，从而不利于厘清影响流动人口家庭化迁移的因素和逻辑机制。

（三）研究假设

本文首先考察流入城市的制度性因素对流动人口家庭化迁移的影响。近年来，随着不同城市发展路径、发展模式以及发展水平间的差异逐渐凸显，各城市对流动人口吸引力的差异也越来越明显。同时，在中小城市逐步取消落户限制和超大城市限制城市规模的双重机制下，不同城市背后蕴含的公共服务资源越来越多地替代户籍开放度，成为影响流动人口家庭化迁移的重要制度因素。由此提出：

假设（1）：流入城市人均公共财政支出越高，流动人口家庭化迁移的可能性越大。

公共服务的产出更多的是从教育和医疗两个方面来测量。与个人流动明显不同的是，流动人口家庭化迁移在考虑经济因素的同时，对教育和医疗等公共服务也较为看重，家庭化迁移往往是为了追求更好的教育和医疗资源。据此提出：

假设（2）：流入城市教育资源越好，流动人口家庭化迁移的可能性越大；

假设（3）：流入城市医疗资源越好，流动人口家庭化迁移的可能性越大。

其次，在结构性因素对流动人口家庭化迁移的影响方面，随着产业结构的转型和升级，以服务业为主的第三产业吸纳流动人口的能力不断增强。据此可提出：

假设（4）：流入城市第三产业占地区生产总值（GDP）的比重越大，流动人口家庭化迁移的可能性越大。

人均 GDP 是一个城市经济发展状况的综合反映，经济发展水平越高的地区，流动人口家庭化迁移的发生比往往越高（王文刚等，2017）。据此提出：

假设（5）：流入城市人均 GDP 越高，流动人口家庭化迁移的可能性越大。

流动人口迁移往往是为了追求更好的就业机会和更高的工资，因此城市职工年平均工资越高、就业机会越多，越能促进流动人口家庭化迁移，就业机会一定程度上可以用就业规模来描述，由此本文提出：

假设（6）：流入城市职工年平均工资越高，流动人口越倾向于选择家庭化迁移。

假设（7）：流入城市非农就业人数规模越大，流动人口越倾向于选择家庭化迁移。

一线城市、新一线城市、二线城市是近年来人们对一个城市的综合评价，反映了该城市在全国的综合地位，也是流动人口选择流入城市的重要依据。① 当下，一线城市是流动人口最为集聚的地方，但其高昂的房价和较高的生活成本也会使很多流动人口望而却步，新一线城市、二线城市等以其相对合理的房价和不错的就业发展前景不断吸引着流动人口，据此提出：

假设（8）：与一线城市相比，流动人口更倾向于选择新一线城市、二线城市、三线及以下城市进行家庭化迁移。

三　数据、变量与方法

（一）数据来源

本文的数据来源于 2017 年全国流动人口动态监测调查数据。该调查由国家卫生计生委流动人口服务管理司组织协调，中国人口与发展研究中心具体实施调查。以 31 个省（区、市）和新疆生产建设兵团 2016 年全员流动人口年报数据为基本抽样框，采取分层、多阶段、与规模大小成比例的 PPS 抽样方法进行抽样。调查对象为在本地居住 1 个月及以上，非本区（县、市）户口且 2017 年 5 月年龄在 15 周岁及以上的流动人口，样本总量为 169989 人。本文关注流动人口家庭化迁移的状况，因此选择半家庭式流

---

① 一线城市、新一线城市、二线城市等的划分是参考第一财经旗下数据新闻栏目"新一线城市研究所" 2016 年发布的《中国城市商业魅力排行榜》，该榜中一线城市 4 个，新一线城市 15 个，二线城市 30 个，三线城市 70 个，四线城市 90 个，五线城市 129 个。

动和完整家庭式流动的 139221 份样本为分析对象，进行不同空间维度的特征刻画。城市层面的数据主要基于《中国城市统计年鉴（2017）》和 2016年各省（区、市）统计公报中的年末常住人口计算得出①，将个体与家庭层面的数据匹配，剔除城市层面数据有缺失的样本后，纳入 Logit 回归分析的样本为 147557 份。

（二）变量界定

本文的因变量是流动人口家庭迁移状态。参考杨菊华、陈传波（2013）的定义，以核心家庭成员的完整程度为标准将流动人口家庭迁移状态划分为以下三种类型：（1）非家庭式流动：仅受访者在流入地生活，没有任何其他核心家庭成员与其在流入地共同居住；（2）半家庭式流动：受访者和部分核心家庭成员在流入地共同生活，其余核心家庭成员缺失；（3）完整家庭式流动：受访者和全部核心家庭成员以完整的家庭形式在流入地居住，没有任何核心家庭成员缺失。其中半家庭式流动和完整家庭式流动统称为家庭化迁移，代表着部分核心家庭成员或全部核心家庭成员在流入地实现团聚。

本文将流入城市第三产业占 GDP 的比重、人均 GDP、职工年平均工资、非农从业人数（第二产业与第三产业的从业人数之和）和城市商业魅力等级五个变量作为衡量流入城市经济社会结构因素的变量，其中人均 GDP 和非农从业人数的分布不符合正态分布，需要对变量进行转换，分别取对数（Log）。同时，将反映公共服务投入和产出的 4 个变量作为衡量制度因素的变量，其中公共服务投入用人均公共财政支出（对数）来衡量；公共服务产出主要从教育和医疗两方面来分析，用中学教育和小学教育两个变量来描述流入城市的教育资源，以各城市每 100 名中小学生拥有的中小学教师数测度，用千人医院床位数来反映流入城市医疗资源的可及性。

根据现有研究，个人和家庭因素中的性别、婚姻状态、户籍性质、受教育程度、住房类型、家庭月收入、流动范围和流动时长都对流动人口家庭化迁移有明显影响，因此将它们作为控制变量纳入回归模型。变量的基本特征描述如表 1 所示。

---

① 2016 年各省（区、市）统计公报中黑龙江省齐齐哈尔市、双鸭山市、七台河市等部分城市年末常住人口数据缺失。

表 1 变量基本特征描述

变量	类别/均值	百分比/标准差	最小值	最大值
因变量				
家庭迁移状态	非家庭式流动	18.38%	—	—
	半家庭式流动	57.43%		
	完整家庭式流动	24.19%		
自变量				
人均公共财政支出（对数）	9.42	0.47	8.38	10.63
中学教育	8.70	1.93	4.55	20.81
小学教育	5.77	0.92	3.92	11.41
千人医院床位数	5.45	1.25	1.78	8.48
第三产业占 GDP 的比重	51.75	12.06	26.12	80.23
人均 GDP（对数）	11.19	0.49	9.38	12.28
职工年平均工资	72928.85	19715.84	38763.00	122749.00
非农从业人数（对数）	13.86	1.11	10.74	15.88
城市商业魅力等级	一线城市	12.17%	—	—
	新一线城市	24.29%	—	—
	二线城市	24.73%	—	—
	三线及以下城市	38.81%	—	—
控制变量				
性别	男性	51.54%		
	女性	48.46%		
婚姻状态	未婚	15.97%		
	已婚	84.03%		
户籍性质	农业	77.78%		
	非农业	22.22%		
受教育程度	小学及以下	15.82%		
	初中或高中	65.95%	—	
	大专及以上	18.23%		
住房类型	租房	57.37%		
	雇主提供	9.99%		
	政府提供	0.99%		
	自购或自建	27.32%	—	—
	其他	4.33%		

续表

变量	类别/均值	百分比/标准差	最小值	最大值
家庭月收入	3000 元以下	7.09%	—	—
	3000~5999 元	38.56%		
	6000~9999 元	32.90%		
	10000 元及以上	21.46%		
流动范围	市内跨县	17.75%	—	—
	省内跨市	33.13%		
	跨省	49.13%		
流动时长	6.08	5.94	0.08	68.83

（三）研究方法

本文以流动人口家庭迁移状态为被解释变量，将其分为非家庭式流动、半家庭式流动和完整家庭式流动三类。因此，本文在 2017 年全国流动人口动态监测调查数据匹配城市数据的基础上，使用多元 Logit 模型来考察流入城市的制度性因素和结构性因素对流动人口半家庭式流动和完整家庭式流动的影响。

四　研究结论

2017 年全国流动人口家庭化迁移率已经超过 80%，家庭化迁移受个体、家庭、流入地等各方面因素的影响。2017 年流动人口较多的上海市和北京市家庭化迁移率虽略高于全国平均水平，但在全国 31 个省（区、市）和新疆生产建设兵团中却排在 10 名以外。而像宁夏回族自治区和内蒙古自治区这类偏远地区、安徽省和湖北省这类中部地区的家庭化迁移率均已超过 90%。下文主要从省、市两个维度考察流动人口家庭化迁移的空间差异及其内部差异。

（一）相比 2011 年，2017 年所有省份流动人口家庭化迁移率均有明显上升

2011 年各省级单元流动人口家庭化迁移率差异相对较大，其中安徽和湖北两省的家庭化迁移率最高，均已超过 90%；家庭化迁移率在 80%~90% 的空间分布较为分散，西部地区、中部地区和东部地区均有分布；吉林、黑龙江、海南、上海等地紧随其后，中部地区和东部地区部分省份家

庭化迁移连绵化趋势凸显；河南、河北、四川和西藏四省（区）的家庭化迁移率最低，均不足 60%。

2017 年各省级单元流动人口家庭化迁移率趋于一致，除西藏、河北两省（区）的家庭化迁移率在 60% 以下，其余省份的家庭化迁移率均超过 70%。安徽、湖北两省的家庭化迁移率仍保持在 90% 以上，宁夏和内蒙古两区的家庭化迁移率亦超过 90%。与 2011 年相比，2017 年每个省级单元的家庭化迁移率均有所上升，但各省份的上升幅度差异显著。其中四川上升幅度最大，天津、辽宁、甘肃、浙江、云南、江苏等地也有明显上升，而西藏、贵州、安徽、广东、湖北、山西等地上升幅度较小。

通过分析发现，首先，中部省份流动人口家庭化迁移状况差异明显，安徽、湖北、山西等省份虽然上升幅度较小，但是其原本家庭化迁移率就很高；河南虽然上升幅度较大，但其原本的家庭化迁移率就较低，未来仍有较大的上升空间。其次，南部和西南部省份的上升幅度较大，其家庭化迁移率由低到高，且未来仍有一定的增长空间。最后，西藏不仅上升幅度小，而且家庭化迁移率较低。总体而言，这些数据变化表明了南方部分地区的家庭化迁移率上升趋势明显，反映了近年来中国南部城市的高吸引力日益凸显，并影响着流动人口最终的迁移决策。

（二）2017 年主要人口净流入城市以半家庭式流动为主，完整家庭式流动率偏低

表 2 是按照半家庭式流动率的升序排列的 32 个净流入人口超过 60 万的城市家庭化迁移状况。① 整体而言，首先，除东莞市（40.89%）、长沙市（64.30%）、石家庄市（64.55%）、惠州市（68.13%）和郑州市（69.13%）外，其余 27 个城市的家庭化迁移率均在 70% 以上，这表明多数主要人口净流入城市的家庭化迁移率较高，且流动家庭的"中部塌陷"现象依然存在。

其次，多数城市的家庭化迁移以半家庭式流动为主。其中，东莞市（33.33%）、石家庄市（43.20%）、南京市（47.05%）、长沙市（48.50%）、郑州市（48.57%）、乌鲁木齐市（49.45%）的半家庭式流动率低于 50%，中山市（70.67%）、青岛市（73.45%）两个城市的半家庭式流动率在 70% 以上，剩余 24 个城市的半家庭式流动率均在 50% ~ 70%，这表明在

① 本文根据各省（区、市）公布的 2017 年常住人口数和户籍人口数，计算出每个城市的净流入人口数，并选取 32 个净流入人口超过 60 万的城市以反映主要人口净流入城市的家庭化迁移状况。

主要人口净流入城市中，流动人口仍是以半家庭式流动为主要迁移形式。

最后，完整家庭式流动率普遍较低。具体来看，32 个城市的完整家庭式流动率均在 50% 以下，其中东莞市（7.56%）、佛山市（12.99%）、金华市（13.44%）、广州市（13.56%）、惠州市（13.96%）等 14 个城市的完整家庭式流动率不足 20%，仅有乌鲁木齐市（36.30%）、呼和浩特市（42.35%）、包头市（44.50%）的完整家庭式流动率在 40% 左右，其余 15 个城市在 20%~30%。由此可见，各城市完整家庭式流动率普遍较低，而完整家庭式流动率较高的三个城市分别位于新疆、内蒙古等经济相对滞后的省份，其经济发展水平明显不如东南沿海地区，对流动人口而言，准入门槛反而较低，因此可较容易实现举家迁移。

表 2　2017 年主要人口净流入城市的家庭化迁移状况

单位：%

人口净流入城市	家庭化迁移率	半家庭式流动率	完整家庭式流动率	人口净流入城市	家庭化迁移率	半家庭式流动率	完整家庭式流动率
东莞市	40.89	33.33	7.56	广州市	74.49	60.93	13.56
石家庄市	64.55	43.20	21.35	上海市	85.57	62.51	23.06
南京市	72.25	47.05	25.20	太原市	90.95	62.85	28.10
长沙市	64.30	48.50	15.80	深圳市	80.89	64.48	16.41
郑州市	69.13	48.57	20.56	温州市	79.93	64.93	15.00
乌鲁木齐市	85.75	49.45	36.30	江门市	84.00	65.25	18.75
成都市	80.25	51.75	28.50	无锡市	87.24	66.15	21.09
呼和浩特市	94.30	51.95	42.35	苏州市	87.20	66.75	20.45
昆明市	75.30	52.80	22.50	宁波市	87.30	67.10	20.20
包头市	98.33	53.83	44.50	嘉兴市	84.56	67.17	17.39
惠州市	68.13	54.17	13.96	佛山市	80.61	67.62	12.99
北京市	82.31	55.35	26.96	常州市	88.02	67.63	20.39
贵阳市	88.55	56.25	32.30	济南市	85.00	67.65	17.35
杭州市	75.90	59.25	16.65	武汉市	94.30	68.95	25.50
天津市	84.66	59.56	25.10	中山市	86.34	70.67	15.67
金华市	73.52	60.08	13.44	青岛市	91.25	73.45	17.80

（三）流动人口家庭化迁移的影响因素分析

表 3 呈现了流动人口家庭化迁移影响因素的多元 Logit 模型分析结果。

模型 1 考察了流入城市制度性因素变量对流动人口家庭化迁移的影响。从公共服务的投入来看，人均公共财政支出对流动人口半家庭式流动和完整家庭式流动起到抑制作用，人均公共财政支出（对数）每增加一元，流动人口半家庭式流动发生比下降 20.55%（$1-e^{-0.230}$），完整家庭式流动发生比下降 22.35%（$1-e^{-0.253}$），故假设（1）不成立。从公共服务的产出来看，每 100 名中学生拥有的教师数增加 1 个，流动人口半家庭式流动发生比提高 2.02%（$e^{0.020}-1$），流动人口完整家庭式流动发生比提高 5.44%（$e^{0.053}-1$）；而小学教育资源对流动人口家庭化迁移的影响较为复杂，每 100 名小学生拥有的教师数增加 1 个，流动人口半家庭式流动发生比下降 3.73%（$1-e^{-0.038}$），而流动人口完整家庭式流动发生比则提高 7.25%（$e^{0.070}-1$），假设（2）得到部分验证。一般来说，和上中学的孩子相比，上小学的孩子年龄相对较小，自理能力、适应能力和自我控制能力相对较差，需要父母或其他家人给予更多的照料和关注，因此，可能随迁概率与家庭的完整状态存在一定关系。在医疗资源方面，随着千人医院床位数的增加，流动人口完整家庭式流动的发生比提高 9.75%（$e^{0.093}-1$），半家庭式流动的发生比没有显著变化，假设（3）得到部分验证。

模型 2 考察了流入城市结构性因素变量对流动人口家庭化迁移的影响。随着第三产业占 GDP 比重的增加，流动人口半家庭式流动的发生比提高 1.01%（$e^{0.010}-1$），完整家庭式流动的发生比提高 2.12%（$e^{0.021}-1$），假设（4）得到验证。人均 GDP（对数）每增加一个单位，流动人口半家庭式流动的发生比增加 52.35%（$e^{0.421}-1$），完整家庭式流动的发生比增加 36.34%（$e^{0.310}-1$），假设（5）被证实。职工年平均工资对流动人口半家庭式流动和完整家庭式流动均起着抑制作用，假设（6）被拒绝，这一结果也印证了获取更高的经济利益不再是流动人口家庭化迁移的关键原因。非农从业人数（对数）每增加一个单位，流动人口半家庭式流动和完整家庭式流动的发生比分别下降 11.22%（$1-e^{-0.119}$）和 7.41%（$1-e^{-0.077}$），与假设（7）完全相反。结合实际来看，就业规模大的城市就业机会较多、就业前景较好，但同时意味着更大的就业压力和更高的准入门槛，因此家庭化迁移概率反而较低。从城市商业魅力等级来看，新一线城市、二线城市、三线及以下城市半家庭式流动的发生比先下降后上升，但均低于一线城市；二线城市的流动人口完整家庭式流动的发生比也显著下降，其他类型城市对流动人口完整家庭式流动的影响均不显著，假设（8）未得到验证。

模型 3 是将制度性因素和结构性因素均纳入回归的多元 Logit 模型的实证结果。除人均公共财政支出对流动人口完整家庭式流动、小学教育对流动人口半家庭式流动的影响不显著外，其他自变量对流动人口家庭化迁移的影响与模型1、模型2的结果基本一致，证明了制度性因素和结构性因素对流动人口家庭化迁移的影响十分稳健。

另外，女性、已婚、农业户籍、家庭月收入越高、流动时间越长、流动范围越大，且自有住房的流动人口家庭化迁移概率越高。从受教育程度来看，与小学组相比，初中/高中组流动人口半家庭式流动概率更高，其余组家庭化迁移的概率均较低。

表3 流动人口家庭化迁移影响因素的多元 Logit 模型分析结果

变量	模型 1		模型 2		模型 3	
	半家庭式流动	完整家庭式流动	半家庭式流动	完整家庭式流动	半家庭式流动	完整家庭式流动
制度性因素						
人均公共财政支出（对数）	-0.230 *** (0.025)	-0.253 *** (0.026)			-0.145 ** (0.046)	0.045 (0.049)
中学教育	0.020 ** (0.006)	0.053 *** (0.007)			0.023 *** (0.007)	0.066 *** (0.007)
小学教育	-0.038 ** (0.012)	0.070 *** (0.012)			-0.005 (0.013)	0.075 *** (0.014)
千人医院床位数	-0.015 (0.008)	0.093 *** (0.008)			-0.024 ** (0.008)	0.084 *** (0.009)
结构性因素						
第三产业占 GDP 的比重			0.010 *** (0.001)	0.021 *** (0.001)	0.010 *** (0.001)	0.015 *** (0.001)
人均 GDP（对数）			0.421 *** (0.029)	0.310 *** (0.030)	0.457 *** (0.033)	0.267 *** (0.035)
职工年平均工资			0.000 *** (0.000)	0.000 *** (0.000)	0.000 *** (0.000)	0.000 *** (0.000)
非农从业人数（对数）			-0.119 *** (0.019)	-0.077 *** (0.020)	-0.135 *** (0.020)	-0.093 *** (0.021)
城市商业魅力等级（一线城市）						
新一线城市			-0.328 *** (0.053)	-0.021 (0.055)	-0.291 *** (0.054)	-0.140 * (0.057)
二线城市			-0.385 *** (0.064)	-0.260 *** (0.066)	-0.370 *** (0.065)	-0.342 *** (0.068)
三线及以下城市			-0.277 *** (0.082)	0.080 (0.084)	-0.256 ** (0.083)	-0.117 (0.086)

续表

变量	模型 1		模型 2		模型 3	
	半家庭式流动	完整家庭式流动	半家庭式流动	完整家庭式流动	半家庭式流动	完整家庭式流动
个人和家庭因素						
性别（女）	-0.621 *** (0.019)	-0.464 *** (0.020)	-0.619 *** (0.019)	-0.464 *** (0.020)	-0.619 *** (0.019)	-0.464 *** (0.020)
婚姻状态（未婚）	3.349 *** (0.026)	1.856 *** (0.023)	3.346 *** (0.026)	1.859 *** (0.023)	3.340 *** (0.026)	1.839 *** (0.023)
户籍性质（农业）	-0.472 *** (0.024)	-0.316 *** (0.026)	-0.460 *** (0.024)	-0.272 *** (0.026)	-0.468 *** (0.024)	-0.291 *** (0.026)
受教育程度（小学及以下）						
初中或高中	0.121 *** (0.028)	-0.438 *** (0.029)	0.099 *** (0.029)	-0.462 *** (0.029)	0.098 *** (0.029)	-0.466 *** (0.029)
大专及以上	-0.141 *** (0.036)	-0.780 *** (0.037)	-0.162 *** (0.037)	-0.803 *** (0.038)	-0.164 *** (0.037)	-0.813 *** (0.038)
住房类型（租房）						
雇主提供	-2.055 *** (0.028)	-2.182 *** (0.035)	-2.024 *** (0.028)	-2.176 *** (0.035)	-2.039 *** (0.028)	-2.153 *** (0.035)
政府提供	0.052 (0.090)	0.284 ** (0.092)	0.104 (0.092)	0.344 *** (0.094)	0.135 (0.092)	0.317 *** (0.094)
自购或自建	1.136 *** (0.032)	1.382 *** (0.032)	1.117 *** (0.032)	1.384 *** (0.033)	1.126 *** (0.032)	1.354 *** (0.033)
其他	-0.766 *** (0.041)	-0.577 *** (0.044)	-0.759 *** (0.041)	-0.559 *** (0.044)	-0.761 *** (0.041)	-0.581 *** (0.044)
家庭月收入（3000 元以下）						
3000 ~ 5999 元	1.122 *** (0.034)	0.732 *** (0.034)	1.127 *** (0.034)	0.730 *** (0.034)	1.128 *** (0.034)	0.751 *** (0.034)
6000 ~ 9999 元	2.184 *** (0.038)	1.607 *** (0.038)	2.213 *** (0.038)	1.614 *** (0.039)	2.207 *** (0.038)	1.658 *** (0.039)
10000 元及以上	2.478 *** (0.043)	1.772 *** (0.044)	2.517 *** (0.044)	1.788 *** (0.045)	2.510 *** (0.044)	1.842 *** (0.045)
流动范围（市内跨县）						
省内跨市	0.113 *** (0.029)	0.100 *** (0.030)	0.061 * (0.030)	0.050 (0.031)	0.083 ** (0.030)	0.077 * (0.032)
跨省	0.048 (0.028)	-0.041 (0.030)	0.056 (0.030)	-0.061 (0.031)	0.058 (0.030)	-0.016 (0.032)

续表

变量	模型 1		模型 2		模型 3	
	半家庭式流动	完整家庭式流动	半家庭式流动	完整家庭式流动	半家庭式流动	完整家庭式流动
流动时长	0.071 *** (0.002)	0.113 *** (0.003)	0.070 *** (0.002)	0.111 *** (0.003)	0.069 *** (0.002)	0.110 *** (0.003)
常数项	− 0.522 * (0.224)	− 0.760 ** (0.235)	− 4.789 *** (0.425)	− 3.907 ** (0.441)	− 3.794 *** (0.507)	− 4.407 *** (0.531)
样本数	147557		147557		147557	
Log pseudo likelihood	− 109597.04		− 109622.06		− 109253.81	
Pseudo R^2	0.2368		0.2366		0.2392	

注：括号内的数字为标准误；* $p < 0.05$，** $p < 0.01$，*** $p < 0.001$。

五 小结

本文基于 2011 年和 2017 年全国流动人口动态监测调查数据，从省和市两个维度分析了流动人口家庭化迁移的空间特征，并结合《中国城市统计年鉴（2017）》，考察了流入地的制度性因素和结构性因素对流动人口家庭化迁移的影响。主要研究结论有以下几点。

首先，相比 2011 年，2017 年各省（区、市）流动人口家庭化迁移率均有所上升，其中四川省上升幅度最大，西藏、贵州等省区上升幅度较小。2017 年主要人口净流入城市中总体家庭化迁移占比较大，但多数城市仍是以半家庭式流动为主，完整家庭式流动率整体偏低，32 个主要人口净流入城市的完整家庭式流动率均在 50% 以下。

其次，流入城市的制度性因素对流动人口家庭化迁移状态有不同影响。中学教育、小学教育和医疗资源对完整家庭式流动的促进作用更明显；小学教育资源对半家庭式流动起到抑制作用；人均公共财政支出对半家庭式流动和完整家庭式流动均起到抑制作用。这表明随着流动人口家庭规模的日益扩大，流入地政府应提供更加优质的教育资源和较好的医疗卫生服务，以促进流动人口的家庭化迁移。

最后，流入城市的经济社会结构因素对流动人口家庭化迁移状态有重要影响。第三产业占 GDP 的比重、人均 GDP 和城市商业魅力等级对流动人口家庭化迁移起到促进作用，第三产业占 GDP 的比重对完整家庭式流动产生的积极影响更明显，人均 GDP 和城市商业魅力等级对半家庭式流动起到的促进作用更明显；非农从业人数和职工年平均工资对流动人口家庭化迁移均起到抑制作用，前者对半家庭式流动的消极影响更明显，后者对半家庭式流动和完整家庭式流动起到的抑制作用相当。这表明，第三产业就业机会是促进流动人口家庭化迁移的核心因素。

在产业结构和人口结构双双转变的当下，大规模的人口流动仍是我国经济社会发展诸多趋势中最显著的一个，且呈现不断上升的态势。家庭化迁移时代，不同城市背后蕴含的结构性因素和制度性因素将成为影响流动人口家庭化迁移的重要因素。让大规模流动个体实现家庭团聚，不仅是现代城市社会发展的应有之义，也是加快推进城镇化和提高城镇化质量的必然要求，更是当下诸多城市经济发展的坚实保障。

参考文献

国家卫生健康委员会，2019，《中国流动人口发展报告 2018》，中国人口出版社。

段成荣、刘涛、吕利丹，2017，《当前我国人口流动形势及其影响研究》，《山东社会学》第 9 期。

高向东，2018，《中国流动人口省际迁移距离及变化》，《人口研究》第 6 期。

古恒宇、孟鑫、沈体雁、崔娜娜，2020，《中国城市流动人口居留意愿影响因素的空间分异特征》，《地理学报》第 2 期。

刘涛、齐元静、曹广忠，2015，《中国流动人口空间格局演变机制及城镇化效应——基于 2000 和 2010 年人口普查分县数据的分析》，《地理学报》第 4 期。

林李月、朱宇、林坤、柯文前，2021，《两栖生计下中国流动人口城镇购房意愿的空间特征和影响因素》，《地理学报》第 6 期。

盛亦男，2014，《流动人口家庭化迁居水平与迁居行为决策的影响因素研究》，《人口学刊》第 3 期。

汪建华、范璐璐、张书琬，2018，《工业化模式与农民工问题的区域差异——基于珠三角与长三角地区的比较研究》，《社会学研究》第 4 期。

汪传艳，2013，《农民工随迁子女"入学门槛"的差异研究——以长三角与珠三角地区为例》，《安徽师范大学学报》（人文社会科学版）第 1 期。

魏万青，2015，《从职业发展到家庭完整性：基于稳定城市化分析视角的农民工入户意愿研究》，《社会》第 5 期。

杨菊华、陈传波，2013，《流动人口家庭化的现状与特点：流动过程特征分析》，《人口与发展》第 3 期。

张伟丽、晏晶晶、聂桂博，2021，《中国城市人口流动格局演变及影响因素分析》，《中国人口科学》第 2 期。

Mincer, J., 1978, "Family Migration Decisions", *Journal of Political Economy* 5, pp: 749－773.

Massey，D. S.，1993，"Theories of International Migration：A Review and Appraisal"，*Population and Development Review* 3，pp：431 – 466.

袁霓，2008，《家庭迁移决策分析——基于中国农村的证据》，《人口与经济》第 6 期。

杨云彦、石智雷，2008，《家庭禀赋对农民外出务工行为的影响》，《中国人口科学》第 5 期。

吕利丹、王宗萍、段成荣，2013，《流动人口家庭化过程中子女随迁的阻碍因素分析——以重庆市为例》，《人口与经济》第 5 期。

杨中燕、朱宇、林李月、谭苏华，2015，《核心家庭人口流动模式及其影响因素》，《西北人口》第 3 期。

陈卫、刘金菊，2012，《人口流动家庭化及其影响因素——以北京市为例》，《人口学刊》第 6 期。

邵岑、张翼，2012，《"八零前"与"八零后"流动人口家庭迁移行为比较研究》，《青年研究》第 4 期。

李代、张春泥，2016，《外出还是留守？——农村夫妻外出安排的经验研究》，《社会学研究》第 5 期。

杨菊华，2015，《人口流动与居住分离：经济理性抑或制度制约？》，《人口学刊》第 1 期。

夏怡然、陆铭，2015，《城市间的"孟母三迁"——公共服务影响劳动力流向的经验研究》，《管理世界》第 10 期。

杨刚强、孟霞、孙元元、范斐，2016，《家庭决策、公共服务差异与劳动力转移》，《宏观经济研究》第 6 期。

刘立光、王金营，2019，《流动人口城市长期居留意愿的理性选择——基于非线性分层模型的实证研究》，《人口学刊》第 3 期。

陶霞飞，2020，《家庭化迁移之下的"用脚投票"研究——基于公共服务资源对人口家庭化流动影响的实证分析》，《南方人口》第 5 期。

肖子华、徐水源、刘金伟，2019，《中国城市流动人口社会融合评估——以 50 个主要人口流入地城市为对象》，《人口研究》第 5 期。

刘涛、陈思创、曹广忠，2019，《流动人口的居留和落户意愿及其影响因素》，《中国人口科学》第 3 期。

赵玉峰、扈新强，2021，《社会融合对流动人口家庭化的影响——基于中国流动人口动态监测的实证研究》，《宏观经济研究》第 5 期。

Zhao，R.，Zhou，H.，Tu，H.，2019，"Regional Determinants of Residential Intention of Migrants in China：Evidence from the Chinese National Migrants Dynamic Monitoring Survey in 2015"，*Modern China Studies* 1，pp：32 – 79.

Gutmann，M. P.，Field，V.，2010，"Katrina in Historical Context：Environment and Migration in the U. S."，*Population and Environment* 1，pp：3 – 19.

王文刚、孙桂平、张文忠、王利敏，2017，《京津冀地区流动人口家庭化迁移的特征与影响机理》，《中国人口·资源与环境》第 1 期。

许庆红、王英琦、李龙飞，2018，《流入地特征会影响流动家庭的亲子居住分离吗？》，《社会学评论》第 4 期。

影视人类学

《魁阁》2021 年第 2 期（总第 5 期）
第 107～121 页
© SSAP, 2022

云南大学东亚影视人类学论坛

——七集系列片《中国民族志电影的起点》

谭乐水　　林超民[*]

一　缘起

由云南大学东亚影视人类学研究所主办的"影视人类学论坛"于 2021 年 3 月 20 日在昆明金鼎科技园拉开序幕，本届论坛从七集系列片《中国民族志电影的起点》的放映开始。本系列以"重访"为线索，对半个世纪前中国民族志电影中涉及的云南九个少数民族进行回访，通过今昔对比，反映中国边疆五十年来的巨大社会变迁，从中反思人类学影像记录的历史意义与价值。本系列也是东亚影视人类学研究所副所长谭乐水老师近三十年来民族志电影制作的心血和结晶。当天放映了系列片的第一集《"民纪片"重访》和第二集《重访苦聪人》，并邀请当年《苦聪人》《佤族》的编导、96 岁高龄的杨毓骧老师，以及《景颇族》的编导、87 岁高龄的徐志远老师来到放映现场，与观众一起观看影片。放映结束后，观众与在场的老师们进行了座谈。

云南大学东亚影视人类学研究所（EAIVA）由著名历史学家林超民教授于 1994 年在云南大学历史系建立，1999～2003 年，云南大学人类学系、东亚影视人类学研究所举办了两届的中德影视人类学合作项目，东亚影视人类学研究所成为亚洲最具权威性与影响力的影视人类学（Visual Anthro-

---

*　谭乐水，男，汉族，云南大学东亚影视人类学研究所副所长；林超民，男，汉族，云南大学教授，云南省文史研究馆馆员，曾任云南大学副校长、巡视员。

pology）研究机构与纪录电影教学、研究和制作机构。多年来，东亚影视人类学研究所与众多世界著名学府、研究机构、国际电影节，以及从事影视人类学研究的个人建立了广泛且深入的联系，直接催生了中国第一个独立纪录片电影节"云之南"纪录影像论坛。今天，东亚影视人类学研究所培养的众多优秀人才活跃在影视人类学与纪录片研究、创作和教学领域，在国内外影视人类学界有一定影响。近三十年来，东亚影视人类学研究所以民族志电影制作和人才培养为己任，不断开拓进取，取得了令人瞩目的成绩。

二　现场放映座谈实录

谭乐水：今天正好是春分，春分据说是过去皇帝在日坛公园祭天的日子，这个日子也是我们的论坛开始的日子，非常好，非常有纪念性。我们这一次论坛的主题叫"起点"，说的是中国影视人类学和中国民族志电影的起点，那是在二十世纪五十年代的事情。

今天，我们很荣幸请到了二十世纪五十年代拍片的开创者，两位老人到场——这位是九十六岁的杨毓骧老人，他是《佤族》《苦聪人》的编导；这位是徐志远老师，八十七岁，他是《景颇族》的编导。这位来宾是我们云南大学原校长，著名的史学家林超民教授。这位拍照的郭净，是我们影视人类学的理论家，云南的影视人类学理论就靠他来梳理。这位是乡村之眼的负责人吕宾。今天是四世同堂，影视人类学第一代是老前辈们，第二代是林老师和我们这一辈，还有第三代是林老师的学生陈学礼、张海、徐菡等等，还有他们的学生都来了，所以是四世同堂，非常有纪念意义。

片子的放映不是今天才开始的，1999 年林老师在东亚影视人类学研究所招收第一批研究生时，就开始了在云南大学科学馆 517 放映室的放映，一直坚持了好多年。最近的新冠肺炎疫情把这个放映中断了，现在我们也等不及了，我们要把这个片子继续放映下去。所以呢，继承影视人类学这个历史任务，就落在了我们这一代和我们下一代的肩膀上，我们搞这个论坛的目的就是这个了。现在，我想请林老师回顾一下当年他搞影视人类学，在云南大学放片子的那些经历，因为最早是他把这些黑白片拿到学校里放映的。

林超民：谢谢乐水！尊敬的杨老、徐老，郭净，各位同仁，各位好友，大家下午好！在春分时节，我们又开启了一个新的时期，今天我们是四世同堂，一起来回顾我们走过的路程，回顾历史，认识现在，开创

图 1　谭乐水老师发言

图片来源：杨德康拍摄。

未来。

　　我们东亚影视人类学研究所是在 20 世纪 90 年代创立的。1990 年我们云南大学历史系与香港的美亚影视公司合作，在广东成立东亚影视人类学研究所。郭净老师编写的《云南纪录影像口述史》，有我的口述，大家有兴趣可以看一看。

　　我在 1962 年进入云南大学历史系学习。我们云南大学在 1961 年的时候，招收了第一批中国少数民族史专业的本科生，这在中国教育史上是第一次，也是中国唯一的中国少数民族史本科专业。我们在学校的时候，云南大学是以中国少数民族史为特色的。我在大学二年级、三年级的时候，学校就放映过杨老和徐老他们老一辈拍摄的苦聪人、傣族的奴隶制度，还有纳西族的阿注婚姻。那个时候叫"少数民族科学教育影片"，我看了以后增加了对云南少数民族历史文化的认识，对民族历史文化产生浓厚兴趣。

　　大学毕业以后，我就主动要求到西双版纳工作。我在西双版纳的茶厂当过工人，后来到中学当老师。1978 年恢复了招收研究生，我就考回了云南大学，师从方国瑜教授、江应樑教授，读了硕士，又念了博士。我是 1981 年硕士毕业留校，做方国瑜先生的助手，1982 年再考的博士。

　　获得博士学位后，学校就让我当了历史系副主任，接着当系主任，然后又当学校的副校长。云南大学历史系以少数民族的研究与教学为主要特点，每年新生入学，我们都会给学生放映少数民族的科教电影。影片存放在麻园的民族电影制片厂，经省委宣传部批准，我到民族电影制片厂借出来放给同学们看，同学们很有兴趣。

云南大学是在云南办的大学。云南省少数民族人口占到总人口的 33% 左右，我们云南大学历史系的学生应该为少数民族服务。云南的少数民族在 2000 年的时候有一个人口统计，我们国家的 56 个民族云南省都有，人口最少的是珞巴族，包括赫哲族、鄂伦春族这些民族云南省都有。所以，现在我们说云南省有 26 个少数民族是指人口在 5000 人以上的，人口在 5000 人以下的还有 29 个。云南是中国少数民族的一个缩影，云南这么多的民族有不同的文化、不同的历史、不同的宗教信仰和不同的习俗，这是一个非常宝贵的人类学研究的宝库。

在历史系每一个新学年，我都找这些影片来放映。那时候比较开放了，电影胶片放在麻园的云南民族电影制片厂保存，但是要取出来放映必须取得省委宣传部的批准，我就到省委宣传部报批，然后拿着批条到云南民族电影制片厂借出来。我们学校有放映机和放映员。这些片子给大家留下了很深刻的印象。那个时候，我就开始意识到我们做历史研究的就应该有一个影像的部分，把书本上的历史变为影视的历史，把人类学的民族志从书本上、笔记上、著作上变为影视。用影视的科技做民族志。

我在 1990 年到美国，认识不少民族学家、人类学家，也看了美国、英国、欧洲人类学家拍摄的人类学影片，我回来以后，从 1992 年开始筹办影视人类学研究所。1994 年，我们正式创办。这个时候我们就有一个很重要的工作，就是那时候要把十五部科教电影的 32 毫米、16 毫米的胶片转成录像带，那个时候还没有那么多的数字化，只能通过研究所把胶片转为录像带。这个时候来了一个德国人，叫瞿开森，他在复旦大学留学，学中文。他认识德国哥廷根科教电影研究所的工作人员，他就牵线搭桥，我们就跟哥廷根的科教电影研究所合作来创办亚洲的第一个影视人类学研究所。这时，我就到了德国哥廷根去跟他们一起向大众基金会申请经费创办影视人类学研究所。

大众基金会每年支持亚洲的一个文化项目。经过努力，我们的项目得到了批准，我们就和德国的哥廷根科教电影研究所合作，在云南大学创办了亚洲第一个影视人类学研究所——东亚影视人类学研究所。其中，有一个很重要的工作就是把老一辈所拍摄的这些民族志电影翻译成英文，介绍到全世界。当时，我从云南民族学院聘请一位优秀人类学家到云大来担任我们影视人类学研究所的所长和人类学系主任，他叫王筑生，是从美国回来的，在美国的加州大学得到了人类学博士学位。那时在中国，至少是在云南，他是第一个得到人类学博士学位的人。后来，他在美国做了博士后研究，他的太太杨慧和他在一起研修，获得硕士学位，我们就请他们两位来把这十几部片子全部翻译成英文，配上英文字幕和英语解说。

我们现在看到这些片子，要特别感谢杨老、徐老，他们老一辈为我们保存下来这些十分珍贵的影像资料。当时，我们就已经感觉到社会发生了很大的变化，他们拍摄的东西在九十年代已经消失了，现在更看不到了。因为现在我们国家已经全部脱贫，一个很重要的内容就是改变了原来少数民族的生活方式，从原来的山区移居到好的地方来生活，之后又盖了很多房子，这个属于扶贫移民。很不幸的是，今年翁丁发生了火灾，原来的老寨子又消失了。云南连续在三个春节期间有三个非常重要的遗产被火烧了，一个是迪庆的独克宗古城被火烧了，另一个就是大理巍山的古城城门被火烧了，第三次就是翁丁，这些都是很宝贵的历史文化遗产。

当这个时代发生变化的时候，当那些文化传统一去不复返的时候，我们会由衷地感谢老一辈学者，他们在那个时候为我们记录下这些东西，为我们保存下了这些珍贵的记忆。所以我们人类学民族志是为人类保存记忆，为人类保存文化的火种，我们是传薪的一代，我们把老一辈的东西接下来薪火相传、代代相承，使我们的文化不断地发展。我们常说，文化是一个民族的命脉，没有文化这个民族就不能发展，没有文化这个民族就不能兴盛，而这个民族要兴盛要有文化，就必须有继承，没有继承就没有发展。

非常高兴的是，东亚影视人类学研究所招收了两届学生，聘请世界顶级的影视人类学家来授课，美国的保罗·霍金斯，英国的保罗·亨利，德国的霍斯曼和芭芭拉，都是国际上顶级的影视人类学专家。我们培养了第一批和第二批一共是二十个学生，有我们在座的陈学礼、徐菡、张海，当时学生拍的这些片子，送到欧洲得到了好评。易思成的《卖报人》获得了德国哥廷根民族志电影节的学生单元奖，荣莉的《文化秀》在英国皇家影视人类学电影节上获得了非物质文化与考古单元奖。他们拍的这些影片就保存了这些记忆，比如说，那个时候拍的那些卖报人现在我们都看不到了，现在都没有人在街上卖报了。像陈学礼拍的《不再缠足》，他拍的是他的祖母，他的祖母还是缠足的一代。这些片子非常好，所以在欧洲获得了好评和奖项。

一代一代的人把当时的现实记录下来，所以我们的这些民族志保存下来，到今天我们再来看的时候，就是珍贵的记忆，就是珍贵的文化基因，就是珍贵的文化火种，使我们看到中国的社会、中国的农村、中国的少数民族地区是怎样一步一步变化和发展过来的，有哪些东西是值得我们纪念的，有哪些东西是值得我们传承的，有哪些东西是值得我们弘扬与发展的。我们影视人类学的这些片子，它最重要的就是保存了我们民族的记忆，传承了我们民族的文化，为我们今天中华民族的文化复兴奠定了基础，为我们今天民族文化的复兴培养了新人，创造了新的理论。

李杜诗篇万口传，至今已觉不新鲜。江山代有才人出，各领风骚数百年！

每一代人都有每一代人的使命，他们都在领一代的风骚，像杨老，他的身份非常不一样。他是施甸人，后来他到昆明来念书，到抗战的时候投笔从戎，参加了远征军，到了远征军的驾驶训练班当一个驾驶员，后来到了中国远征军的驻印军去当驾驶兵，他和中国驻印军一起，消灭日本侵略军，打通中印缅公路。抗战胜利后，他到我们云南大学的历史系读书。那个时候还不叫历史系，叫文史系，他是我的前辈。他是一位思想进步的青年，他参加中国共产党领导的革命武装，为新中国的建立战斗。他参加了1950 年代第一次的民族大调查，参加民族志科教电影摄制工作，是这些纪录片的编导。

当时摄制组很重要的人是杨光海，杨光海不幸已经过世。我也请教过他，也采访过他。他是白族，在正义路有一个很好的照相馆叫"子雄照相馆"，他是那里的照相师。1950 年以后，他就参军开始拍片、拍照片，后来拍纪录片。杨老也参加了这项工作。他参加了民族识别工作，像德昂族，那个时候叫"崩龙"。他为这些民族识别工作也拍了些片子。

徐老师也是我的学长，比我大 10 岁，他毕业以后就参加了民族调查，特别是到佤族地区。2009 年世界影视人类学大会在云南大学召开的时候，为迎接这次会议，徐志远老师就把他在佤山的民族调查记录和他的经历整理成书，这本书就叫《佤山行》。徐老师参加佤族社会历史调查，拍摄了上百张佤族、佤山的照片，这些照片都非常珍贵。后来，我们到了云南大学出版社的时候，审查就说有些照片不能用，最后用了一百多幅照片，每幅照片都很珍贵。后来，西盟佤族自治县看到这本书以后，他们又到云大出版社增印了三千册。这是非常珍贵的记忆，书中记录了那个时候他们是怎样一步一步地走到佤山，在佤山一村一村地、一寨一寨地、一家一户地考察，那样的精神现在还值得我们学习。

所以，现在我们这一代有这么好的条件，有这么好的设备，我们为什么不向他们学习那种孜孜不倦、踏踏实实、认认真真的学风？我相信，通过这一次的放映，通过大家的互相学习，我们一定能够继承老一辈的优秀传统，学习他们优良的学风，我们一定能够在他们的基础上创造更新的未来，一定能够成为新时代引领风骚的影视人类学家！在座的一定能继承前人，胜过前人。要紧的是，你们自己一定要对自己有信心，对自己有决心，要能够超越自我，当你们超越自我的时候，我们的这个时代就真正地向前推进了一步。

图 2　林超民老师发言

图片来源：李正华拍摄。

郭净： 他们老一辈开创了这个事业，现在有那么多的年轻人来看，大家对这个事情也是非常感兴趣，而且在中国影视人类学的整个圈子里头，能够把这个传统从当时延续到现在的，基本上就是云南的这个群体，希望大家以后能接着把这个事情做下去。

最近，我又开始在做这个事情，就是关于当时的整个民族大调查中拍摄的这些片子的研究，又有新人进来，继续在做调查。那么，现在我们整个的一个构想大概不光是做单一的影片，可以看到，谭老师手上有很多各种各样的访谈、回访的片子，能够放给大家看的，也就是他的十分之一，对吧？

所以，我们现在是给年轻人说一下，现在新的概念是建立新的数据库。这个数据库呢，以前的想法是做一个学术机构，我来建一个大的数据库把东西都收进来，实际上，看样子现在做不到，因为太多了。我们从当初开始，中国的整个情况，不光是民族志电影，包括从五十年代开始的中国纪录片，至少有几千部，这几千部只是素材剪出来的影片啊，还不包括素材，像谭老师这里可能就是几千个小时的素材了，就是说，光一个人手上，一个小群体手上就有那么多素材。

像我在北京认识的一个北京舞蹈学院的藏族老师，他把整个藏区的舞蹈全部拍完了，就靠他自己卖房子的钱，他手上也是上千小时的素材。大家看看，现在影像的东西出来，多么有说服力，就说这些东西是你用文字表达不了的。所以，我希望在座的各位，大家都来做这件事情，而且不光是去做一个影片放映，这个远远不够，太少了，我们是动员每一个人都来做这个数据库，每一个人的数据库，像谭老师手上这么多的东西，如果做成一个数据库那就不得了。然后，像我手上关于德钦卡瓦格博雪山的片子也有一百多个小时的素材。

希望在座的各位年轻朋友，如果你已经开始或者想要拿起影像这个工具来拍摄的时候，就把它作为一个整体来考虑，就是你做的东西不光是拍一个片子去参展，因为那个东西太少了，你要为你所拍摄的那个地方，或者是为你自己做一个完整的、系列的数据库的影像。现在，在全国拥有一个比较完整的数据库的，就是文化部做的那个影像志。在我们个人手上的东西都没有整理出来，现在也就是用非常简单的技术，可以有多种手法。我把它叫作影像志，不光是纪录片，纪录片只是放出来的很小的一部分，影像志是包括了你所有的素材，然后，你手上的文字的、图片的所有的资料，这些整合起来才叫影像志。

现在，我们在提倡一个新的概念，大家都按照这个影像志的方法来做，你自己就会把一个地区、一个家庭、甚至一个人的东西，整理出一个非常完整的档案。这样一个东西将来是非常非常重要的，而且这个工作是一个单位做不了的。如果每个人都来参与这个工作的话，它就会成为一个非常巨大的、关于我们自己生活的一个完整的记录。

还有，我想强调一点就是，你们两位老师可能也不知道你们做的事情有多么重要。我们到日本去放过其中的几个片子，放映的时候，一个日本学者就提出一个非常有意思的问题。他问我，在社会主义阵营当中的苏联、东欧，他们有没有见过这种片子。我们没有见过苏联的，没有见过捷克的，也没有见过南斯拉夫的，这种完整地去关注自己当时的少数民族或者是其他民族的系列片，就只有中国一个国家搞了。

所以，我有一个非常好奇的问题就是，到现在为止绝大多数的学者或者学生都是用文字去做调查，各位老师做民族大调查的时候，居然在五十年以前，那么早的时期就会想到用影像、用电影这个方式去记录，这个想法到底是怎么来的？对，对，这个不光是我的问题，日本学者也是感到非常惊讶的。

图3　郭净老师发言

图片来源：李正华拍摄。

徐志远：我也不太熟悉，那就说这个，我只知道毛主席提出了不光要有文字的还要有影像的记录，那么，从那个时候就开始用影像来记录。

图4　徐志远老师发言

图片来源：杨德康拍摄。

谭乐水：我来补充一点，其实在这个时候，中国在 1952 年抽调了很多文化干部去北京电影制片厂学习影片，因为我父亲（谭碧波）在延安时期是写剧本的，把他抽去了。后来，我到了北京上大学才知道，他认识北影厂、八一厂的人，好多很有名的导演，那些人当时是他们的老师。

所以，你们看一看，在这些片子里边有好多爱森斯坦的蒙太奇手法，脚本上还有，如果谁要有兴趣研究爱森斯坦的蒙太奇在那个时代怎么应用的，来找我拿这个脚本。这个脚本里面就有好多是受苏联电影的影响，在我父亲出版的《二十世纪五十年代云南民族社会历史纪录片脚本汇编》上面，我看到的电影分镜头和我学电影时苏联的电影模式是一样的，如果有人要研究，来找我拿书。

好多人去北京学了后就拍了很多电影。我父亲回到云南，他刚搞完民族大调查，就想民族有好多东西太重要了，他写了《边疆民族纪实》，才提出来拍电影。后来，这个报告到了毛泽东主席手里边，毛泽东才提出来拍电影。

观众 1：刚才谭老师提到，几位老师拍摄片子时，为什么不把这些经历写成书？

谭老师：哎呀，你的想法很好，其实，你们看到片子里的 2007 年的那个座谈会上，云南省社科院的刘达成就组织大家写本书，当时任务都布置下去了，但后来他去世了，这个事情没弄成。当时，刀述仁（时任中国佛教协会副会长）还说他可以弄笔经费来，所以你说这个事情很重要，可惜就是牵头的这个人去世了，没办法。所以，这个事情就放下来了，就看你们后来的人了。

我曾经教过一个学生，他的爷爷是专门供给关东军粮食的经销商，日本天皇还奖励他一个大金牌，结果他父亲四兄弟怕解放后出事情，全部跑散了。他的一个儿子跑到昆明，儿子又生儿子跑来给我当学生，他就告诉我这个事情。我说每一个人都有责任去把这些历史记录下来，不管是你们家的谁，让你爷爷去口述。

我自己也在做我父亲的口述，他活到 105 岁，他讲历次运动的事情我都记录下来，口述史不知道做了多少个小时，将来肯定要做成纪录片的。播不播是一回事，但是我们有责任把它记录下来，不要让历史到处是空白，将来又说中国这段历史怎么没人记录，但是记录历史是清苦的，没人给你钱。所以你看，老一辈拍了多少年，他们一分钱的收入都没有。

前几年台湾的慈济大学放了那个《苦聪人》的片子，不是，《佤佤族》的片子，台湾的老师让我带来了这个钱，要给《佤佤族》摄制组的这个稿费，放映的费用。好，现在我就交给《佤佤族》摄制组唯一活着的也就是徐志远老师，钱就由你保管了。（掌声）哈哈，一千块台币，非常少，但这是你们那么多年辛勤劳动的唯一的收入，很清苦，做影视人类学的很清苦。

许东平：我一直在做党员教育类的片子，刚才我看完谭老师的这个影片，到后面一直触及我的心灵深处，就在于我服务着片子里面的乡长、主任这一边，而大家拍摄的是苦聪人的另外一边，然后两边都在寻找一个解决的办法，就是刚才这个片子，我相信我拿去给我们组织部的领导看完以后，他们一定会在他们制定的政策当中有一定的想法和逻辑的修改。我为什么想要表达，就是刚才谭老师说到大家一定要用影像去记录我们的历史。

我讲多一点啊，主要是想表达什么呢，就是说，我们党委也在寻求一种内部解决办法，想去帮他们解决这个问题，但有一个镜头让我看了很难受，就是苦聪人在争吵说："你没有交钱！"他说："我们规定的日子是什么时候的？"然后那几个人说："我们是因为没有这几个钱！"干部最后脸上的那个无奈，但他们有很多资金可以解决这些问题的，但是，在基层就缺这些东西，如果这个影片给到我们的基层干部看了，他们瞬间就知道该怎么去办了。

所以，我想给各位影视人类学的同志们、朋友们说，拿起你们的摄像机去记录党委、政府的每一个决策，然后把这个影像志摆在他们的面前，让他们去反思他们的工作，然后去改进他们的工作，他们需要，太需要了！因为你们看到的可能是那种PPT式的宣传片。其实，我也是在用影视人类学纪录片的方式，去给我们党委、政府拍摄，去告诉他们。所以，我拍他们的党建宣传片都是纪录片，都是记录一整年的，很慢很慢，但是领导看完以后很震撼，他说："哦！原来我是这么想的啊！"对啊，所以他们现在要改了。

所以，像刚才谭老师那个记录，那么多年的，它里面涉及刚才讲的主流意识形态的一些东西，其实这是真实的，他们就是这么做，我们党管理国家有很多主流的东西，反过来我们的群众、他们受众的反映，两者结合才能解决当下我们困惑的很多问题。这个东西就是影视语言的力量，不用说，不用告诉，我不用写报告给领导，我不用说怎么怎么样，你的这个哪里错，你一个影视片子告诉领导，默默地他知道了。

我觉得，现在新一代的影视人类学应该去关注社会治理结构，我是这样想的。你们的关注点不光是关注好文化传承，应该用我们的镜头去推动我们的管理改革者的方式方法，这个也是我做了 6 年党政片后总结出来的。那么刚才我看了这个片子以后，我找到了这个连接点，下面我们有很多要探讨的地方。如果能借用影视人类学来推动，我觉得会是一个大的力量，谢谢大家！

谭老师：所以说，我们按我们影视人类学的思路去拍摄，播不播是另外一回事，对不对？真的扶贫确实有很多人付出了很大的代价，但是你们用那种好人好事的表扬方式根本行不通，老百姓不受你们这一套。

观众 2：谭老师，我有一个问题想问一下杨毓骧老师。杨老师，我跟您算是最熟悉的陌生人了，我从 2016 年开始剪辑这个片子，到后面又跟谭老师去了三次苦聪山拍摄，传到我这儿我是四世同堂的第四代，我想问一下您，对这个片子，看完以后您的感受。

杨毓骧：我非常激动，谭老师，你们几位能够帮我把五十年代的这几部民族志影片放到现在，原封不动，又几次去阿佤山、苦聪山进行拍摄，我一边看，我心里一边感动，我激动。

我的感觉像刚才这位老师说的，我们现在扶贫是要真正理解五十年代各个民族、各个山区以及苦难的人民，他们的生活，怎么样去扶贫。比如说，当时在放映这个影片时，他们就是说，两千块钱，你没有两千块钱就不给你这个住房。后来有几个苦聪的妇女、几个老人，他们就给我讲了，希望我向上面领导汇报，为什么我们没有钱，没有两千块钱我们就不能够分得住房，不给我们安排？我说：好的，我会反映。

当时呢，在这一个方面就看出我们政府在工作上存在不足，在扶贫上面应该是像刚才那位老师说的，我完全同意。这个政府、这个党的政策应该拿民族实际情况来检验，尤其我这大半生，从十八岁起我一直在边疆，我参加过中国远征军，在印度兰姆伽受过训练。解放战争我在老圭山的时候，就亲身感受到我们农民的苦难，看到他们的希望。

前几天谭老师也来见我，领着这两位老师的，是我老家施甸的亲戚，我们一个村子的。我离开老家八十年了，从抗日战争起，我是经过抗日战争、解放战争过来的一个老兵，后来，我在 1956 年参加中央民族调查组，共有八个民族调查组到达昆明，就是费孝通他们这一批人，我就调来跟徐志远老师他们一组。后来，领导又从芒市、玉溪那个民族中学把我调回来到民族研究所，调查组有三个分组，一个是阿佤山的调查组，徐志远老师就在那个分组；第二组就是景颇山的调查组，由谭碧波老师担任组长；再一个就是怒江调查组，由宋恩常当组长，跟着中央，跟着费孝通来的，嗯，就这三个分组。

谭乐水：佤佤族调查组的组长是杨堃，著名人类学家。

杨毓骧：我1949年参加地下党，就在老圭山，游击武装的时候我就加入了中国共产党。虽然我到现在是有七十年党龄的老共产党员，我的经历，一方面在政治上说我是国民党特务分子，另一方面说我是游击武装的中共党员，我是从1949年到现在一直被调查过来的。到1988年1月，我是在云南民族大学才被落实，把我的一切特务分子活动和还没有被发现的我的特务活动全部取消掉。让我放手大胆地进行民族调查研究，我1956年调入民族研究所从事民族研究。1988年，我虽然是离休了，但是我没有忘记党的恩情，我到现在一直从事我的民族研究和远征军老兵的组织整理工作。

图5　杨毓骧老师发言

图片来源：杨德康拍摄。

谭乐水：我打断一下，杨老师他是契丹人呢，真的，他是契丹人，他写了一本书叫《施甸的契丹人》，他做了很多的调查。

林超民：刚才有人问，为什么这个杨老师会是契丹人，我简单给大家说一下。杨老师出生在施甸县，他们这个地方，有姓蒋的、姓杨的，都是汉人了，以前呢没有人知道他们是契丹人的后代。在他们居住的村子的后山，是埋葬祖先的坟地，有一万多块碑，这一万多块碑上的字没有人能看懂。不知道这个碑上写的是什么字。

二十世纪八十年代初，内蒙古社会科学院一位研究员叫孟志东，他到那个地方去以后，请他看那个碑，因为他知道契丹小字，他一看就说，这就是契丹小字，所有的碑文都可以用契丹文来解读。后来就跟我们一起讨论，蒙古人把契丹灭了，契丹就编入到了蒙古人的队伍里边，在1253年蒙古人跨过金沙江，在纳西人的帮助下，平定了大理，就在现在的保山设置了一个国，叫金齿国，这个金齿国就有契丹人在那儿驻守。这些契丹人后来就融合到汉族中。

孟志东发现以后，施甸这个地方的都说他们是契丹人了。后来，对这些人做新的民族识别，要把这些人识别为契丹人。后来，国家民委说，从1980年以后中国实施"三不"政策。第一，不再识别新的民族。第二，不再创制新的民族文字。第三，不再建立新的民族地方。他们已经是汉人，说汉语、读汉书、写汉文，完全汉化了，不能叫他们契丹人，不能再恢复。后来孟志东说，不能命名为契丹人，可以定为达斡尔族。国家民委还是不同意。因为已经完全汉化，十几代人都是汉族了。

谭乐水：这是最权威的回答。

观众3：尊敬的老师，我刚刚看了《重返苦聪人》这个片子，整个心情是比较复杂的，尤其是那里面搬了五六次家，他们的一种发展，都是在寻找的状态。我不知道这种状态的出路会是什么样子的？所以，就特别想要听杨老师还有谭老师，你们有亲历那样的场景，能不能给我们谈一点真实感受，还有对他们这种境遇的个人的思考，谢谢！

谭乐水：我们的这个纪录片不是说我们要反对什么，要拥护什么。我们的纪录片就是解释，为什么搬下来，他要跑回去？他定居不了，因为他不会种粮食。为什么？我们不是有些镜头里有培训苦聪人吗，就是让他们学会种粮食，种这些香蕉啊，砂仁这些，另外你说，我们的片子看不出反对什么，赞扬什么。我们认为这种纪录片是多义的，你可以从你的角度去看这个片子，你想怎么看是你的事情，对不对？就是呈现多义性，你不要理解为，我这个是主流媒体的宣传片，不要有这种期望，我们不会拍那种片子的，我们知道那种片子没人看，谁还看那些东西，现在搞党建片的都知道要深入人心才行，不能搞那些。

林超民：刚才说到这个"志"，我们要注意到"志"的特点。"志"就是记录，客观真实的记录叫"志"。对记录的资料做研究，就形成政治学、经济学、社会学、历史学等学科。历史学与"志"不同。中国历史传统里边，当代修志，隔代修史，这个"志"就是记录的意思，所以我们的民族志就是民族记录，修志要客观、真实、忠实地记录，记录要实事求是、客观真实，不加主观判断。要秉笔直书，有什么事情就记什么事情，不做价值判断。

到后来人在"志"的基础上写史，隔代才写史，为什么要隔代呢？在中国的传统中，在司马迁的时代，他可以写当代人的历史，因为史官的地位很高，史官所写的史是不受任何干预的。后来，皇帝、宰相等各级官员干预修志的工作。于是，修志就不能客观公正地进行。史官有一个工作，为皇帝写起居注，就是记录皇帝每天的起居生活、工作，可以说是皇帝的日记。这个日记是史官独立记录，以保证其客观真实。后来到唐太宗，他说我要看一看，史官不让看，但是不行，唐太宗用权力逼迫史官让他看，他看了就要把不利于他自己的记录删去。唐太宗破了这个例。

所以，从此以后呢，当代的就不能再写史，只能记录，隔代人再修史，所以"史"一定隔代。志书里边还有一个就是生人，活着的人不入志，但是我们的纪录片呢要把它记录下来。所以，我们民族志呢就是忠实地记录，当然有制作者的观点，但不做价值判断，把价值判断留给后人。只有隔代才能比较客观地认识社会。当你在当代，是身在庐山之中，不识庐山真面目，随着时间的推移，我们离开现实，一段时间后，人物事件都成为历史，你才能够更清楚地看到更真实的情况。所以，我们搞民族志电影的时候，一定是注意"志"这个字，记录，这个记录是忠实的，用你自己的观点来忠实地看，把他的衣食住行，把他的七情六欲，把他的生活场景，把他的生产过程忠实地记录下来，让后来的人来做新的价值判断。

谭乐水：说得非常好，多少年来很多拍摄都为这个事情纠结。我们早就和你们说过，我说什么事情你现在不要判断，不要轻易地说这个是好这个是坏。我在曼春满，有的人说旅游把整个村子破坏掉了，我说你看到另外一些没有，贝叶经"复活"了，贝叶经原来没有人刻，现在旅游了，可以发财了，刻贝叶经的人多起来了。这些东西不好判断，但是，林老师刚刚说的，指明民族志电影基本的方法和思路、基本的方向。所以，这个论坛也是个学校，以后，我就希望通过这个论坛大家能学到很多东西，也是我们办这个论坛的目的之一。如果今天没有人再发言的话，论坛就到此为止。

好，下次再见！

《魁阁》2021 年第 2 期（总第 5 期）
第 122~132 页
© SSAP，2022

《匠鑫》的创作与生产反思

许爱坤[*]

犹记得 2017 年 9 月 2017 级硕士开学典礼上，学院人类学博物馆的张海老师对新生作欢迎致辞，向大家简单介绍了云南大学影视人类学实验室的历史及影视人类学课程。1994 年，云南大学建立了中国第一个影视人类学研究基地"东亚影视人类学研究所"（EAIVA），并从 1999 年 3 月至 2003 年 3 月开设了两期中德合作影视人类学培训班，培养了 20 名研究生（郭净等，2013：5）。这两批影视人类学硕士如今活跃在高校、研究院等学术领域，致力于中国影视人类学的发展。目前在云南大学主要承担影视人类学教学与研究任务的老师，都来自这两届中德合作培训班。在云大的三年间，笔者听过不少外省老师将云南描述为另一个文化高地，云南民族志影像的先锋历史和云大影视人类学的发端与发展，在笔者心中也早已成为这片文化高地中的灿烂一景。2018 年 9 月，怀着对民社院影视人类学的向往，笔者选修了本院的影视人类学课程，成为同期 8 位学员中的一员。

我们的课程主要分为两大部分，一为理论，二为实操。理论部分由徐菡老师主授课，包括民族志田野调查方法理论、影视人类学理论以及经典民族志电影的观摩学习与分析；实操部分由张海老师主授课，主要是学习纪录片拍摄与剪辑方法，通过每周布置拍摄练习作业并观看作业的方式，提高学生的实际操作能力与观赏评价能力。云大影视人类学的教学方法既沿袭了中德合作项目的培训模式，也根据自身情况进行了本土化的创新，如课程的结课以"田野教学"的方式完成，这是一种由本院教师摸索出来的教学方式。所谓"田野教学"是指在一学期的影视人类学课程结束时，由授课老师带领课程学员前往田野点，用 7~10 日完成田野调查、拍摄、

---

[*] 许爱坤，云南大学 2017 级民族学硕士研究生。

剪辑及放映工作。这种教学方式可以使学生关注影视的技术训练，而且在田野过程中将田野调查与理论分析结合在一起，将技术训练与创造力培养结合在一起。2018 年 12 月，由徐菡老师带队，笔者与同期同学一起前往田野点——云南省建水县碗窑村，开展田野教学活动。

一　初入田野

碗窑村位于建水县西部，是建水县紫陶工艺品的主要生产基地，与如今建水县政府成功打造的旅游景点"紫陶美食街"仅一街之隔。因村庄后山蕴藏大量瓷土和黄黏土，有着陶业生产的良好天然条件，生活在此的居民早就开始取土制陶，生产各类生活用陶器，如水缸、水罐、花盆。如今仍有始建于元代的古窑遗址、老窑，建于 20 世纪 70 年代的百余米长的龙窑及所建时间长短不一的大小陶窑蜿蜒在碗窑村山坡上。不论是村庄仍可开采的土资源，还是远近闻名的龙窑，抑或是老厂房内堆放的各类生活用陶具，这些承载过去与现在的生活事实的陶器，都无声地记录着碗窑村村民的生计方式，与如今碗窑村沿街开满的紫陶壶店铺出现在同一时空之中，构成一幅碗窑村的历史变迁图景。

此次影视人类学的田野教学之行，以建水紫陶工艺为主题开展。由于笔者是红河州人，对建水还算熟悉，前往建水前心中并没有那种对"他者"的陌生之感。但当大家到达建水，漫步于碗窑村沿街店铺时，却发现建水近年来紫陶业的发展速度，已经将记忆中的碗窑村形塑为另一番模样。记忆中，碗窑村沿街虽已有店铺分布，但较为零星，所售器具既有小巧精致的茶壶，也有汽锅、水缸这样实用性更强的生活器具，还有不少店铺仍在出售粗陶制品。而如今走在碗窑村街道上，两旁几乎开设满紫陶壶店铺，店铺内陈设的紫陶制品款式多样、造型精美，除了具有喝茶饮水的功能外，更像是摆放在橱柜中的艺术品。虽然碗窑村的匠人师傅们所生产的器具仍是生活器具，但陶早已不仅仅是一种可转换为器皿的材料，更是一种表现艺术的载体。随着工艺技艺的发展，工艺产品不仅具有使用价值，更具有观赏价值、文化价值及艺术价值。

徐菡老师在建水已经有田野基础，也已有大致的拍摄人选范围，且由于七天的时间太紧张，我们直接进入了选题拍摄环节。在第一天短暂熟悉田野环境后，大家已经基本明确计划，每个小组要以一位制陶师傅为主要拍摄对象，进行选题拍摄。此次拍摄对象有两位，一位是老字号陶坊传承人及非物质文化遗产传承人黄木忠师傅，一位是"90 后"新生力量王鑫师傅。

笔者和另一位小组成员选择了王鑫师傅作为拍摄对象，第二天便拿着设备到了王师傅的制陶坊。但就在拍摄的第一天，我们便遇到了困难。由于第一天参观了一些制陶坊，在出发前往王鑫师傅的制陶坊前，笔者预设了很多可以拍摄的镜头。比如堆满黏土和半成品的院子，随处可见的制陶工具，年代久远充满使用痕迹的拉坯转盘……希望借充斥制陶环节的暖土色与环境中的各种器具确定拍摄的基本色调，拍摄出既塑造主题氛围又具视觉愉悦感的空镜头。然而当我们到达王鑫师傅的制陶坊时，却发现现实与想象之间存在巨大差距。

年轻的王鑫师傅既没有堆满黏土和半成品的制陶大厂，也没有年代久远的制陶工具。一间商店用于摆放成品，一间小屋用于摆放现代烧窑，另外一间小屋用于摆放拉胚工具、制作紫陶壶。他的工作环境简单、朴实，最重要的是，缺少笔者想要的"氛围感"。简单来说，拍出来的画面极有可能不好看，缺乏可观赏性。这让笔者犯了愁，虽然从学术本源来说，影像民族志首先是人类学者的研究方法和表述文本（朱靖江，2014：27），影像讲究真实、客观记录。但于笔者而言，影像志的呈现与民族志的书写是一样的道理，这个呈现文化内涵的载体，不仅要有吸引人的内容，更要有吸引人的语言组织方式。而放在影像中，吸引人的不仅有影像所承载的信息，还有视觉的愉悦感。因此初入田野时，拍摄对象所处的环境让我们心里打了退堂鼓。

二 与田野同步的拍摄：观察电影理论实践

在平时的教学与训练中，云大影视人类学主要以大卫·麦克杜格的（David MacDougall）观察电影理论为指导。观察电影理论认为，观察电影应该是开放式、无预期的，其目的在于呈现"发现的过程"，进而达到分析被拍摄人物生活的复杂性，以及带着观众近距离接触被拍摄者的现实生活、传递拍摄对象经验的目标。因此观察电影的重心是电影制作者能够揭示他人的生活，以及如何展现这种观察。此外，观察电影也具有普通艺术研究或科学研究的意图，即尝试理解、定义，或是保存世间某些重要的东西（麦克杜格，2019）。基于观察电影理论，云大影视人类学田野教学中，拍摄工作与参与观察是同步进行的。

在第一天的拍摄中，小组主要观察了拍摄现场的条件，并了解了王鑫师傅的制壶流程及工作周期。拍摄现场的条件决定笔者的拍摄技术方法，对王鑫师傅的日常工作规律及具体行为动作的观察，可以帮助笔者对拍摄画面进行预判。

就现场拍摄条件而言，我们的拍摄受制于两大因素。一是前文已经提到的现场环境。王鑫师傅的制陶坊位于碗窑村主干道上端，与主干道下端相比，上端店铺已经没有那么集中，到此购买紫陶壶的游客也比较少，道路两旁多是居民自住的楼房。制陶坊由三间房屋构成，其中两间房屋并排，一间房屋内临街摆放王鑫师傅制壶的主要工具拉坯机，王鑫师傅大部分时间坐在这台机器旁工作，制壶环节中的拉坯、修坯等主要环节都在此完成。并排的另外一间房屋空间逼仄，摆放着陶坊烧壶的一大一小两座窑，以及烧壶的其他仪器调适设备。另外一间房屋与这两间房屋隔街相对，屋内一角两面墙摆放着展示柜，展示王鑫师傅的成品，另一侧楼梯角摆放有用于待客的茶桌，同时制壶的一些其他环节也会在这个空间内进行，这个空间兼具交易、会客、工作室的功能。二是现场的光线。拍摄现场的光线多以自然散射光为主，室内白炽灯作补充，色温较灰冷，与室内白色调的装修及室内摆放物品搭配起来，拍摄出来的画面呈现平淡、灰暗的视觉效果。在这样的环境和光线条件下，中景、远景等大镜头都不能展现出与"陶"这个主题相匹配的色彩基调和环境氛围。

就被拍摄者的日常工作规律来说，制壶工作具有固定的工艺顺序和方法步骤，这项特质减少了田野工作缺失带来的弊端，在短暂的观察与访谈之后，我们便能了解几日内被拍摄对象主要的工作活动和安排。同时，紫陶壶的生产过程具有批量性和重复性，同一道工序中王鑫师傅至少要处理五件产品，这给我们的拍摄工作提供了容错机会。如果一次拍摄没有成功，还可以对下一个产品进行相同内容的拍摄，并且这种拍摄并没有干预被拍摄者的行动计划。

就拍摄与田野同步的作业方式来说，这种方法在具体实践中发挥出优势，即摄像机成为拍摄者理解周围环境的探索工具，拍摄工作成为拍摄者与被拍摄对象之间的沟通工具。这也是大卫·麦克杜格倡导在拍摄工作一开始便引入摄像机的原因，这既能诚实地表达拍摄者与被拍摄对象进行社交的意图，也使得电影拍摄成为研究过程的一部分（麦克杜格，2019）。鉴于徐老师的田野基础，在与我们初次见面时，王鑫师傅便已知晓并理解拍摄工作，接受我们和摄像机在场。在经过简单沟通后，王鑫师傅也意识到，我们的拍摄与其他拍摄工作如电视台专题拍摄有所不同，他无须对拍摄做任何特别的举动，只需按照平时的活动，让我们用摄像机记录下来即可。并且恰恰因为摄像机与拍摄任务的存在，王鑫师傅会主动为我们讲解紫陶壶制壶的工艺方法和制作流程。我们也一直遵循"社区合作"的原则，与王鑫师傅充分沟通拍摄的主题、内容、兴趣等，不断地向王鑫师傅请教紫陶壶制作过程中的各种专业技术问题。基于拍摄工作产生的沟通交流，既保证了被拍摄对象活动的原初性，即不为摄像机进行人为摆拍和安排，从而保证民族志电影的真实性，也在极大程度上保证我们拍摄到"有用"的画面。同时拍摄和交流的过程也使拍摄者与被拍摄对象逐渐熟悉，除了关于制陶的专业技术问题外，交流和访谈逐渐拓展到王鑫师傅个人成长经历、制陶坊家庭分工与运作方式、建水紫陶产业的发展等领域，为拍摄素材的收集、后期剪辑等提供思路。但这种方法的明显弊端在于，与参与观察同时进行的拍摄没有明确的目的性，这给后期的剪辑工作带来巨大困难，这一点将在下一小节展开论述。

三　拍摄策略选择与主题思考

鉴于以上环境特点、拍摄对象特点以及在没有明确影片主题的情况下，笔者当时主要采用以下三点拍摄策略。一是对制壶流程的每一环节都进行跟踪拍摄。虽然拍摄前期小组还未明确影片主题，但制壶的工艺流程中蕴含着建水紫陶壶的重要文化内涵，也是王鑫师傅的日常工作流程，因此不管后期将主题确定为什么，制壶的工艺流程都是必备素材。二是对制壶主要环节的每一步骤都分别进行特写、近景、全景等不同景别的拍摄，并切换不同机位。工艺流程尤其是一个环节的不同步骤是连续进行的，为了后期剪辑时有更多的操作空间，笔者保证了每一个步骤都从不同景别和不同机位进行拍摄。三是注重拍摄空镜头，不管是环境的拍摄还是具体制壶场景的拍摄，都是为后期剪辑留够素材，以防需要为其他场景提供信息。四是做好场记，由于没有明确的目的性，拍摄过程中素材重在全而不是精，需要准确记录每日拍摄的素材内容，便于后期剪辑时快速查找内容。

在几天的拍摄中，徐菡老师经常过来"探班"，并参与大家的讨论，我们逐渐发现了王鑫师傅一家背后的故事。在第一小节中笔者介绍过，与建水诸多传统制陶家族的老牌制陶师傅不同，1995 年出生的王鑫师傅属于新生力量代表。自初中毕业后王鑫师傅便开始学习制陶，父母、妹妹也在其带动下投入紫陶行业，一家人共同经营紫陶店铺"王鑫陶艺"。一个紫陶器具的生产共需八大步骤：制泥、拉坯、绘制、刻坯、填泥、修坯、烧制、磨光。除了制泥和磨光，其余六个环节均可在店里由王鑫师傅一家人分工合作，协力完成。在学习制陶的过程中，王鑫师傅也从最初为了谋生而学艺，转变到如今把每件茶壶当作艺术品来进行创作。

王鑫师傅一家的家庭分工也与每个人的性格特点相对应。王鑫师傅主要负责拉坯和修坯环节，一把茶壶的形态由他决定。作为一个二十来岁的年轻人，王鑫师傅极其自律，每日早晨到达工作室后，便一个人坐在拉坯机旁专注工作。且因为制壶流程具有连贯性，工作过程中他极少休息，偶尔抬头看一下马路上走过的陌生人，又马上专注于手里的壶。王鑫的妹妹王劲入性格少言安静，喜爱书法和绘画，平时自己一个人安静地坐在工作台上写字刻画。王鑫的父亲王忠祥负责粘壶环节以及重要的烧制环节，不管是在粘接壶嘴的时候，还是为烧壶设置温度、装窑、取窑的时候，都可以观察到王鑫父亲的细心谨慎。王鑫的妈妈性格热情，好动多语，所以充当起销售的角色，能够大方热情地向顾客介绍产品。

经过几天的参与观察，了解到以上信息后，笔者对拍摄的关注点也逐渐从视觉美感转移到影片内涵，即制陶坊的家庭分工与工艺流程上来，对自己拍摄的内容逐渐认可，也基本明确想呈现的主题。整个拍摄与思考主题的过程也充分印证，电影的拍摄过程即是观察过程，是一个"寻找主题"的过程。电影的中心是一位带着摄像机的观察者，通过制作者的拍摄与剪辑，呈现在特定时间和空间中所发生的事情。同时，在徐菡老师的指导下，笔者在拍摄时也注意通过运动镜头来展现王鑫师傅制陶坊三个房屋之间的空间关系，以及在拍摄工艺流程时注意每位家庭成员的分工与性格刻画，这为后期剪辑思路的确定做了一定准备。

四　剪辑与呈现：观察电影再反思

上文笔者已经提到，与观察同步进行的拍摄没有明确目的性，这种不确定性给后期的剪辑工作带来巨大困难。

一是在拍摄时为了保证画面的完整性，以及给后期剪辑预留空间，笔者收集了大量无明确用途的素材，这增加了后期剪辑时的工作量。这一点在 2019 年 6 月 14 日云大影视人类学实验室主办的"建水紫陶影像"放映交流活动中，郭净老师也直截了当地指了出来。大家之所以感觉到后期剪辑困难、毫无思绪，主要还是拍摄前田野调查与参与观察工作不到位，导致拍摄时预判和构思不足，拍摄画面没有目的，因此后期剪辑时需要花大量精力查看和整理素材。

二是整个拍摄在快要结束田野调查时才明确影片主题，且由于学期时间安排的关系，剪辑工作与拍摄间隔了将近 4 个月的时间。当再次回顾素材，按主题梳理影片逻辑结构时，才发现自己漏掉了很多重要的画面，也没有办法再补充拍摄。很多场景的理解以及信息的传达，只能通过"简单粗暴"的访谈呈现。在笔者看来，这也是文本型民族志与影像型民族志在创作技术上的差别。大卫·麦克杜格指出，为了达到描绘的目的，电影制作者与文字作者一样，对某一概念的呈现是通过对相关影像画面的选择与组织完成的。对于文本型民族志和影像型民族志来说，我们都需要通过对要素的组织来达到传递文化意义的目的。但区别在于，文字语言作为一种符号系统，是对真实世界的描述与阐释。参与观察结束后，作者按想法组织语言的过程，与事实发生现场可以是分开的。而影像素材却是事实发生现场的真实记录，于时间、人物、动作来说都具有唯一性，一旦拍摄完成就无法再修改。这个本质使拍摄变成一项要求极高的工作，我们必须保证拍摄到自己需要的素材，因为我们无法像文本型民族志一样"转述"现实。

与这两个困难相伴而来的问题是，如何用已有素材呈现影片主题？如何安排影片结构？本片在拍摄过程中遵循观察电影的理论指导，通过几日的拍摄，试图记录紫陶壶的制作工艺流程。在剪辑环节整理素材时，笔者注意到，一把紫陶壶的工艺制作流程正好对应王鑫师傅一家家庭内部不同的分工与合作，因此最终在两位老师的指导下，笔者决定采用工艺流程历时性剪辑的方法，以紫陶壶的工艺步骤为主线，中间穿插部分访谈，以期展现在当前建水紫陶业发展背景下，王鑫师傅一家人的家庭式作坊的生产合作方式。影片最终从空镜头建水清澈的水井开始，以一方水井展现建水县城人民的基本生活状态。后接碗窑村"紫陶工艺品一条街"车水马龙的场景，引入影片的主题紫陶。再下一个场景便是主人公王鑫师傅的店铺"洪壶苑——王鑫陶艺"，随后便从王鑫师傅拉坯开始，一步步展现各道工艺流程及家庭分工。

五 民族志纪录片互惠型价值的体现

云大的影视人类学培养过程中，一个重要的环节是学生作品拍摄剪辑完成后，要在当地社区进行放映交流，让被拍摄对象观看影片。即使是在校园内展映，也要邀请被拍摄对象到现场。同时，也鼓励同学们将影片拷贝给被拍摄对象，成为大家共有的知识成果。这一培养原则反映出云大影视人类学的价值取向，即民族志电影的拍摄不应该是一种单向的知识的

"掠取"，而是基于互惠、合作、分享等信念之上，与被研究对象共同进行的知识探索。2019年6月14日，云大影视人类学实验室在人类学博物馆举行了"建水紫陶影像"放映交流活动，本片的主人公王鑫师傅因时间冲突没有到场参加。事后笔者及时地将影片链接发给了王鑫师傅，并将影片放到了视频共享社区B站①上面。之后陆续有观众通过此视频向笔者咨询王鑫师傅的联系方式，并表示已经赴建水购买了王鑫师傅的作品。2021年8月中旬，笔者再次赴建水到王鑫师傅家回访，王鑫师傅表示有好几位顾客通过观看此视频找他购买紫陶壶，其中两位顾客成了经常购买的回头客。对此，王鑫师傅一家表示非常感谢，并表示看到了影视作品的力量，欢迎我们再赴建水开展后续拍摄。

六　总结与讨论

《匠鑫》这部28分钟的短片自拍摄到今天已经过去了两年半的时间，在这段时间中，笔者不仅经历了拍摄和剪辑阶段，同时也通过2018年在云南大学以及2020年在兰州大学的两场放映活动，听取了大家的评论。作为笔者第一部经田野调查完成的民族志电影，《匠鑫》的意义于笔者而言不仅在于拍摄的内容和表达的主题，更在于对其创作历程以及对影视人类学教学实践的反思，笔者将根据创作过程以及放映时收到的反馈，对影片进行反思和总结。

第一，民族志电影中的客观性与主体性。林超民先生在对"民族志影像"中"志"一字的解读中指出，"志"是客观记录的意思。② 林先生在这里强调的是民族志电影的拍摄应该讲求客观，无须代入任何的价值判断和个人评价，拍摄者只需客观地对事物进行真实记录，一切思考与判断交由观众进行。这与大卫·麦克杜格所主张的观察电影中信息的呈现方式别无二致。他认为，与传统纪录片靠旁白解说提供必要信息不同，在观察电影中，观众只能通过整合后的碎片化场景来了解某个场景到底是怎么回事。因此在拍摄电影时，制作者就应该采取"情景化策略"，设计完成信息的表达方式（麦克杜格，2019）。

笔者以为，在创作民族志电影时应当遵循客观原则，拍摄时不采取任

---

① B站指国内知名视频弹幕网站哔哩哔哩网：https://www.bilibili.com/。

② 2021年5月8日，在东亚影视人类学研究所第四期影视人类学论坛上，林超民老师做了交流分享。

何摆拍、表演的行为；后期剪辑时无须利用字幕、解说等方式宣告自己的立场与价值取向，对观众进行判断诱导。但我们也应该承认，制作者最终生产制作出来的民族志电影，已经"向观众吐露自己的心声"。不管是拍摄的内容、剪辑的取舍、最终成片的编辑方式与呈现内容，一切选择都是作者主观立场作用的结果，拍摄行为本就是对素材内容的塑造。正如英国人类学家蒂姆·英戈尔德所言，作为人类学家，应当说出自己的想法，而不是仅仅做一个"异文化"材料的提供者，假装自己所说的话完全提炼自被研究者的观点（英戈尔德，2020：146）。因此，即使没有采用字幕、旁白解说等提供信息，创作者的作品本身也是有态度、有立场的，传达了带有创作者个人色彩的信息。这种客观的创作方法与带有主观性的结果并不矛盾，只有基于这一基本认识，我们才能讨论如何利用、整合碎片化场景来帮助观众理解创作者期望表达的主题。

第二，田野工作于观察电影的意义。2020 年 11 月，《匠鑫》入选中国民族学学会影视人类学分会 2020 年年会学生影展单元，在兰州大学内与其他入选影片一起开展放映交流活动。在交流环节，有一位老师提到可以从片子看出来我们的田野调查进行的还不够，影片一些主题、信息的表达靠的是访谈，而不是对其日常生活状态的捕捉。这位老师认为，一个影视人类学的影片想要表达的东西，应该在被拍摄对象的日常生活中呈现。这位老师的评论直指要害，指出了《匠鑫》在拍摄以及剪辑过程中的短板。

在前期的拍摄过程中，笔者已经有意识地收集素材，但由于拍摄仓促、田野不够扎实，一些信息的表达没有足够的场景作支撑。例如影片除了表达制作紫陶壶的工艺流程以及王鑫师傅一家人的分工协作外，还试图呈现建水的紫陶文化渊源以及王鑫师傅学艺过程的艰辛、王鑫师傅对自己匠人身份的理解等内容。这些内容是笔者和老师在后期整理观看素材时才提炼出来的，在前期参与观察的过程中，笔者对以上内容没有深刻认知，因此缺乏对能够表达以上内容的画面的捕捉，最终这些内容主要通过对王鑫师傅和王鑫父亲的访谈来呈现。这些访谈的呈现强化了拍摄者作为"倾听者"的局外人角色，也就产生了这位老师所说的田野调查不够深入的感觉。

那么我们应该如何利用田野调查帮助民族志电影更好地呈现和表现信息呢？在大卫·麦克杜格看来，观察电影最严格的定义是拍摄者直接用摄像机观察事件，并对此进行处理。笔者在进行了拍摄实践后，对民族志电影拍摄和田野调查工作有如下理解。一般的民族志研究要经过开展田野调查、写作田野调查笔记、利用田野调查笔记组织论文写作的过程。在进行民族志电影拍摄时，我们拍摄的素材正如每日记录的田野笔记，而剪辑工作正如利用田野笔记组织论文写作，是对生活事实的研究以及对如何呈现研究、表达文化意义的组织构思。因此，拍摄和剪辑工作是如同写作民族志时积累素材和组织文字语言一般的技术程序，在此之前必定要经过田野调查来获取基本的研究资料。只不过区别在于文字是符号系统，我们可以利用田野笔记进行语言的再组织、再创造，对生活事实进行再"转述"，而影像一旦拍摄完就无法修改，我们只能利用这些已经完成的记录真实事件的碎片或片段，通过编辑呈现作者的思考。

在笔者看来，在践行观察电影理论进行拍摄前，也应当开展一定的田野调查，以达到对拍摄对象的日常行为逻辑有基本认知、能够预知将要发生的事情的目标，进而指导制作者有意地捕捉自己认为有价值的、有意义的以及可以表达信息的画面。在拍摄过程中逐渐发现、明晰主题后，要及时积累足够的、有观点的素材，不断丰富电影架构。同时，我们也应当在拍摄中及拍摄后对早先确定的主题进行再思考。"观察电影的原则之一，便是应对并适应所处环境的特殊性。"（麦克杜格，2019）对于观察电影来说，拍摄的过程同时也是观察和沟通的过程，这个过程会给拍摄者带来新的思考，甚至会使其突破原有的研究方向。而作为一个研究者应该做的，便是尊重事实，一切从实际出发。

第三，对教学培养过程的反思。在上文中笔者已经提到，云大影视人类学课程为选修课程，每星期两个课时，教学培养周期为一学期，并将"田野教学"作为结课方式。笔者在经历了理论学习、实操练习、田野调查、作品拍摄等环节后，才开始结合实践思考大卫·麦克杜格等学者的理论创见，并反思自己的整个拍摄创作过程。因此与其将此次田野教学定位为结课作业，笔者以为将其定位为一次拍摄实验更为合适。学生在具备基本的实操技术、掌握一定的影视人类学理论之后，应当开展一次为期一周左右的田野教学实验，来践行和反思理论知识，让自己积累一定的田野调查与拍摄经验。并且学生需要结合相关理论论述，对整个拍摄过程进行反思和总结。在拍摄实验与反思总结完成之后，再继续开展理论教学和后续的田野调查与拍摄实践。若能完善此培养环节，学生将在实践中对相关理论论述有更多的思考，也能进一步优化自己的拍摄创作方法，增加最终"结课"作品的深度。

参考文献

郭净、徐菡、徐何珊编著，2013，《云南记录影像口述史（第一卷）》，云南人民出版社。

朱靖江编著，2014，《民族志纪录片创作》，北京联合出版公司。

麦克杜格，大卫，2019，《观察电影制作：独特的实践》，徐菡译，冉光培校，《魁阁》第 1 期。

英戈尔德，蒂姆，2020，《人类学为什么重要》，周云冰、陈祥译，北京大学出版社。

《魁阁》2021 年第 2 期（总第 5 期）
第 133 ~ 143 页
© SSAP，2022

云南大学影视人类学课程发展、体验与实践回顾

仇雅琪[*]

　　一间小教室里，学生加上老师 9 个人，正端着各自的摄像机，一前一后紧挨着，在课桌周围狭窄的过道上撅着屁股走路。那天我们在学习如何稳定地持机拍摄，张海老师告诉我们，当年外国老师教他们的时候，大家也是这样跟在老师的身后，一步一步练习……

一　历史渊源

　　在某种程度上说，中国影视人类学的滥觞在云南，并非夸张。云南的纪录影像历史，可追溯至 20 世纪初叶，并伴随着五六十年代中国"少数民族社会历史科学纪录片"的拍摄而正式起步（郭净等，2013：4）。自 20世纪八九十年代，中国的民族志电影逐渐开始寻求新的拍摄模式与风格，与此同时，影视人类学的教学也被提上日程，而云南大学正是国内最早开设"影视人类学"课程的机构，且门类最多、最齐全（郭净等，2013：456）。

　　早在 1991 年，云南大学历史系便开设了"影视人类学"选修课，1994 年又经过林超民教授等人的共同努力，与香港美亚影视公司、广东东亚影视公司合作，筹备建立"东亚影视人类学研究所"（East Asia Institute of Visual Anthropology）事宜，这是中国第一个影视人类学研究基地。随后，伴随着美国著名影视人类学家保罗·霍金斯（Paul Hockings）教授主

---

　　[*]　仇雅琪，云南大学 2018 级人类学硕士研究生。

编的《影视人类学原理》（*Principle of Visual Anthropology*）一书的翻译出版工作的推进，1999 年，云南大学东亚影视人类学研究所也终于落地。在林超民教授、王筑生教授和杨慧教授等人的努力推动下，德国哥廷根科教电影研究所联合云南大学申请了德国大众基金会的赞助，东亚影视人类学研究所正式开展研究生培训项目，以培养民族志电影制作的优秀人才，两期（第一期从 1999 年 3 月至 2002 年 2 月；第二期从 2001 年 8 月至 2003 年 3 月）共培训了 20 人（郭净等，2013：459）。无论是从中国纪录影史角度，还是从影视人类学发展角度，这都是具有开创和奠基意义的重要事件，并切实呈现和延续着为此辛勤付出的学界前人的心血与期望。

　　21 世纪初，围绕着人类学、民族学、纪录影像、乡土文化、社区发展乃至生态保护，许多有热情的学者、影视工作者、各类机构工作者甚至是纯粹爱好者聚在一起，逐渐酝酿出云南纪录影像更大的发展。一方面，从"云之南纪录影像展"、人类学纪录影像论坛到各类社区影视教育培训，虽是涓涓细流，却有汇成江河之势。后来，即使东亚影视人类学研究所在培养了两届民族志电影摄制专业人才后，因资助问题而结束了与德国方面的合作办学，也依然以研修班形式继续进行影视人类学教育。另一方面，云南大学启动建设"影视人类学实验室"，同时在校内校外开展纪录影像创作、影视人类学等课程的理论和实践教学工作。值得一提的是，2009 年开设的"纪录片创作与实践"课程，是当时云南大学民族研究院的一门二年级硕士研究生选修课，还招收了云大之外多所高校报名的学生，并聘请国外教授进行授课，定期举办论坛与放映沙龙等活动，课程内容翔实丰富。自此，虽然有过短暂的停滞，但在云大老师们的努力下，"影视人类学"研二学生选修课承载着前辈们的辛勤耕耘，成为培养云南乃至中国影视人类学人才的重要原点之一。

　　也因此，毕业于东亚影视人类学研究所后又在云大任教的老师们，得以将当年亲身经历的教育模式、讲授内容、课程设置等继承下来。东亚影视人类学研究所的培训项目主要有民族志电影历史、电影理论、电影分析、影视人类学理论和方法、影片分析写作、影视拍摄制作、录音训练和影视编辑多个方向，涵盖了理论与实践两大部分，电影方法与人类学田野并行。影视人类学实验室开设的"纪录片创作与实践"课程，同样包含民族志电影历史和理论、视听语言表达、摄像机基本操作与影视后期编辑等，考虑到时长与课程性质，该门课程尽量精简并浓缩了影视人类学专业培养所需讲授的各种知识，同时强调最基本的电影元素镜头拍摄训练，要求学生从每个最基本的镜头的拍摄开始学起。比如老师每周布置不同景别镜头、运动镜头、过程事件剪辑、访谈事件剪辑等实践作业，并就此进行点评，学生也可随时发表意见。等学生初步理解和掌握了民族志电影相关理论、影视拍摄剪辑技术后，师生一同前往田野进行为期 10 天左右的调研，再商讨、确定拍摄的主题和思路等事宜。在此基础上，学生回到田野地进行为期 1 个月左右的实地拍摄，并于第二学期与老师进行探讨、最终完成后期制作，于云南大学举行放映展播。7 个月左右的时间，每周完成包含史论和技术共 9 课时，并制作结业作品，对学生提出了很大的挑战（郭净等，2013：470）。为期 10 天的田野调研期间，学生开始不拿摄像机，几天后拿摄像机拍摄，确立主题和拍摄计划，每天与老师观看、分析拍摄素材，进一步改善调研和拍摄方法，并制作完成田野作业短片，在驻地进行放映，这是当时课程教学中很大的突破。尽管多年后的今天，课程时间、内容设置上会有所变动，田野中带机器拍摄的方法也随影视人类学理论发展而有所更新，但 10 天的田野调研、拍摄和放映始终被看作是学习影视人类学的学生所必经的修炼。

二　学以致用

2011 年徐菡老师和张海老师规划的"影视人类学"选修课教学大纲中，共分了三大课程，其一是"民族志技术与影视人类学理论"；其二是"纪录片制作与实践"；其三是"纪录片与民族志电影分析与评论"（郭净等，2013）。2019～2020 年的秋季学期，云南大学民族学与社会学学院照例面向二年级硕士研究生开放了影视人类学选修课，内容规划与上述大纲的核心依然相吻合，简单总结起来，就是"理论"、"实践"与"看片"。

开学第一周周三的下午，选择参与这一学期"影视人类学"课程的同学来到博物馆三楼影像室，心怀忐忑、好奇与期待。像往常一样，选课学生不算多，10 人左右的规模也刚好符合小班教学的模式。我们总共 8 人分坐在课桌周围，张海老师和徐菡老师一起向大家介绍课程内容和授课方式，并提出了对我们的要求与期待。实际上，这"要求"与"期待"并非真正的什么门槛，我们不必掌握什么拍摄技能，甚至是白纸才最好，但一定要做到"全情投入"。老师们不断告诫我们，一定要问一下导师意见，能否同意我们来上这门将花费巨大时间和精力的选修课，不然还是不要选择参加。张海老师强调的"全情投入"，令我印象深刻，也让我心潮澎湃，就像 2018 年旁听国际影视人类学大会论坛和工作坊时所产生的感觉，头一次能够全身心地接近和汲取自己热爱的东西，而不是仅仅作为业余爱好。

那天，在每人简单讲述了自己的选课起因与想法后，短暂而又忙碌的影视人类学课程也算是正式开始了。

与 2011 年的大纲相比，"理论"部分依然是从民族志电影拍摄制作与文本民族志生产之间的联系开始，介绍民族志电影的历史、理论和拍摄方法，并以经典电影为案例，讲解镜头语言和视听表达，分析纪录影片中所运用的拍摄方法及其效力，使学生初步了解影视人类学的知识生产与经典人类学的文本民族志生产之间的区别与关联，还为学生提供影视人类学、纪录片乃至电影领域内的经典书目及有代表性的中英文文献等。"实践"部分则是为专门的影视摄制技术训练而开设，讲解摄影摄像的基础知识与拍摄方法，两至三人一组完成每周的拍摄剪辑作业，并最终完成田野作业短片；"看片"部分同样是每周花费半天时间观摩各类电影、纪录片，涉及不同主题和类型的经典影片、独立纪录片、学生作品和影视人类学前沿作品等。

翻开我的小笔记本，可以忆起更为详细的学习历程，那些具体记下的作业要求、课堂笔记、影片分析，将半年时间标注成以上课日期为刻度的进度条。

2019/9/4 上课

作业：用脚架拍摄大、全、中、近、特几个景别的镜头及上下、左右的摇镜头

2019/9/6 看片

《阿希克·最后的游吟》

《献牲》——按老人口述过程剪婚礼、迁徙、羊群与沙漠之光的镜头

2019/9/11 上课

一张图片突出一个主题

不需要一直用广角

作业：手持拍摄平视、俯视、仰视镜头及跟拍的运动镜头，用脚架拍摄出画入画的运动镜头

2019/9/18 上课

关于纪录片摄像的几个问题：曝光控制、对焦、推拉摇移、运动跟拍、白平衡、镜头焦距选择、景深控制、打光的使用、声音、解说和声音、镜头的组合与视角

作业：空间练习，表现一处公共空间

2019/9/20 看片

《犴达罕》

2019/9/25 上课

作业：拍一个过程

2019/9/27 看片

《Schoolscapes》《中国梵高》

2019/10/9 上课

作业：拍一个人的一天

2019/10/16 上课（点评作业、理论）

2019/10/18 讲剪辑策划

2019/10/23 上课（理论）

2019/10/25 《死鸟》《深深的心》

2019/10/30 上课（看《Mr. Cool》）

2019/11/1 《极乐园》《利维坦》

2019/11/6 作业：用 2～5 个镜头在 1～2 分钟内表现一个主题

2019/11/8 《最后的马帮》《云之南》

2019/11/20 教室内访谈实操

2019/12/6 校园录音实操

2019/12/11 纪录片理论：直接电影

2019/12/18 纪录片理论：真实电影

2019/12/25 纪录片理论：观察电影

2019/12/27 《风的故事》

密集的上课时间之中，是密集的拍摄制作过程。不同于最初几年的课程安排，理论在先实践在后，老师们发现直接拿机器开始操练更有助于学生对视觉语言的理解。首先是练习寻找有意义的拍摄内容、不同景别的构图，而脚架的参与一方面能够让我们尽快熟悉操作技术，另一方面能够立马带给我们摄像机介入现实生活时的异质感和参与感。为了拍摄大全景，有同学跑到瀑布旁边，或是山顶上，以此呈现大气磅礴的景象；为了拍中景，有同学专门到农贸市场、景星花鸟市场、官渡古镇等地，拍出充满生活和人文气息的画面。我曾 7 点就慌慌张张带着摄影包和脚架出门拍摄雨后的清晨、绿叶上的阳光，也曾在大雨倾洒时端着摄像机站在伞下，注视理发店内外变化着的场景……张海老师逐一点评大家的作业，即使是不那么完善的镜头，在提出不足的同时，也能说出一些拍摄者自己都没想到的新奇之处，引导我们用不同视角来欣赏、理解影像的表达。

接着进行跟拍、摇、移等拍摄练习，熟悉不同视角的镜头对于意义表达的影响，逐渐观察、体会人物与镜头、人物与环境、形体与画框等各种元素间的关系。跟拍镜头总是给人一种不如脚架拍摄的镜头稳定的感觉，带来一种临场的现实气氛，像娄烨在《风中有朵雨做的云》中开头跟拍反对拆迁人员的动荡长镜头；仰视、平视和俯视镜头又总是有着超出拍摄画面本身的附加含义，并分别适用于不同的场合、人物，比如拍摄小孩子和老人时，总要蹲下身子才感觉舒服一些；出画入画作为最基本的转场可用镜头，涉及剪辑思维和对运动与速度的把握，在人物移动的同时控制摄像机按照自己构想的方式移动。那阵子，我们既要拍摄布置的新作业，还要补拍上周拍得不好的镜头，假期时间几乎都用来出去拍摄了。去滇池的路上，借坐公交的机会拍几个公交车的镜头；走在滇池大坝上，先是顶着刺眼的阳光把摄像机放低后追着小女孩拍，后又费劲地总跟不上男孩吹出的泡泡破灭的速度；海埂公园里刮着滇池吹来的风，匆匆吃完街边小吃，开始找时而满天飞时而落地走的鸽子；最后等在公园的路边，看游览小火车一趟趟经过、行人在树木间前后走过。等到傍晚回去，还要执着地去趟圆通山，拿着机器装作若无其事的样子从偏门径直进去，拍一拍快回屋休息的动物们也别有一番滋味。

在初步掌握摄像机和脚架的操作并能尝试按照自己的构想进行拍摄后，实践作业就增加了难度。使用不同景别的一组镜头表现某个公共空间，就需要思考不同镜头衔接在一起时会引起的不同效果。如何让观者能够跟随镜头中画面和景别的变化，顺利想象出被拍摄的空间的形貌？如何避免对这一空间的错误表现，使观者不至于对其中物体与环境的位置关系产生错乱？听到这个作业主题，很容易联想到贾樟柯曾经拍摄的一部纪录短片《公共场所》中对火车候车室等空间的展现。镜头滑过在候车室休息的人们的面部状态，带来一种时间凝滞的感觉，空间之外，更是对时空关系的探索。最初我考虑了校车停车场、篮球场、农贸市场、翠湖边丁字坡下的豆花米线店，甚至是云大东二院宿舍楼下澡堂旁边的理发店，兼顾了补拍不同视角跟拍镜头的需求。后来小组就近去拍摄了学校篮球场、学校咖啡馆、文林街农贸市场、文山早点店、星巴克翠湖店、文林街边咖啡店等。其他组的同学有人拍文化巷的大象书店、昆明创意园的非遗工作室、陶艺手工艺品 DIY 体验店，也有人拍篆新农贸市场卖鱼的店铺以及昆明夜晚许多人玩滑板的街头广场等。

在此之后，是拍摄一段过程，需要利用前面训练过的各种拍摄方法，以及对挑选、剪辑素材的进一步理解。前一秒人物还在画面中央，后一秒就突然蹿出了画面，怎么能显得更自然？不同景别之间的镜头肯定要切断，且有延时，那人物完成连贯动作的场景如何顺畅展现？将一些断开的片段衔接在一起的时候，怎么能使剪出来的"过程"不穿帮还尽量完整？通过这样的思考练习，大家才能逐渐体会视觉语言与文字的差异，才能更加明白为什么说"纪录片是对现实的创造性处理"。即使我们所做的简单处理也不算特别有"创造性"，这些最为基本的步骤却让我们开始领悟剪辑对现实的操纵、真实与虚构的边界等更为深刻的理论。实践中，每个组对拍摄对象和地点的选择也不尽相同，有人关心附近一二一大街天桥下的早点铺如何做好一份煎饼果子，有人观赏昆明民间滇剧团的一次演出仪式……我们小组碰巧赶上我要理发，就拍摄了理发的过程，我自己则是选择了去文山早点店，发掘一些有新意的视角。因为我当时刚看过麦克杜格（MacDougall）的作品《学校景观》（*SchoolScapes*），加上曾经看过《宫墙之下》（*Under The Palace Wall*）等作品和片段，深受其"无特权的电影风格"（unprivileged camera style）启发（MacDougall，1998：199），也感动于镜头内外真心的平等互动和真正的情感流动。当时经过饭馆前台阿姨的同意后，我就开始尝试拍摄，心中计划拍摄的那些什么全景、中景、近景和特写，忽然都变成我难以做到甚至不太情愿去做的事情了，只能无措地站在原地东看西看，越发感到自身存在于此的特殊。我大概计划着拍摄从购买者排队到取出米线的过程，想像老师说得那样尽量让观者觉得食物很好吃，又想让自己多与场景融合在一起，结果鬼使神差地就待在取米线的窗口旁边，也没安脚架，把摄像机抵在墙上来让自己保持稳定。时间就这么悄悄溜过，我看着镜头里来来去去的双手，听着各种对米线粗或细、大碗或小碗、多加鸡血或不加鸡血的要求，而身旁马路边，是那些端着饭碗或放板凳上享受鸡汤米线的人们。就这样仿佛着了迷，我也开始像镜头内窗口前等待米线的人一样，等待场景自身的变化，等着镜头中一切与我的互动。剪辑这些素材的过程中，"等待"的主题就渐渐明晰了，以三个固定镜头的拼接呈现出来。

　　最后的几个作业，做起来都相对之前需要投入更多的时间和精力，比如拍摄一个人的一天，用到观察和访谈的手法，还要考虑如何表现主题，而不是单纯地展现人物一天是怎么过的。大家的作业依然丰富多样，同学们不仅关注远处西山公园那边的后厨阿姨，也关心云大东二院门前常年做一些维修等工作的老两口，或者云大北门宿舍外打印店店员的日常生活，以及昆明某幼儿园的一日活动。而我则待在宿舍楼下，与中通快递的一家人共处了一天多的时间，被小女孩的活力所感染，乐于让她们拿着我的话筒演唱，也开心自己能跟几个小朋友坐在一起，看她们搅拌洗衣粉和糨糊。

　　另外，徐菡老师布置的一个作业，看似简单却对拍摄前的思考要求更高。她要求用 2~5 个镜头，用 1~2 分钟表现一个主题，而不是拍了什么素材后才考虑怎样剪辑，滑入好似流水账的素材堆砌。这个作业于我而言，是真正开始一个镜头一个镜头地在脑海中浮现画面，不仅要考虑这几个镜头分别怎么拍摄、衔接是否顺畅，更要考虑它们是否能足够呈现主题。利用云大呈贡校区举办运动会的机会，我独自背着摄影包和脚架，赶校车去往运动会现场。先是被赛场气氛感染，接着发现因为运动会本身的性质，可以不用任何前期说明而顺利开始自由拍摄。路上的时候，我已经想好拍摄"赛跑"这个主题，有些镜头也在脑海中进行了专门设计，现场主要是寻找时机、人物，在一些不同的比赛起点，抓住机会拍摄，以尽量符合自己的预期。值得一提的是，我特意去薰衣草丛中拍摄像机穿梭其中的镜头，还碰巧拍到了蝴蝶起飞的画面。为了拍一段跑步同学的主观镜头，我在无人比赛的跑道上端着摄像机自己模拟比赛，拍下晃动的赛道。回到学校后，我等晚上安静的时候拿着录音笔到楼下跑步，录下自己喘气的声音来代替运动员比赛时的声音。无疑，这是我完成的看起来最"蒙太奇"的一个作业，徐菡老师对我说："你就这样拍!"

　　去田野之前，小组还有一个共同的作业，从前期策划到简单调研，再进行拍摄剪辑，大家分工合作完成。我们组选择了拍摄翠湖边环卫工人的爱心小屋，其实就是他们在此吃饭午休的房间。拍摄过程中，更是体会到不同环卫工之间的层级关系，看到他们努力生活的冰山一角。放弃对所谓艰苦"底层"的表现，也不再仅仅记录环卫工的日常处境，我们选择探索一下看到和体会到的某些权力关系，包括环卫工人内部的，也包括摄像机所引起和放大的。因而，小组将作业命名为《照相》，既包含了我们对环卫工叔叔的拍摄，也包含了因为拍摄而在镜头前上演的一切。

　　回头来看，这些不同的拍摄作业不仅让大家利用课余时间跑遍昆明的大街小巷，记录下原本可能永远不会注意的景象，接触到原本可能永远不会对话的人们，更让我们看到附近那些与己不同的生活，也遇见了更多的善意。

三　光崀实践

　　依照惯例，选择影视人类学课程的同学都会有一次跟老师们一起下田野拍摄的机会，在这个过程中，真正把人类学田野和一学期的影视训练结合起来，在老师的拍摄和剪辑指导下，完成一部短片，并在村中进行放映。起初，大家都因为临近期末而忙得焦头烂额，加上研二下学期马上面临开题答辩，哪还有 10 天的时间拿出来专门去田野呢！但是既然选择了这门课，就像当初老师说的，需要从头至尾全情投入。只有带摄像机去了田野，完成作品和放映，才能给这门课一个圆满的结束。经过综合考虑，老师们决定把昆明市安宁市的光崀村作为我们的田野点，为期 10 天的影像实践也就此开始。

光崀大村位于安宁市太平新城，距离昆明主城区 20 公里，现为政府投资打造的文创村落。2015～2016 年，光崀在短时间内顺利完成了村民集中居住工作，并为村民提供合理补偿及再就业途径。近几年，光崀已逐步成为由艺术家、手工艺人、大学生、当地村民充分参与的集循环农业、创意农业、农事体验、传统文化传承、创意产业研发、旅游体验等为一体的文创村落。

刚到村口，映入眼帘的就是花灯会的宣传标语，以及村中类似白族风格的翻新建筑和花灯施工人员。此外，更多是带一些现代气息和艺术风味的村落民居，房屋门外的名号也各具特色，提示着我们这确实并非普通村落，而是经过改造的文创光崀大村。由于提前与在村中进行生态建筑试验的昆明理工大学的施老师取得联系，我们顺利入住了施老师在村中的试验所在地"乡建自然营"。午饭后，施老师就带领一行人前去拜访村中多家文创产业工作坊，帮助我们尽快熟悉整个村子，并向我们大致介绍文创产业在村中发展的前后过程，以及自己对光崀村建设的看法与感受。在此基础上，大家根据抓阄结果和个人意愿组队，两两一组，构思各自的影片主题。接着从下午空余时间到之后的三四天，都用来拍摄，每天拍完再回来和老师一起观看分析素材，调整接下来的拍摄计划。剩下三四天，则是紧迫的影片剪辑过程，面对着来自技术操作、编辑构思、素材硬伤以及利益关系考量上的种种困难，所有人都必须为那最后的放映拼尽全力。毕竟，当银幕亮起，没有人能够退缩。

一进"乡建自然营"的院门，就会被里面极具特色的建筑设计和规划所吸引。施老师和郭老师对原有居住空间进行了改造，院落后面留有种菜养鸡的场所，并进行生态有机种植试验，尝试完成整个独立的生态循环过程。而"乡建自然营"原来的户主，则早已搬进附近新建的楼房里了。由于老房子并未被拆迁，姚家依然可以见到过去的生活空间，甚至继续与住所维系着新的人际关系，他们感受着、亦适应着突然变化的一切。我所在的小组即以此为影片主题，将光崀花灯会的相关拍摄素材作为整体背景，大致按照与姚家长辈在新楼后土地里的访谈对话、中午到姚家做客的场景和闲谈、跟随姚家女户主去光崀村外扫地拍摄、伴随夜晚降临的花灯会景象、姚家女婿被邀请来"乡建自然营"同郭老师及张海老师一起交流新村建设和生活感受的顺序，编辑成短片《未曾离开》。有意思的是，放映结束后，一位村中工作者对影片非常不满，甚至产生了比较愤怒的情绪，质问我们是不是要发到网上去等等。他与片中户主一家私下关系不太好，甚至对他们有负面评价，并断章取义影片中人物的话语，比如对过去生活方式的怀念、对当下生活不便的埋怨和对花灯会乃至政府举措的些许不满。即使如此，这部短片尝试做到的，也仅仅是传达出户主一家在与曾经生活空间的现有关系中，追忆着过去也适应着当下，面对着再简单不过的每日生活。

另外有小组从整个光崀大村举办花灯会的角度切入，采访了村委会负责人、"乡建自然营"的施老师、花灯会相关负责人以及从各方前来参观灯会的人，综合不同视角来探讨花灯会之于光崀大村的意义，展现潜藏在不同利益群体背后的多种考量与纠葛，使花灯会的议题变得立体饱满起来。还有小组从光崀大村的文创产业入手，采访新一代"村民"，参观、体验不同的文创产业工作坊，如铁艺品、木艺品、陶艺品等，倾听来自手工艺制造者、艺术家乃至教师群体在光崀进行文创产业实践的心路历程与心得体会，重新审视这几年光崀大村文创产业的发展历程，而至于这发展的结果或对此的反思与评价，则由各位观者从影像和访谈中得出自己的结论吧。这三部短片之外，另有一部短片聚焦个体生活和心理状态，跟拍"乡建自然营"中的一位傣族青年，试图与之探讨孤独的日常。这位傣族青年因施老师曾经的田野调研而与后者结缘，来到"乡建自然营"，一方面帮施老师照看小院、做做饭等，另一方面还会跟施老师回家乡西双版纳那边进行一些项目工作。当时那阵子，他正好已经独自在光崀大村住了几个月，整日见不到几个同龄人，因为我们的到访，生活忽然才变得丰富多彩起来。因而这部影片与他进行对话，关注他在此的生活和对孤独的体悟。

四　结语

当从田野归来，似乎每个人都经历了一场淬炼，终于可以自豪地在心底承认自己受过影视人类学的科班训练，即便仅有短暂的一学期。虽然不像那些专门的影视专业学生花费几年工夫精进技艺，也不确定将来是否想要或能够走与影视人类学有关的路，至少修过这门课程的我们，通过了人类学和影像实践对自己的双重考验。

2019 年 9 月至 2020 年 1 月上影视人类学课的经历，是读研三年期间格外忙碌而又充实的一段经历，并且身为学生的我们接受了在求学期间所能遇到的最值得感恩与怀念的悉心培养。我曾经说过，张海老师和徐菡老师把一门课上成了一段回忆，时隔一年多回首，依然是这句话。忽然眼前浮现出那些周五不上课的下午，大家坐在一起观赏纪录片的情景。

走到云大人类学博物馆门口，跟门口工作的姐姐问候一声，再坐电梯升至三楼，经过长廊右转，拉开一扇黄色的门，便是熟悉的小教室，没开灯，有些昏暗。两张黑色课桌拼接起来，几兜水果零食堆在中间，十来把座椅散在四周。投影的幕布在课桌前方正中间，正反射出微弱的光……

参考文献

郭净、徐菡、徐何珊编著，2013，《云南纪录影像口述史》（第一卷），云南人民出版社。

《云南大学历史系人类学专业暨东亚影视人类学研究所简介》，1995，《思想战线》第 6 期。

MacDougall, David, 1998, *Transcultural Cinema*, Princeton：Princeton University Press.

魁阁新秀

《魁阁》2021 年第 2 期（总第 5 期）

第 147~157 页

© SSAP，2022

云南省澜沧拉祜族自治县新达保村
拉祜族火把节的田野调查

李迎莺*

摘　要：拉祜族火把节既是云南多个少数民族共享的传统节日之一，又具有自身的鲜明特色。本文基于对澜沧拉祜族自治县酒井乡勐根村新达保村的拉祜族火把节开展的田野调查，认为拉祜族火把节传承着拉祜族的古老神话和信仰，寄托着丰产与驱"鬼"的美好愿望，强化着拉祜社会的权威与秩序，并作为拉祜族节日系统中不可或缺的一部分发挥着重要作用。

关键词：拉祜族　火把节　新达保

　　火把节是云南多个少数民族共享的传统节日。在拥有火把节的族群中，包含了信仰佛教的拉祜族各个支系。笔者对于澜沧拉祜族自治县酒井乡勐根村的拉祜族火把节展开了田野调查，发现拉祜族的火把节有着自身的鲜明特色，它传承着拉祜族的古老神话和信仰，寄托着丰产与驱"鬼"的美好愿望，强化着拉祜社会的权威与秩序，也是拉祜族节日系统中不可或缺的一部分。

一　"不新"的新达保

（一）从老达保到新达保

　　能够来到澜沧拉祜族自治县酒井乡勐根村新达保村，也是一系列机缘

---

*　李迎莺，云南大学民族学与社会学学院 2019 级民族学硕士研究生。

巧合的结果。在澜沧拉祜族自治县做调研的学者普遍会有这样的经历，来到县城勐朗镇后，总能从当地的学者口中、从街边的旅游指示牌中、从新闻媒体的报道里，潜移默化地了解到一个拉祜族村寨——酒井乡勐根村老达保，这里是著名的"音乐小镇""拉祜文化名村""旅游扶贫示范村"①。然而，循着口碑来到老达保后，经过访谈遗憾地发现，老达保村并未保留拉祜族传统的火把节，但有幸在闲聊中知晓了"达保"二字的来历："达保"原先是一个村落的名字，这个村落的遗址距现在的老达保 8000 米左右，即达保老寨。由于交通和用水的不便，从 1966 年起，达保老寨的村民相继搬迁，迁出的村民一部分来到现在的老达保形成了老达保村，一部分去了距离老达保村 4000 米的新达保村，形成了如今老达保和新达保两个兄弟寨子相距 4000 米的格局。② 因此，新达保与老达保两个寨子有着不解之缘，作为老达保的兄弟寨子，新达保与老达保的拉祜族村民有着极为密切的亲属关系和合作关系。

（二）新达保概况

得知新达保村将要过火把节，笔者便前往新达保村展开了与火把节相关的田野调查活动。新达保村距离勐根村村委会约 2000 米，平均海拔 900 米，属于亚热带气候。现有 84 户 300 余人，除了十余位傣族女婿和一位汉族女婿之外，其余村民均为拉祜族。③ 寨中的主体建筑以砖房为主，一般为两到三层，外部有着葫芦的装饰，二楼设置为天神"厄莎"点香的神台，厨房为独立设置的松木单层房屋，并未进行人畜分离工程，每家房子靠近农田处都有家畜养殖棚。现有耕地面积约 2369 亩，村民的生计以茶叶、甘蔗等农产品种植及牲畜养殖为主，未发展旅游业，现已实现全面脱贫。④ 新达保与老达保虽是两个兄弟村寨，两者的宗教信仰与节日却有着很大的不同。新达保村的村名看起来很"新"，却保留了拉祜族更为传统的文化事项；老达保虽然在村名上看起来很"老"，却是一个在媒体和旅

---

① 资料引自澜沧拉祜族自治县酒井乡勐根村村委会于 2020 年 3 月整理的"酒井乡勐根村老达保村民小组文化扶贫情况介绍"。

② 老达保与新达保都是从达保老寨搬出来的，故名。咨询人：张扎啊；访谈时间：2021 年 2 月 9 日。

③ 新达保村民中包含了十多位来自傣族和汉族的上门女婿。咨询人：李美萍；访谈时间：2021 年 8 月 1 日。

④ 资料引自澜沧拉祜族自治县酒井乡勐根村村委会于 2020 年 3 月整理的"酒井乡勐根村新达保村民小组组情介绍"。

游业的发酵下重塑拉祜文化的"明星新村"。在信仰上，新达保信仰拉祜族较为传统的佛教①，兼容对于山神的原始崇拜，寨中的最北处山坡上耸立着一座山神庙，由莎都八（意为点香的人）负责管理和组织信仰活动，家中也保留着供奉天神"厄莎"的神台；老达保信仰20世纪20年代传至澜沧地区的基督教新教，寨中竖立着一座基督教堂，由莎拉（意为牧师）组织日常的信仰活动。在节日上，新达保保留了扩塔节、火把节和新米节这三个拉祜族传统的节日，而老达保去除了火把节，将富有基督教特色的圣诞节作为寨中的重大节日之一。

二　火把节之序章

（一）新达保火把节概况

在新达保村，火把节的时间为农历六月二十四日至六月二十五日两天，与彝族火把节的时间基本一致。这两日的禁忌事项是去田里干重活。节日中的主要仪式集中于农历六月二十四日晚上，其余时间多为筹备和休息。在拉祜语中，火把节念作"啊哥都"，"啊哥"是松明的意思，"都"意为烧，合起来便是"燃烧松明的节日"。关于火把节的起源，村中老人告诉笔者两种主要的说法，即纪念天神之子扎努扎别及驱赶鬼神。最流行的一种说法是："火把节来自拉祜神话中天神扎努扎别的故事，扎努扎别是天神厄莎的儿子，扎努扎别种出了粮食却不愿意给厄莎吃，认为厄莎想要不劳而获，从而与厄莎发生了冲突。厄莎就拿掉了太阳想让扎努扎别种不了地，于是扎努扎别找来松明绑在牛角上进行照明。"在天神扎努扎别的故事的基础上，老人们还特意补充道，"火把节不只是纪念扎努扎别的，还是要驱赶鬼神的，比如田里面爱吃我们玉米和食物的老鼠也要驱赶"。②

（二）火把节前的准备

火把节的筹备早在农历六月之前便已经开始了，火把节的象征——松明是最重要的筹备物。趁着雨水较少的时候，各家纷纷来到山上林地中寻

---

① 这里的佛教指的是明末清初大理僧侣杨德渊及其门徒传入拉祜族地区的大乘佛教，但与通常意义上的大乘佛教有所不同，村民将佛祖称为"厄莎"，不拜佛像，也没有"释迦牟尼""观音菩萨"等概念。

② 火把节有纪念天神扎努扎别和驱赶鬼神两个来历。咨询人：李扎药；访谈时间：2021年7月31日。

找已老化腐朽的松树，将其伐成约三四十厘米的小段运回家中阴凉处存储起来，存储好的松明相比其他木料更加易燃，长期以来都是拉祜族火把节时最重要的燃料。除了各家要筹备的小火把之外，还要准备两棵松树及藤条作为山神庙竖立的一对大火把的支撑物，这项工作由新达保村民张扎儿完成，他在自家林地砍伐了一对高约七米、直径约三十厘米的松树，用拖拉机运回村中。除了松明之外，另一种松明的加工物也是必不可少的。在火把节的前一天，村民纷纷将松明舂成粉末，再加上一些松油研磨成一种黄色粉末状的火药，这种粉末将在火把节正式开始时喷撒。此外，还有用于献给莎都八的物品和自家舂粑粑的米、两对香、猪或其他美食等。

（三）香、米和粑粑

火把节在农历六月二十四日清晨的鸡鸣中拉开帷幕，早起的人们纷纷准备好一杯米、一对香，陆续前往莎都八的家中。一大早，从七点开始，寨中每户人家都会派一名代表来到莎都八家中的二楼客厅门口，男女老少都有，他们将一对由松树皮制成的香轻轻放在簸箕上，再将一杯白米或紫米倒在旁边的桶里。莎都八坐在一旁品着米酒，跟来往的人们偶尔闲聊两句，不一会儿，桶和簸箕都盛满了。"莎都八"意为"点香的人"，其主要职责就是管理火把节等重要节日中的"礼"，带领寨民巩固对佛教和"厄莎"的信仰，可以将其理解为"小佛爷"的角色，因此由他来代表全村在节日中向"厄莎"献礼。

下午五点左右，莎都八在村民微信群中发出通知后，全村人开始泡米，为舂粑粑做准备。泡好的米需要在蒸笼上面蒸半个小时，蒸到软烂后拿出来放在舂碓里，随后开始舂粑粑。舂粑粑这项活动多是夫妻齐上阵，先放一些芝麻舂出油来使其不粘连，接着男人抡着舂锤使力，女人用巧劲翻着粑粑使其受力均匀，大约重复捶打几十下之后就可以拿出了。舂好的米还冒着热气，放在铺了芭蕉叶的簸箕上。接下来，夫妻一同在簸箕上将舂好的米搓成一个个小的圆团，掌心一合压扁，再顺时针转一圈，成为一个个掌心大小的小圆粑粑，这些粑粑中，既有白米粑粑，又有紫米粑粑。舂好的粑粑被端回家中厨房了，小孩子们围着簸箕上前纷纷索要粑粑一解嘴馋。莎都八与村民同步舂粑粑，只不过他用的米是全村人凑齐的米，在莎都八舂好粑粑后，他将六对粑粑、四对香整齐放在竹篮中背在身上，准备将代表全村人的粑粑与香敬献给山神和天神"厄莎"。

三　"山上"的火把

（一）　意外进入的山神庙

傍晚六点，莎都八在微信群发出通知后，和他的徒弟李四一起在离山神庙较近的会议室等候。会议室由新达保村民小组队长张扎保保管，队长将会议室门打开后，莎都八和他的助手拿起之前存放的象脚鼓和铓锣开始演奏。不一会儿，村寨中八十多户人家，每家派一名成年的男性，背着一把未劈开的松明、挎着砍刀前来集合。莎都八打着铓锣走在最前方，李四敲着象脚鼓紧随其后，后面跟着四十多名各家的男性代表，一齐踏着厚厚的落叶向山神庙前进。不到五分钟的时间，大家纷纷到达了山神庙，山神庙原先不允许女性进入，当时我跟在队伍最后，小心翼翼地在山神庙门口观望。意外的是，莎都八热情邀请我到里面观摩，只要不踏上神台就可以了，由此才以一名女性的身份去观察山神庙中原属于男性的仪式。

山神庙位于新达保村寨北面的山坡上，从寨中心出发，五分钟便可步行到达。听村民说，山神庙是从达保老寨时期传承下来的传统建筑。最初，山神庙只是一个用砖头、木板和石棉瓦搭建的简易神台，后由村民集资，在 2015 年 9 月重修为水泥及砖瓦结构的山神庙，并将其命名为"新达保民俗馆"。现在的山神庙呈圆形，最北面是最重要的神台，神台区域只有莎都八本人才可以踏入，神台下用水泥加了高度，献给"厄莎"和山神的供品也是在此摆放，神台两侧有两处用水泥砌成的方形香炉。神台下方为三十平方米左右的广场，最多可容纳一百人在内活动，广场的南面为山神庙大门，东面和西面的地下各有一条长两米，宽三十厘米的凹槽，是火把节要竖立的一对大火把的地基。山神庙建在离村寨较近的山林间，从村寨到山神庙之间有一条年代久远的石板路，山神庙中除了神台之外别无他物，更没有神像，有着鲜明的自然崇拜特色。

（二）　敬神舞步

站在队伍最前面的莎都八和助手李四到达山神庙后，莎都八在右、李四在左，手里打着铓锣、敲击着象脚鼓继续演奏，脚下跳起了拉祜族芦笙舞中的扫进扫出舞步和磕头舞步。在新达保村，共有三十余套这样的舞步，如嘎祭舞、磕头舞、犁地舞等，分为礼仪舞、生产劳动舞、动物舞三类。在拉祜族的扩塔节，即年节的时候，这些舞步会随着芦笙的音乐一起出现，但在火把节中不去吹响芦笙，而是以象脚鼓或是其他乐器代替。据老人说，"以往过完扩塔节之后，芦笙就不可以再吹了，以免谷子长得不好，只有在第二年新米节的时候，才可以将芦笙拿出来庆祝丰收，所以火把节的仪式不吹芦笙"。①

扫进扫出舞：共十六个八拍，在舞动的过程中，舞者按照逆时针转三圈，转圈完毕则结束，舞者先用右脚往圆心外扒表示将"不好的""脏的"东西扫出家去，再用左脚往圆心内扒表示将"好的"东西扫进来。

磕头舞：共八个八拍，舞者上身前倾，膝盖部弯曲很大，如同"磕头"一般向神台献礼，共需要重复四次舞蹈模拟"磕头"的动作。舞者左脚往圆心跨一步，弯膝做支撑，右脚后跟离地，上身前倾，接着重心往后移，右腿弯膝做支撑，左脚后跟离地，形成一个"磕头"的动作。

（三）一对大火把

莎都八和李四的舞步进行的同时，八十多位上山的男性早已不约而同地以神台为中心分成了两个阵营，一半人负责制作神台左侧的母火把，另一半人负责制作神台右侧的公火把。男人们纷纷拿出自己从家里带来的松明，蹲在地上用刀将其劈成易燃烧和易捆扎的小段。劈好之后，再将事先准备好的藤条劈开，藤条可作为捆扎火把的绳子，在事先准备好的两根长长的松树上捆绑起来，捆绑的过程中固定劈好的松明，使火把燃烧得更加长久。藤条在松树上捆绑的圈数也是固定的，需要绑十二圈，一圈都不能多也不能少，"十二"的数字代表一年的十二个月。在捆绑的过程中，两边都有一些人专门负责将凹槽中的杂物挖出来清理干净，为竖立火把做准备，两边公母火把的进展一致且迅速。二十分钟后，两个庞大的火把就完成了，众人从火把的顶部将一对火把一齐点燃，所有人高喊"一、二、三！"一齐用力，将这一对庞大的火把稳稳地竖在凹槽上，又在周边添加一些小的树枝作为辅助支撑。熊熊火焰在山神庙中燃烧，把整个山神庙照得通红，火光之盛大在山下的村子中依然清晰可见，其间不断有火星落下，异常壮观。

（四）点香献粑粑

火光照亮之时，莎都八拿出装在篮子里的、代表全村人的香和粑粑走上神台。先在神台上恭敬地跪下敬上四对香，这四对香，既代表一年四

---

① 拉祜族火把节的时候有不吹芦笙的习俗。咨询人：李扎药；访谈时间：2021 年 7 月 31 日。

季，也代表东西南北四方。再献上六对粑粑，它们代表着一年十二个月，然后鞠三躬。随后，男人们纷纷放下手里正在忙活着的刀或者火把，老人站在前面，年轻人站在后面，每人拿着一对香点燃，莎都八先念祝词，众人沉默倾听，在莎都八的带领下向神台鞠躬三次，将香插在砖砌的祭坛前方，由此礼毕。

莎都八祝词大意：莎雅啊，莎雅啊，今天是我们拉祜的火把节，我们为您献上香和粑粑，愿东南西北的神灵都能够保佑我们村子，愿村子里面不好的"鬼"和不好的东西都能被驱逐出去，每个人都能不生病不丢魂，愿粮食能够丰收，莎雅啊。

礼毕后，男人们拿回刀放在手中，为了照亮道路，每人还拿着一两个小的火把下山。山上的火把继续燃烧，近两个小时后才全部燃尽。老人说，这些火把会在八月十五新米节的时候全部被清扫干净。

四　"山下"的火把

（一）山下驱"鬼"的人们

新达保村共有八十四户人家，除去外出打工的年轻人，仍有二百八十余人常住于此。在农历六月二十四日的火把节当晚，在山上竖立火把的同时，除了山上的八十余名代表家庭的男性之外，他们的家人也在遥望着山神庙所在的位置，在家中等候。等候的过程中，有的人家在准备晚上的饭菜，还有的人家在继续用松明和松油研磨着将要撒在火焰上的粉末。

天色渐渐暗了下来，山下的人们看见了山上一对巨大的火把燃起的熊熊烈火后，便知道山下的狂欢要开始了。妇女、小孩和老人们纷纷拿出准备好的松明，用砍刀劈成细一些的小火把，将它们放在火塘上点燃，左手拿着火把，右手拿着研磨好的粉末，以家中二楼的神台处为起点，点着火把在家中环绕前进。一边拿着火把前进，一边在口中说道："哈块！哈快！"意为"快走！快走！"借此驱赶家中那些不好的"尼"（即"鬼"）。还有些家庭说的不止一个词，而是"你这个'恶鬼'，你这个'死鬼'，快从我家走！"在前进的过程中，最刺激的地方就是喷撒燃烧粉末那一刻了，妇女、小孩和老人们右手拿着一小把粉末，快速撒到火焰中，"砰"的一声一团美丽的火花喷射而出，嘴里说的"哈快！哈快！"声音越大，火花就喷射得越激烈。在家中二楼驱"鬼"完成后，大家又来到了一楼和院子中继续以同样的方式驱"鬼"。一些妇女和孩子拿着火把走出自家的院子，顺着寨子的公共道路往上走，一路喷撒燃烧粉驱"鬼"，一路向山神庙的方向前进，整条路被火光照得通亮。

（二）家中神台敬"厄莎"

家中使用火把驱"鬼"结束之后，山上的男人们也回来家中团圆了。大家纷纷拿着香和粑粑，来到家中二楼的神台处开始点香，家中神台的放置方向与山神庙相同，都朝北。家中神台上供奉的香和粑粑是自己家制作和舂的，数量比山神庙当中的少一些，一般是放置三对粑粑和两对香在神台上方。供奉者再拿起一把香点燃，口中说出"'厄莎'啊，'厄莎'啊，保佑家庭不受不好的'鬼'侵扰，家里人不会生病，粮食丰收"的祝词，再恭敬地鞠三躬，最后将这把香插在神台下砖砌的香炉中。

五　火把节的狂欢

（一）"山上"与"山下"的交融

前文讲到，火把节中，与火把相关的主要仪式，按照空间可划分为以男性为主导的"山上"和以女性、孩子为主导的"山下"，他们在不同的空间中完成了用砍刀劈火把、点燃火把等类似的环节。男人们在山神庙竖立火把、敬香之后，纷纷拿着小火把下山，并沿着村寨中的道路回到自家去。在路途中，他们会遇到山下刚刚驱完"恶鬼"，一边拿着火把往上走，一边喷撒着火焰粉末的妇女和孩子们。此时，"山上"与"山下"两个空间的仪式在寨中的主干道及山脚下交融，被社会划分出的性别秩序在此时产生了变化。人们相互之间举着火把聊天，做着刺激的用粉末喷撒出火焰的动作，却也守着分寸，不会将火苗喷在他人的身上，山脚下和村寨中的主干道顿时成了一片火焰的海洋。

（二）一起干酒醉

在火把节中，举起火焰狂欢仅是其中的一种形式。对于爱喝酒的拉祜人来说，这样隆重的节日自然少不了喝酒狂欢。火把节的这两天按照规定不能干活，只能在家中休息和娱乐，长期为复杂繁重的农活劳累的拉祜人有了一个尽情放松的机会。在农历六月二十四日深夜，人们纷纷邀请亲朋好友来到家中喝酒玩耍，喝的多是自酿的高度数米酒，打开音响高声播放充满节奏的歌曲，随着音乐舞蹈、唱歌、喝酒，高喊着"一起干酒醉"

"哈列贾"，尽情抒发日常生活的压力，直到农历六月二十五日的凌晨村中才渐渐安静下去，人们逐渐进入梦乡。在火把节的夜晚，人们对于高音喇叭的音乐十分宽容，爱玩的拉祜人甚至可以通宵玩耍，因为第二天也不需要做农活。在新达保日常不过节的时候，早上七点钟整个寨子的人们都醒了，简单准备早点后就要去茶叶地劳动。然而，在农历六月二十五日这一天，前一天晚上狂欢太累了，人们不约而同地睡了一个懒觉，八点半的时候整个寨子里出门的人才多了起来。农历六月二十五日是火把节的第二天，这一日没有什么特殊的活动，主要任务就是准备美食及邀请亲朋好友一同玩乐。在农历六月二十五日晚上六点左右，莎都八独自上山点香，同时将前一日放在神台上的粑粑收回，避免它腐烂和发霉，由此宣布火把节的结束。

（三）猪去了哪里

猪在拉祜人的生活中有着重要的意义，在日常生活中，拉祜人用芭蕉、玉米磨成饲料对家中的黑猪精心照料，而节日正是享受劳动成果的时刻。不仅是火把节，还有新米节、扩塔节，杀猪都是一个必不可少的环节。本次火把节结束后，当问及新达保村民们这次火把节有没有遗憾的地方时，村民们的普遍反馈都是："没有吃上自家的猪肉。"在两个月之前，新达保村隔壁农场的一位农民去县城买了两头小猪，这两头小猪还没养几天便死了。由于缺乏卫生健康知识，他没有想到这两头小猪得了猪瘟需要火化处理，而是随意埋在了茶叶地里。雨季一场暴雨下来，将携带的病毒迅速冲进了勐根村其他村民的猪圈，导致整个村子的几百头猪无一幸免，都因得猪瘟死亡。原先在拉祜文化中，遇到火把节这类隆重的节日，是一定要杀猪的，这次火把节只能遗憾地改用鸡、鸭、鱼类美食了。

六　拉祜节日系统

（一）基于农业的节日系统

新达保是一个以农业为主的传统拉祜族村子，村中的主要农作物有茶叶、水稻、西瓜、甘蔗、玉米等。新达保寨子平均气温23℃，海拔900米，降水量充足，是典型的亚热带气候，丰饶的水土更适合农作物的生长。水稻一般在每年四月播种，至十月即农历八月十五左右开始成熟、收割。在水稻收割完成之后，将田地稍加平整规划，便可以种上另一种经济作物——西瓜了，西瓜在每年十二月播种，次年四月收获，实现与水稻种植周期的无缝衔接。茶叶、甘蔗和玉米主要种在山腰的林地中，由于降水丰富，这三种作物均不需要浇水，只需偶尔的施肥、杀虫便可以轻易实现一年多次收获。茶叶仅种植台地普洱茶一类，在一年四季都可采摘，只是六月至八月雨水多的时候，茶树长得太快，因而需要更勤加采摘，雨季茶叶的价格仅为春茶价格的一半。玉米四个月便可成熟，玉米主要用于喂猪；甘蔗每年由糖厂决定收割时间，村子已与糖厂签订了协议，他们会在每年的一月或四月进行集体收获。在新达保村，农业生计的时间与村民们举行巨大节日的时间相对应，这些节日自成一个严密的农业系统。

（二）火把节在拉祜节日中的地位

在以佛教为主要信仰的新达保村拉祜人中，每年共有三个重大的传统节日，分别是农历正月初一至十五辞旧迎新的年节扩塔节，农历六月二十四至二十五日的火把节，以及农历八月十五至十六日的新米节。相同的是，这三大节日都是由拉祜族佛教中的"点香的人"莎都八进行主导，而且这些节日都与拉祜族农业的生产周期有着极为密切的联系。在扩塔节中，人们辞旧迎新，庆祝上一年的结束和新的生产周期的开始；在新米节中，人们享受自己一年的辛苦劳作后丰收的喜悦。火把节恰恰位于扩塔节之后、新米节之前，即万象更新与丰收之间过渡的位置和环节。在火把节中，有着明显的祈祷农业丰产与驱"鬼"的意义，这些意义可以从拉祜族火把节的传说中，从莎都八代表全村人在山神庙祈祷的祝词中，以及从人们撒下易燃的粉末时念的"哈快"中被深切地感受到。总之，一方面，火把节是拉祜族基于农业的节日系统中不可或缺的一部分，它承接了播种与收获，承载了拉祜人希望丰收的美好愿望；另一方面，火把节也是拉祜族信仰中将佛教信仰与自然崇拜融合的表现之一，既强调了点香敬"厄莎"的重要性，又在火把节仪式的实践中传递了驱"鬼"的愿望和诉求。

七 结语

综合澜沧拉祜族自治县酒井乡新达保村拉祜族火把节文化事项的描述与分析，可以看出，在云南各少数民族共享的火把节中，拉祜族的火把节有着自身的鲜明特色，呈现以下几项鲜明的特点。

首先，火把节传承了拉祜族的神话与信仰。在火把节由来的叙事中，对于天神儿子扎努扎别用松明点燃牛角耕种的纪念及驱除各种"恶鬼"

"尼"的愿望，对应了拉祜族古老的史诗《牡帕密帕》① 及《宗巴命八》②中对拉祜族起源神话及回到"厄莎"的住所讨福的描述。火把节是澜沧信仰佛教的拉祜族共享的节日，而其他信仰基督教的群体则取消了火把节。在火把节中，莎都八和其他村民通过点香、献粑粑、念祝词等形式强化了对佛教的信仰，增强了集体的团结意识。

其次，火把节强化了拉祜族的性别秩序与传统权威。火把节包含了"山上"与"山下"两个相互冲突又相互交融的空间，在山神庙中，男人们在莎都八的带领下竖起一对巨大的火把，向山神和天神"厄莎"献上祝福；在山神庙之下的村寨中，女人和孩子们燃烧火把驱赶邪恶的鬼神"尼"，两者都在祈求福气与农作物的丰收，双方拿着火把在山脚下及村寨道路上相遇，让两个空间得以交融。这正是体现了拉祜族两性之间的微妙秩序，既相互独立，又能合二为一。在火把节中，村寨中的莎都八及他的助手起到绝对主导的作用，村民们在莎都八的带领下将拉祜族的"礼"在节日中传承，而基层的权威，如队长，只是起到保管象脚鼓的轻微作用，这正是强化以莎都八为主的传统权威的作用。

再次，火把节寄托着拉祜人对于丰产和驱"鬼"的美好愿望。火把节被精心地筹备与维护，在长久的准备以及人们的期待中举行。火把节充满了诸如在火焰上撒燃烧粉、喝酒唱歌、享受美食等狂欢的因素，它调适着农业生活的紧张与放松。从拉祜族火把节的传说中，从莎都八代表全村人在山神庙中祈祷的祝词中，以及从人们撒下易燃的粉末时念的"哈快"中，可以深切地感受到人们对于丰产和驱"鬼"的美好愿望。

最后，火把节成为基于农业生产的拉祜族节日系统中不可或缺的一部分。在以佛教为主要信仰的新达保村拉祜人中，每年农历正月初一至十五辞旧迎新的年节扩塔节，农历六月二十四至二十五日的火把节，以及农历八月十五至十六日的新米节组成了一个完整的节日系统，这三个节日分别对应农业生产的播种、培育、收获的过程。基于农业生计的时间与村民们举行巨大节日的时间相对应，这些节日自成一个严密的农业系统，而承接播种与收获的火把节便成为基于农业生产的拉祜族节日系统中不可或缺的一部分。

---

① 《牡帕密帕》是拉祜族的创世史诗，"牡帕"意为造天，"密帕"意为造地，描述了天神"厄莎"创造天地万物及人类的过程，是拉祜族的百科全书。

② 《宗巴命八》是拉祜族广泛流传的祭祀史诗，"宗"为福，"命"为寿，"巴"为祈求，即祈求福寿，包含"祈福求寿""找魂找魄""叫魄"三部分。

《魁阁》2021 年第 2 期（总第 5 期）

第 158~175 页

© SSAP, 2022

云南建水文庙祭礼仪式的田野调查[*]

陈星宇^{**}

摘　要：建水文庙的祭孔仪式和建水灶君寺的孔子会是如今建水本地祭孔的两个传统仪式。建水灶君寺孔子会是灶君寺洞经会的 17 个会期中的一个，于每年农历八月二十七举行。建水文庙秋季祭孔仪式按照政府公祭时间于每年 9 月 28 日举行。建水文庙聘用灶君寺的洞经先生进行祭孔仪式和"儒家三礼"，即使节假日或黄金周与灶君寺会期时间冲突，灶君寺孔子会也依旧没有中断过。云南建水的祭孔仪式并不是纯粹被建构而成，而是传统仪式从民间重新回到官方舞台的复兴。根植于宗教系统中的祭孔传统不论在官方舞台上的露面是否中断过，祭孔的行为一直保留和活跃在建水人的生活当中。

关键词：祭孔　建水文庙　孔子会　祭礼

自明清以来，作为西南文化重镇的建水便按照规格由官方举行祭孔仪式。直至现在，除建水文庙的春季、秋季祭孔仪式之外，建水灶君寺每年都会举办孔子会，由洞经先生带领香客祭拜孔子。根植于儒家文化中的祭孔仪式，经过建水洞经音乐的演绎长久地扎根于建水。在政府和建水古城旅游投资公司的支持下，官方的祭孔祀典于 2005 年开始恢复，传统祭孔祀典分为春季、秋季祭孔仪式，并在当地形成孔子文化节，从祭孔仪式中提炼出"三献礼"仪式，依托其基础形成"儒家三礼"（开笔礼、成童礼、成人礼）、拜师礼、古婚礼、敬老礼等，在云南境内广受欢迎。加之近年

---

* 本文为 2021 年度云南省教育厅科学研究基金项目"云南建水文庙祭礼仪式复兴的人类学分析"（2021Y059）的资助成果。

** 陈星宇，云南大学 2019 级硕士研究生。

的祭孔大典将传统祭祀与现代公祭高度融合，建水文庙的祭孔仪式成为国内儒家文化传承的重要活动。

一　田野点与调查对象

（一）田野调查地点

建水文庙现为"全国重点文物保护单位"，国家 AAAA 级旅游景区。经历代 50 多次扩建增修，现占地 114 亩（约 7.6 万平方米），其现存规模、建筑水平和保存完好程度仅次于山东曲阜孔庙和北京孔庙，为中国南方最大的孔庙。

作为云南省家庭教育示范基地和红河州传统文化教育基地，为充分发挥传承文化、示范教育的作用，建水文庙自 2010 年起开始推广"开笔礼"、"成童礼"及"成人礼"等"儒家三礼"。"儒家三礼"活动受到了参礼学生及家长的广泛认可，许多参礼家长认为，通过参加"儒家三礼"活动，父母和孩子间拉近了距离，孩子学会了体谅父母、孝敬父母，比以前懂事了很多；孩子通过参加"三礼"活动，学会了知礼上进，懂得感恩父母，珍爱生命。同时推出"儒家经典讲读""敬老礼""拜师礼""古婚礼""简餐礼""放飞梦想"等传统文化活动，形成"传播儒学文化，倡导传统礼仪"的氛围，取得了显著的社会效益和经济效益。

建水文庙是儒家文化得以在建水广泛传播的重要载体，"在文庙拜孔子"被认为是建水崇尚儒学的传统，是建水成为"诗书之郡"的重要原因。为隆重纪念儒家学派的创始人孔子，建水县从 2005 年起，将每年 9 月 28 日确定为"中国红河·建水孔子文化节"，其主题为"祭华夏万世宗师、展建水千载文明"。活动期间，举行规模宏大的开幕仪式及传统祭孔大典。

2005 年，建水孔子文化节祭孔活动成为中央电视台现场直播的"全球华人同祭孔"五个活动之一，其极具民族特色的祭孔活动在海内外引起了广泛关注。建水文庙于 2005 年首次举行大型祭孔仪式，之后在每年的 9 月 28 日孔子诞辰之日举办大型祭孔活动。祭孔大典结束后，将举行规模宏大的千人"儒家三礼"仪式，包括"开笔礼""成童礼""成人礼"。"开笔礼"是为 5～9 岁儿童准备的，是中国传统文化中对少儿开始识字习礼形式的称谓，作为少儿进入人生学习阶段的纪念仪式。建水文庙"开笔礼"让孩子懂得尊师重教、孝顺父母、天天向上等道理；"成童礼"一般是为

10 ~ 14 岁的孩子准备的，是我国古人告别童年、步入少年时举行的传统仪式，建水文庙"成童礼"重在让参加典礼的孩子接受知礼、懂仪方面的思想熏陶，能够习礼知爱，常怀感恩之心，树立明礼、忠信、孝义等观念和报效祖国的大志；"成人礼"也称"冠笄之礼"，是为 15 ~ 18 岁学子准备的，建水文庙"成人礼"主要庆祝学子成人，教育学子感恩父母、报效祖国，为自己的人生努力。"儒家三礼"活动旨在让孩子树立正确的价值观，学习儒家文化中的道理并付诸实践，培养孩子尊敬师长、孝敬父母、勤奋好学的心态和品格。

建水文庙祭孔仪式主体由各个洞经会选拔而成，文庙古乐队中大部分成员来自建水灶君寺洞经会。建水灶君寺是云南洞经音乐的重要传承地，建水灶君寺洞经会是目前为止建水实力最强的洞经会。因此，也将建水灶君寺选为本项研究的田野点。

建水灶君寺位于古城朝阳门外不到一公里处的巷子内。这条巷子按王若君的表述称为灶君寺街，"它长也不过 600 米，东起酸角树西至柯里楼。400 多年前，这一带人烟稀少，杂草丛生，而当地的老百姓，不管人口多少，每家都要打一眼灶，有灶就有管灶的灶君老爷，所以人们选定在柯里楼与酸角树中间的荒地上建了一个灶君寺，供奉传说中的灶君老爷弟兄三个"。渐渐地这一带人烟密集起来，这条街也因灶君寺而得名。"灶君寺街穷得叮当响，是因为'一街三节浪'，意思是说，洪水来时，一街有三节大浪，把财都冲跑了，所以就穷。"（王若君，2006）如今的灶君寺街破旧、狭窄，周围只有零星的商铺和几乎无人光顾的旅店，附近的街巷有纸钱店和香店。最热闹的时候便是灶君寺有会期的时候，寺门口停满了灶君寺会员们的电动三轮车、老年代步车和摩托车。

灶君寺如今被洞经会的会员打理着，是传承洞经文化的根据地，其门口的匾上写有"临安镇老年洞经会，辛未年仲春重刊"，门上左侧挂黑匾"建水县洞经音乐协会"，以及一对"临安古城日新月异，洞经音乐后继有人"的标语。寺内现存一凌霄殿，内供玉皇大帝、王母娘娘、葛真君、刹真君奏帝、关圣帝君、灶王府君、张天师、许真君，后修有侧殿供观音菩萨。建水县政府将灶君寺作为建水县洞经音乐协会、老年洞经会的活动地点，平常寺里由灶君寺洞经会的会员们打理，只有在有会期的时候比较热闹，平常大殿紧锁，很少有游客来参观。洞经会的会员们在会期前一天来打扫卫生、谈经、打麻将、做饭，下午吃斋饭，第二天做会时一早便有会员来做早饭，香客带着金银纸钱和香烛来寺里请表、烧香祈福、烧金银元宝。做会的流程一般为早上谈经、请圣、请神，中午吃斋饭，下午谈经、送圣、送神，下午再吃一顿斋饭后，打扫卫生，这个会期就算结束了。灶君寺的收入都靠香客的功德钱、请表的钱维持，而大部分香客也都是灶君寺洞经会的会员。鉴于这样"自娱自乐"的性质，管理机构便默许这种行为，但并不给予寺里建筑维护所需的修缮经费，寺里的建筑基本已经破败，近几年的修缮都靠香客们捐善。

（二）关于"礼""祭"的讨论

杨向奎对宗周社会礼乐文明制度的社会背景、起源以及孔子对礼乐的加工和改造进行了梳理，奠定了中国礼学研究和史学研究相结合的基础（杨向奎，1992）。杨志刚全面地梳理了中国古代的礼仪制度并对其进行了分类，系统阐述其起源、变化、衰亡的全过程，并分析了其演化的若干特点。

"礼"来源于古代祭祀中政治领袖的个体品德力量，郭沫若关于"礼"由"德"的外在方面演化而来的认识得到了学界普遍的认同，"礼是由德的客观方面的节文所蜕化下来的。古代有德者的一切正当行为的方式汇集了下来便成为后代的礼。德的客观上的节文，……是明白地注重在一个敬字上的"（郭沫若，1957）。在此基础上，李泽厚进一步认为礼是原始巫术礼仪基础上的晚期氏族统治体系的规范化和系统化（李泽厚，1985：8）。《说文》："禅，履也……从示从豊。""示，神也。"可见"礼"本是巫君事神时表衷心敬畏的巫术活动。"德""巫""礼"本紧密相连。"礼"首先是从原巫术祭祀活动而来，但经由历史，它已繁衍为有关重要行为、活动、语言等一整套的细密规范。而后，"礼"的概念涵化为用一整套名分次序的排列制度来别亲疏、定上下、立尊卑、序长幼、明贵贱、分远近，以确定人们的义务、道德和生活。《礼记·祭统》中言："礼有五经，莫重于祭。"又言："夫祭有十伦焉，见事鬼神之道焉，见君臣之义焉，见父子之伦焉，见贵贱之等焉，见亲疏之杀焉，见爵赏之施焉，见夫妇之别焉，见政事之均焉，见长幼之序焉，见上下之际焉。"根据《礼记·祭统》中的"祭有十伦焉"，"祭"指巫术礼仪，其存在使社会的、政治的、伦理的一切秩序得到了明确的安排。

杨志刚综合孔子和荀子的言论，认为从功能角度来说，礼是伴随阶级、国家的形成而形成的，是为了协调权力和财富分配中的矛盾关系而出现的，从而将礼的起源总结为风俗说、人情说、祭祀说、礼仪说、交往说。他赞同礼仪说，认为礼起源于原始社会的种种礼仪。

杨志刚认为可以用回溯法分析礼的要素的出现，包括礼制、礼仪、礼器等，以其作为礼的起源的标志。礼制的含义包括礼的等级名分制度，泛指各类典章制度（社会制度、国家制度、宗法制度），礼仪制度（制度化的礼仪），礼器制度。尤其应该突出强调礼制的等级名分含义，这属于礼的精神和特质。当礼制具有等级名分含义时，才成为礼仪和礼器，反之就是仪式活动和仪式物品。

杨志刚指出，礼是中国古代特有的文化现象，中国的礼是独一无二的。他批评陈戍国"凡人类社会皆有礼"的说法，认为这是将礼和礼仪相混淆。礼是以礼治为核心，由礼仪、礼制、礼器、礼乐、礼教、礼学等诸方面的内容融汇而成的一个文化丛。礼仪是礼的一个部分、一个方面，能体现礼的精神和本质，区别于整个人类共有的文化现象——仪式活动（杨志刚，2001：21）。

根据以上学者关于祭和礼的辨析可以发现，人文历史学研究视角下的"祭礼"多指祭祀中的礼仪。而今祭祀活动与其他仪式活动的关联越来越紧密，而非对立或相互区隔，故本研究以"祭礼"作为研究对象，以其指代祭孔仪式及其延伸出的"儒家三礼"等活动。

二　建水灶君寺孔子会

建水灶君寺孔子会是灶君寺洞经会的十七个会期中的一个，在 1984 年建水祭孔恢复之后，这十七个会期便确定了下来，分别是大年初一的大佛会、正月初九的上九会、二月初三的文昌会、二月十五的精忠会、二月十九的观音会、三月十五的龙华会、五月十五的龙华会、六月十九的观音会、六月二十四的开圣会、七月十八的王母会、八月初三的灶君会、八月初五的雷神会、八月二十七的孔子会、八月二十八的老年节、九月十五的龙华会、九月十九的观音会、腊月二十四的送灶会。

在这十七个会期中，每个会期都有要请的"圣"和"神"，其中有两个会期比较特殊，分别是八月二十七的孔子会和八月二十八的老年节。灶君寺洞经会在寺里墙上贴的会期表上对这两个会期有所标注，八月二十七的孔子会背后标注祭孔，所以孔子会一般被会员们称为祭孔，或者为与文庙祭孔区分称为灶君寺祭孔。八月二十八标注祝寿、会餐。除去标注，这两个会期也确实特殊，所有会期中，只有孔子会和老年节这两个会期可以吃荤。

灶君寺每个会期都有两天的时间，第一天"净坛"，和字意一样是打扫卫生，清扫寺里的灰尘，开灶，在当日下午谈经，烧香，折元宝，准备第二天做会，迎接"神明"来临。2021 年灶君寺孔子会在 10 月 3 日进行，和往常不同，今年的孔子会只做了一天，原因是做会的人不够。

灶君寺洞经会做会的会员和文庙古乐队成员高度重合。如今文庙古乐队中大部分成员是灶君寺洞经会的会员，文庙古乐队队长是洞经音乐传承人，也是灶君寺洞经会的会长。文庙古乐队不属于建水古城旅游投资公司的正式编制，每年签署一年制的临时合同，成员基本来自当地各个洞经会，经过文庙选拔，担任文庙祭孔仪式、三献礼表演、"儒家三礼"仪式中的歌、乐工。

由于洞经会会员大部分都是文庙古乐队的成员，在文庙上班，国庆节不准请假，其他会员中谈经的大部分都是从文庙古乐队退休下来的。现在灶君寺会期和文庙活动时间冲突，导致谈经的人不够，做会的次数越来越多。其中也有一个重要原因是愿意学谈经的人没有以前多了，灶君寺会员变少，文庙古乐队也找不到人，当灶君寺会期和文庙上班时间冲突时，常常请其他洞经会的人来帮忙，大部分洞经先生也愿意来帮忙，灶君寺洞经会是政府认证的洞经音乐协会，会员中又有省级、县级的洞经音乐协会成员，平常人家知道这些洞经先生在文庙祭孔，需要做礼①也是先请灶君寺洞经会的人，做礼仪式因此增加了一些权威性。

20 世纪 80 年代中期以后，灶君寺洞经会的祭孔仪式也曾香客芸芸、风靡一时，在灶君寺孔子会会期时，由洞经会协调祭孔的资金，购买祭孔的三牲、餐食等物资。灶君寺洞经会会员们会带家里的男孩来参加孔子会，由这些童子担任礼生，从大雄宝殿对面的"雷坛"抬香炉至大雄宝殿前。在祭孔结束之后，灶君寺会给每位会员和捐款的香客一根葱和两三根韭菜，用红色塑料条捆好，"葱"寓意是"聪明"，非常受欢迎，每年孔子会的葱、韭菜都不会剩下，这个传统也延续至今。

三　建水文庙祭孔仪式

《建水州志》记载，明弘治八年（1495 年），云南按察副使李孟晊、知府王济倡置"郡学礼乐诸器，诸生以时肄习。每逢上丁陈献，辉煌雪煜"。万历三十年（1602 年），教授胡金耀重造礼器，后因兵焚毁失。清

---

① 做礼指私人请洞经先生去到家里弹洞经，做礼的主题一般有盖好新房后的安龙奠土仪式、家里一切平安发财之后的报答天地佛恩仪式，以及家里孩子不好好学习的谈演文昌大洞仙经仪式等。

代以来，祭孔活动的规模得到更大的发展。雍正六年（1728 年），时任广东龙门县知县的建水籍举人肖大成，在粤制琴、笛、笙、箫、埙、篪，磬、节等，如数补全祭孔乐器，送临郡文庙，祭孔活动日趋频繁，规模日益扩大。民国时期祭孔及释奠礼乐的传承从庙学移至民间洞经会，如武庙洞经会、玉皇阁洞经会、灶君寺洞经会等。1911 年辛亥革命，推翻清王朝。1919 年之后，祭孔活动依然进行。每逢春秋季祭孔，建水商人都会出资请洞经会的先生们到文庙祭孔。民国末期以后，祭孔乐舞活动一度中断。1988 年重新恢复祭孔，开始有女性（女教师）加入祭孔的舞佾生当中。

建水文庙现由建水古城旅游投资公司和文化旅游局共同负责，文物管理局负责督促景区内的文物保护工作，景区主要营收来自门票和文化体验活动，五一黄金周、秋季祭孔（每年 9 月 28 日）及之后十一黄金周期间"儒家三礼"的举行成为收益中比重最大的一环。

如今建水文庙祭孔仪式的形式是在 2005 年确定的，建水成为"全球华人同祭孔"五个活动点之一，建水政府由此确定了建水孔子文化节，每年由建水县政府拨款，从文旅局、宣传部、旅投公司中选拔人员组成孔子文化节组委会，县文化馆负责孔子文化节开幕式的组织工作，建水一小或建水一中的老师和学生自愿报名参与秋季祭孔活动。参与学生的选拔标准以身高和相貌为主，男生身高需要在 168cm 到 170cm 之间，虽然是秉持自愿报名的原则，学校的老师们在选择学生的时候还是会有偏向性。2005 年前后，建水文庙办公室试图恢复祭孔仪式的传统，由小童子担任礼生，在当地教育水平较高的建水一小选拔男生来参加，而现在小学生当中学习比较好、听话懂事的女孩，尤其是班干部一般容易被选拔。年纪比较小的男生没有女生听话，容易在彩排和祭孔仪式当天到处乱跑。同时，报名的学生们也有比较主观的原因，有一个吸引初中或高中男生报名参与的原因就是在秋季祭孔之前需要频繁彩排，不用上课。

建水孔子文化节既传承儒家文化又突出民族特点，虽然形式是文化展演，但其中最传统、最具有灵魂的是洞经会的参与。负责指导仪式进行的祭生和总提调会用建水话进行表达，富有建水特色的祭孔礼乐也是建水洞经的内核。建水文庙以建水洞经音乐为傲，认为这是和其他文庙、孔庙最不同的地方，"大部分地方祭孔时弹奏的是宫廷音乐，即使云南省内其他地区的文庙，洞经音乐也不像建水一样这么传统，保存得这么好，其他地方的洞经音乐几乎都是从建水学去的"。

四　问题及分析

（一）根植于民间宗教系统中的建水文庙祭礼

　　笔者经过调查发现，云南建水的祭孔仪式并不是纯粹被建构而成，而是传统仪式从民间重新回到官方舞台的复兴，除去政府的鼓励和提倡，近年来旅游业的介入使其进入更多人的视野。对比许多被判定为基于"中心－边缘"语境下乡土传统再造的仪式复兴，西南地区建水祭孔仪式的恢复为理解大传统提供了语境，洞经作为民间宗教产物对祭孔仪式的演绎和传承，也为理解大传统与小传统之间的关系提供了一个有效路径。

　　理解建水文庙的祭礼何以复兴、祭孔传统何以长存，与理解建水古城有些巧妙的相似之处。古城看上去是明显规整的前后台，大路都是游客和面对本地人的商业街，但只要经过一个小巷子，便可以看到集市和宅子，商户也不像大路上派店员一样站在门口吆喝，每个商户都有自己稳定的营生，做白事的、卖鸽子鸽食的、开小餐馆的。透过他们几乎全开放的窗口、低低的房檐，可以看到他们朝九晚五在打麻将。对比商业街的浓密树荫和热闹的人群，巷子里是灰青色的，也有一些破旧、无人居住的宅子，大部分时候很安静，家家户户的门都很矮，进去之后的天井却很开阔，这样每家的天井一块一块由街巷往四周延展开来，连在一起构成了整个建水古城。

　　建水的宗教系统也像古城的一片片天井一样相连，建水古城的中心区域是文庙和道教的天君庙，每家每户几乎都保持着祭灶君、土地、祖先的传统，每户人家的香案、过节期间家门口烧的金银元宝和香、祭完祖之后倒在门边的泼水饭等，这些根植于生活中的传统是一代代建水人理解和祭拜孔子的关键。笔者参加了私人家请灶君寺洞经会和土地庙洞经会的礼，意为报答天地福恩。在做礼的过程中发现，香案的令牌上将大成至圣先师孔子和关圣帝君、文昌帝君、玉皇上师、观世音菩萨、岳忠武王写在一起一同供奉。主人家信佛，却请儒家的洞经先生，用的是道教做礼的程序，将儒释道三家神明一齐供奉，报答福恩、祈求平安。通过类似的祭祀程序，以及信礼、做礼的人的多重信仰，大传统和小传统在建水本土的宗教系统中为理解对方提供了非常清晰的指引。根植于宗教系统中的祭孔传统不论在官方舞台上的露面中断与否，一直受到民间宗教的滋养。

（二）从建水文庙祭礼的复兴中看建水祭孔传统之变

以建水洞经音乐为内核的祭孔礼乐也面临越来越严重的问题，即非遗中心没有充足的资金去鼓励洞经音乐的传承。经济回报低成为主要原因，大部分洞经先生的收入来自被请去私人家做礼，周末和黄金周来文庙上班的工资并不能吸引更多有养家糊口压力的中年人来学习。

其次是洞经音乐并不被年轻人喜爱，年轻人并不愿意主动学习，洞经音乐在当地人的认知中延续着令人敬重的长者形象，传统洞经唱腔悠长、低沉，不符合年轻人的兴趣取向。面对这个问题，文庙大部分员工回答说喜欢、愿意学习，但在疫情期间，文庙办公室组织员工每天学习祭孔礼乐，大部分人连学习一首都觉得非常困难。

关于"礼"，人们最熟悉的说法"礼不下庶人"源自《礼记》。儒家礼仪作为儒家倡导和推广的正统仪式，曾被视为庶民以上的社会阶层的"第二本性"。古代不为庶民制礼，不仅因为庶民不具备行礼所需文化背景和仪式器具，也因为礼仪知识和礼仪表演是区隔早期中国贵族、士大夫和庶民的重要方式。刘永华于《礼仪下乡：明代以降闽西四保的礼仪变革与社会转型》中对中国古代礼仪向下渗透的过程进行了梳理，通过对礼生及其文本、宗族、乡约和地域崇拜出现的分析，发现礼仪向下渗透所造成的制度重构，成为四保社会发展历史过程中的一部分。

自孔子以来，士人阶级是传统中国社会毫无争议的统治阶层，他们的思想和所作所为无不在维护现存社会的统治阶级利益。他们所代表的价值体系——儒教，纯粹是一种入世的道德伦理。儒教的核心教义"道"，是隐藏在宇宙和人类社会背后的一个和谐、寂静与均衡的不变法则。唯有精通古老传统的人，才被认为有资格在仪式上与政治上，正确指导国内统辖制度与君侯符合神性的生活态度（韦伯，1995：130）。而士人的威望并非基于一种由神秘的魔力所构成的神性，而是基于此等书写与文献上的知识（韦伯，1995：129）。成为士人是古代中国社会中"读书好"的一个幸福归宿。其地位来源于中国皇权所具有的最高祭司与政教合一的性质，并且也决定了中国文献的特性，诸如官方的史书、有神话之效的关于战争与祭礼的颂歌、历书、仪式与祭典方面的书籍。士人以其知识来支持本质上是政教合一的国家，把它看作既定的前提。

在建水祭孔传统的变迁中，舞佾生的地位从士人阶层变成专职祭祀礼仪的礼生，到如今建水文庙将"读书人"从舞佾生的身份角色中剥离，文庙的商业化、演艺活动的专业化使舞佾生逐渐演员化。如今舞佾生由文庙下属的金临安公司中表演建水小调的职业演员担当。这样的转变让更多女性加入了祭孔仪式表演的团队当中，如今建水祭孔仪式的舞佾生大部分是女性，男女比例是 1∶5。2013 年文庙派人去丽江考察，发现那边的洞经音乐有女性参与，声音比较和谐，便学习丽江，开始公开招聘一些女性。

由于放宽性别限制，招聘来的女性加入文庙古乐队，接触并学习洞经音乐。建水开始有更多女性学习洞经音乐，加入洞经会。即使不能担任传统仪式中的经生，但被允许以乐工身份做会（举行会期），开始挑战男性在这个行当里的绝对权威。不被允许和邀请去私人家做礼的女性开始拥有她们的机会，离城区较远的农村中，常常由道士带领洞经会的女性为私人家做礼。

曾经的祭祀主体——乐师的身份早已被员工化，举办与否、如何举办的决定权在于政府，文庙旅投公司提案、落地，主导权早已不在乐师手里，乐师被员工化带来的身份地位的转变表现为尊重的流失，表面上文庙工作人员对乐师很尊重，而本质的雇佣关系决定了乐师处于被支配地位。曾经洞经先生受到的尊敬现在只停留在部分游客和香客的面前，在需要确保活动质量的时候，文庙的管理人员拥有绝对的权威。祭孔仪式主体的权威被让渡，也导致这些象征"传统"的仪式专家的地位被边缘化。

建水文庙雇佣作为仪式专家的洞经先生们为乐师，民间和官方的祭孔仪式操演主体在极大程度上是重合的。作为建水文庙祭孔仪式主体的文庙古乐队由各个洞经会选拔而成，由有能、有闲、有心者任之，二者不是非此即彼的关系。担任祭孔的引赞、陪赞、歌乐工与建水文庙的雇佣关系越来越明显，当建水文庙有了筹备祭孔仪式的经验，便不再去询问这些曾经的仪式专家，而随着文庙员工和领导人员的流动，许多细节在不断地偏离传统的样貌。

对于建水文庙来说，所有的祭礼仪式都依托于专家的指导和帮助。在试图呈现更传统的祭孔仪式方面，孔庙协会给予了很大支持，派专家来指导，并邀请建水文庙去学习交流，进行成果分享。建水文庙依据孔庙协会每年的规定，跟政府报备，申请提案，确定祭孔的规模。

2009 年，建水文庙邀请一位来自北京的仪式专家申自强作为儒学礼仪的总顾问，学习山东的祭礼，编写出"儒家三礼"、古婚礼、敬老礼、拜师礼的完整流程。"儒家三礼"逐渐成了建水青少年的人生过渡礼仪，其间受到儒家思想感染的除了参与仪式的家庭，还有文庙的工作人员。由于在日常的工作中耳濡目染，很多员工讲述会主动改变自己和父母、子女之间的关系。

文庙祭礼的现代色彩越来越浓厚，将儒家文化放置在文化强国、不忘初心的语境下，引导青少年和游客感受中华文化之强、祖国之强。文庙祭礼的发展有来自政府层面、民间层面不同程度的支持和重视，其影响力以旅游从业者为中心向其他建水人辐射开来，成为希冀建水下一代青少年能读好书来发展地方的建水新传统。

参考文献

王若君，2006，《建水老街灶君寺》，《时代风采》第 2 期。
郭沫若，1957，《青铜时代》，科学出版社。
李泽厚，1985，《中国古代思想史论》，人民出版社。
杨志刚，2001，《中国礼仪制度研究》，华东师范大学出版社。
杨向奎，1992，《宗周社会与礼乐文明》，人民出版社。
韦伯，马克斯，1995，《儒教与道教》，洪天富译，江苏人民出版社。

附录：2020 年建水文庙秋季祭孔仪式

建水文庙秋季祭孔于政府规定的孔子诞辰日即每年秋季 9 月 28 日举行，届时一并举办建水孔子文化节。

一 仪式准备

在秋季祭孔开始前一个月，文庙办公室便开始筹备秋季祭孔仪式。

人员准备。建水小调的演员们开始彩排"礼教文庙"舞蹈，舞佾生们开始回忆祭孔乐舞，每天早上进行彩排。文庙古乐队成员凑齐并确定参与祭孔的人员名单，至少 25 人，需要从其他洞经会或者戏剧团借调人员来补充。古乐队成员依据个人喜好和专业特长确定乐器的分工，提前半个月，每天早上和下午在文庙彩排三献礼仪式。

景观设置。文庙的场馆部提前一个季度开始种植菊花，提前一个月开始做景观布置，既要符合商业氛围，又要符合公祭的主题，洙泗牌坊之内会减少使用艳丽的颜色。秋季祭孔前一周，由文庙活动部开始装饰旌旗、龙旗和彩绸，场馆部准备公祭提供给游客的菊花，往年需要 800 枝左右，2020 年和 2021 年规模减小，只用了 300～400 枝。

祭品准备。文庙办公室提前半个月在周围村子预定猪头、牛头、羊头，采买足够一周更换的糖食水果和葱、韭。三牲的头经过 4～5 天的冷冻成型，于秋季祭孔当天早上 6 点左右送来文庙，由财务部一位负责祭品摆放的人绑上红绸盖住刀口，摆放整齐。

二　建水文庙秋季祭孔仪式过程

（一）迎圣

2020 年 9 月 28 日，祭孔仪式于上午 9 点左右在文庙内洙泗牌坊处开始。洙泗牌坊前有一平台，牌坊中间的入口处设有印着"2020 年中国红河·建水文庙秋季祭孔大典"字样及孔子画像的背景板，两边栽有灌木矮树，前方为楼梯，这样一片高于底部平台的区域被当作平常演出时的舞台。在舞台的右前方，靠近礼门的地方有提前架好的总控台、控制音箱和调配全场机动的工作人员。台上一名由活动部员工担任的女主持念道："纪念孔子诞辰二千五百七十一周年，迎圣开始。"站在她身边的总提调紧接着宣布："2020 年中国红河·建水文庙秋季祭孔大典现在开始，请麾队就位，舞佾生就位，歌乐工就位。"

由建水一小的女老师们组成的舞蹈队伍走到舞台中央开始表演，老师们身着白色连衣裙手举写有论语字样的道具书，伴随着"学而时习之，不亦说乎？有朋自远方来，不亦乐乎？人不知而不愠，不亦君子乎？"等从论语中节选出的有关"习"与"师"的念词，开始舞蹈。歌乐工、参加祭礼的嘉宾和游客在台下围绕舞台站开。

接下来由建水县人民政府副县长赵伟上台宣布祭孔大典开始："各位领导、各位来宾，我宣布，2020 年中国红河·建水文庙秋季祭孔大典正式开始。有请总计调。"随即背景板从舞台右边被撤下，总计调从洙泗牌坊中间处登场，他的两边各有两位舞生身穿铠甲一样红金相接的礼服举肃静牌列队跟着。他的身后有五人呈倒三角状举着卷起的长幅。总计调的衣服是最显眼的，帽子由红色绸缎做底，上有竖型金色纹路，额前有三块圆形玉玦点缀，两侧有用于固定的红绸，系于颔下。下身是一件圆形印花的红袍，左右臂及胸前有圆形金底龙纹的绣样，袖口、领口及裙边均有金色宽边，内搭长度及地、有暗红色花纹的深蓝色长裙。

总计调用建水话宣布："2020 年中国红河·建水文庙秋季祭孔大典现在开始。"左边是一队由建水小调演员组成的舞佾生，右边是一队由建水一中高中部男生组成的麾队，身穿蓝色礼服带着金色帽子，举着彩色的旗子。话音一落，左右两队从两侧向牌坊处聚集。总计调说道："请麾队就位，舞佾生就位，歌乐工就位。斯文在兹，内外肃静，列位肃立，恭请圣像。"麾队和舞佾生面对总计调站好，总计调身后的五个礼生将画幅扯开，最中间为孔子画像，剩下四幅为颜回、曾参、孟子、孔伋。总计调带领嘉宾、游客向孔子画像行礼："向孔圣像行礼，一鞠躬，再鞠躬，三鞠躬，礼毕。"麾队和舞佾生面对观众站好，"恭请圣像入殿，启鼓，鸣锣，奏大乐"。大乐起，总计调的队伍先入殿，紧接着是歌乐工的队伍、麾队，最后是舞佾生和嘉宾、游客。

祭礼队伍行至大城门前，麾队在右，舞佾生在左，举圣像的礼生和歌乐工在中间，面朝大城门。总计调发令："鸣炮三响，点燃圣火，开启大城门，恭请圣像入殿。"

麾队16人，均为男性，由建水一中高中部的男生组成。选拔要求为个子高，采用自愿报名的方式。

歌乐工的队伍中，引赞、陪赞在前，后面抬大鼓、大锣的4人，孙本义老师敲大鼓，后跟唢呐2人、小镲2人、五音1人、铛1人、中音盘1人、钗钵1人、竹笛1人、月琴、三弦、大软各1人，二胡3人。歌乐工队伍后跟舞佾生队伍，共30人，均为女性，由文庙下属的金临安民族文化传播公司中建水小调的演员培训选拔而成。歌乐工的衣服为有云纹暗底的金色交领右衽长袍、白色领衬，腰封为蓝底金色锁边装饰。引赞和陪赞的衣服为蓝色下摆，其他歌乐工为金色下摆。冠冕（帽子）为金色云纹暗底，前低后高，宽约5cm，高8～10cm，像一把开门的钥匙，下接黑色的帽托，两侧有用于固定的黑色绸带，系于领下。

舞佾生后跟两位捧着花篮的礼生。礼生的服饰为红色长袍、立领，领边有圆环状的彩色绣样，袖口有金色绣边装饰，腰带为由红色镂空莲花和金色点缀的黑底缎带。背后有正方形的绣样，四角为"卍"字，内部图案按顺时针方向依次为古琴、书、画卷、绿色的龙、一个青花壶状的仙炉、棋盘，由祥云连接。帽子为筒状，前低后高，黄色锁边，黑底。帽檐为红色，宽约6cm，帽檐两侧有黄色的带子。

嘉宾队伍共6队，按职位排序，两人一排，脖子上皆挂着黄巾。第一队有25人，为县领导和嘉宾、游客。第二队及第三队由文庙旅游投资公司的人组成，各30人。第四队13人，第五队15人，第六队15人，其后为游客。

祭礼队伍行至先师殿前，歌乐工入座，举圣像的礼生在殿前右侧的角落，几乎让人注意不到。引赞面朝先师殿站在天地案前。

（二）上供品

总计调从先师殿前右侧庄严大步行至大殿檐下右前方处，像是走到舞台中央，总计调念"请歌乐工就位，舞佾生就位"。短暂停顿，待歌乐工正坐、舞佾生列队后，总计调再念"上供品"，悠缓的音乐声响起，似是古筝。引赞转身面朝嘉宾，背对先师殿，走近天地案，伸右手整理了下天地案上摆放物品的位置。总计调归位，回到殿前最右侧竖立的大鼓旁，距大殿中央仅六步之远，却是不容易被人注意到的地方，像是候场区。文庙旅游投资公司的录音、摄影、摄像围绕着歌乐工、舞佾生、抬着供品的礼生，在他们的簇拥下，四位礼生抬着黑色的正方形大盘，盘中盛着一颗巨大、新鲜的，系着红色球状绸带的黄牛头。牛的耳朵竖立、眼睛全部睁开。立起的黄牛头用绸带绕过两只耳朵围绕盘底固定，嘴巴和脖颈分别用红绸缠紧，再绕过盘底固定。紧接着是四位抬着猪头的礼生，猪头是趴在盘上的，似乎比牛头好固定许多，只用了一根连着绣球的红绳绕过耳朵至盘底固定，猪颈处的切口用红绸覆盖着，耳朵立起，眼睛、鼻子、嘴巴处都有黑色的印记。随后是一颗小小的山羊头，和它头顶的红色绣球一般大，眼睛呈微睁状，嘴和脖颈被红绸绑住固定于盘底。不由让人疑问，为何作为供品的牛、猪、羊耳朵要竖立，眼睛要睁开。

牛头、猪头、羊头被放置在三个正方形的四脚木墩之上，四面雕有金色莲花，底部有红漆，已有明显的磨损痕迹。牛头在中间，猪头在殿的左方，羊头在殿的右方，三个木墩紧贴着，居于殿前的正中央位置。

其后紧接一位礼生捧三盅酒于礼盘之上，两位礼生各捧一碟有红色绣球点缀的糕点，一位捧糖，一位捧一盘葱，一位捧苹果，一位捧石榴，均为四颗摞起，底下三颗上摞一颗。引赞、陪赞站于天地案左右两侧，捧着供品的礼生列队站在天地案左侧。引赞依次接过托盘中的供品，递给陪赞，陪赞将其放置于案上，礼生向右侧绕过天地案撤离。

总计调从旁侧又步入殿前中侧，手中多出一本写着流程及祭词的文本，总计调念道："请礼仪生代表领导、嘉宾向至圣先师敬献花篮。"总计调归位（步回台侧）。两人一组的礼生捧着花篮依次上前，放在殿前台阶处的左右两边，每边各放置 6 个。花篮由绿色植物衬托，其底部有一圈兰花，上铺五六枝菊花和一些红色玫瑰，中心依次围绕着向日葵、香水百合，再有一两支太阳花点缀。每个花篮规格都相同，周围有 5 条红色贺带，上书"纪念孔子诞辰 2571 周年"。

在上供品时都会有外放的背景音乐作铺垫，伴随着背景音乐中悠扬的古筝声上供品，供品上完，音乐即停止。

（三）读祭文

总计调就位（步入殿前中侧），"请中共红河州建水县委书记范永文诵读祭文"。县委书记走到由礼生放置于殿中央被花草装饰的立式话筒处，面向先师殿站立。一位身穿红底黑边旗袍的工作人员从县委书记左侧递上用托盘盛着的黄色卷轴布绢。县委书记面朝先师殿诵读祭文："维公元二〇二〇年九月二十八日，先师孔子诞辰二千五百七十一年，建水各界人士及嘉宾，聚鲜卉果蔬，伴雅乐佾舞，恭祭至圣先师，其辞曰：华夏屹立，文明熠熠。巍巍岱岳，赫赫仲尼。十五志学，通晓六艺。诲人不倦，殷殷而师。筚路蓝缕，播仁布礼。崇德亲民，中道和协，仁德如山，见贤思齐，删述六经，垂宪后世。道贯古今，德侔天地。万世师表，千秋承继。洙泗流长，儒风南习。泽润临安，化育荒僻。庙学煌煌，学子熙熙。书声琅琅，半榜称奇。兄弟翰林，同堂进士。睦邻仁爱，忠信孝悌。物阜民安，隆昌社稷。金誉临安，边陲重地。文献名邦，邹鲁是比。雄镇东南，名冠三迤。儒脉绵绵，后贤踵继。法古开新，勃发骐骥。德政仁政，初心如一。唯民是举，为民谋利。幼有所长，老有所依。壮有所用，崇功勤绩。农工奋膂，文旅并驱。古城灵秀，墨香飘逸。新城如画，蓬莱在此。上善建水，诗意栖息。圣诞之日，恭祭先师。盛蒙遗徽，效法范仪。唯德是政，唯仁是施。除魔战疫，同舟共济。脱贫攻坚，步稳蹄疾。清廉担当，只争朝夕。风鹏正举，江山万里。共赋华章，大梦可期。绍隆丕业，冀佑荫庇。伏惟尚飨，为祷为祈！"①

　　县委书记念完祭词，向前鞠了一躬，将祭词卷轴放回身旁工作人员所捧的托盘中，从殿右侧回到嘉宾席。

　　（四）三献礼仪式

　　总计调就位，念"请引赞、陪赞就位，三献礼仪式开始"后归位。陪赞从总计调位走到殿中，引赞从殿左侧走到殿中并念道"纪念孔子诞辰二千五百七十一周年，传统祭祀开始，发鼓三通"。一位乐工三次敲击殿右侧立着的大鼓，每次从慢至快，约 20 下。陪赞念"鸣金三响"，一位乐工敲击了三下大殿右侧平常不允许游客触碰的编钟。引赞念"金鼓已毕"，陪赞念"奏大乐"，古乐队开始演奏。引赞、陪赞从大殿檐下往外走了两步，然后迅速转身，一左一右沿"天地"②走到案前，面向天地案，依着大乐节奏笔直跪下，先跪右腿，双手自然垂下，以很小的幅度，弯腰拜了三下。先起右腿，然后起身，后退一步，双手作揖，左手在前，向天地案鞠躬一次。再向前一步跪下，重复了一遍刚刚的动作，这被做礼的人称为

---

① 2020 年祭孔祭文，张绍碧敬撰。
② 做礼的老人们将先师殿前祭祀的区域叫作"天地"，摆供品的桌叫"天地案"。

"两拜六叩"。起身后，后撤一步，引赞、陪赞两人弯腰低头，伸直双手作揖对拜，缓步回到天地案前，面对先师殿站立。待大乐完，引赞、陪赞对了眼神，引赞后跟两位从右侧来的乐师站在大殿左侧，陪赞后跟一位乐师站在大殿右侧，引赞、陪赞身后跟的三人被称为陪祭生，是祭礼中的助手。开始奏细乐，主祭生（引赞、陪赞）、陪祭生（引赞、陪赞身后的5位乐师）一齐进入殿内。引赞、陪赞到大殿行"三拜九叩"礼，引赞不拜，而是在旁提示"叩首、再叩首、三叩首"，此为一拜，与刚刚在"天地"拜的方式相同。引赞念出"礼毕"后，领剩下6人从最中间一扇门出去，引赞、陪赞两人一行出大殿，分左右两列归位。

　　左边一列由引赞带头，共3人；右边一列由陪赞带头，共2人。出先师殿后，沿着直线走到楼梯前，左边一列3人向左转，由左边楼梯下到"天地"，右边一列向右转，由右边楼梯下到"天地"，两列面对面向前再走2到3步至天地案前。引赞和陪赞，引赞身后的两人及陪赞身后的一人这3位陪祭生跪在天地案前，引赞伴着陪赞的念词敬香，香是食指长度的木条，取自文庙内的白树，陪赞念："初敬香，再敬香，三敬香。"引赞、陪赞3次拿起香条，对拜，再放在天地案上，3位陪祭生跟着三次敬香双手捏香举至胸口俯身拜三次。陪赞念："叩首、再叩首、三叩首，礼毕。"3位陪祭生跟着行礼，礼毕，先撤右腿再起身。陪赞再念："分班对揖。"原本跟在陪赞身后的一位陪祭生走到右侧陪赞边，原本跟在引赞身后的两位陪祭生在左边，两列面对面站好，陪赞念："对揖。"两列主陪祭生对拜一次后，队形又发生了变化，左列2位陪祭生回到三人一行，与大殿平行的位置，主陪祭生面朝大殿站好。陪赞念："礼毕复位。"3人从"天地"的边界处向右撤出先师殿前的平台。引赞念"歌咏昭平之章"后，望向殿檐下的歌乐工。歌乐工分上下座，沿先师殿最中间一道门的左右两侧坐好，除负责扬琴的乐工以朝着天地案的角度面对观众，最后一行的乐工是站着的，上下座面对面坐着，歌乐工演奏"昭平之章"，曲牌为《贺上朝》。

　　一阵密集的鼓点后（鼓点，扎），引赞念："奏细乐，主祭生、陪祭生盥手净巾。"主陪祭生从右侧沿"天地"侧，直走至天地案的对面，分左右两边走到天地案背后。陪赞念"盥手"，引赞、陪赞从两青铜壶中双手舀水为陪祭生盥手，陪赞念"净巾"，引赞、陪赞双手递上用小碟子盛着的红色方巾给陪祭生擦手。主陪祭生回到天地案前，进行初献。

　　由陪祭生进行三献礼，所以陪祭生也被称为献礼生。3位陪祭生（也称初献生）到天地案前，跪（先跪右腿），陪赞将托盘放在初献生手上，初献生双手托起托盘至下颌高度，负责捧供。引赞念："跪，依酒盅斟。"陪赞为盅者，递酒盅给引赞，引赞打酒、晒酒，将酒盅放在托盘上。陪赞再执供（水果、糖食），引赞捧供，念跪，再跪，报出供品的名字，将供品放在陪祭生捧着的托盘中。陪赞念："起。"分左右两路，右一陪祭生跟陪赞走，左边两个陪祭生跟引赞走，陪祭生进入大殿，在孔圣像神位前敬献，初献、亚献供品，进入大殿，陪赞念："跪。"引赞念："叩首。"陪赞念："再叩首。"引赞再念："三叩首，起。"引赞带陪祭生出大殿到乐队处，念："归位。"陪祭生归位。引赞念："住乐。"一阵密集的鼓点后，再念"歌咏宣平之章"，歌乐工开始演奏"宣平之章"，演奏声将止，舞佾生集体向前几步。

舞佾生皆为女性，头发扎为低髻，用黑色宽状松紧海绵发圈挽起；身穿暗红色长袍，金色底的襟由"﹁"状黑色花纹点缀，与腰封花样相同；头戴圆顶筒状矮帽，黑底红边，有金线锁边，右侧插有一支黑色羽毛。舞佾生手持小麾，右手持红色龙头下为竹竿的麾，长度与大臂相当；左手持似竹笛一样的麾。右手握在麾的中间位置，左手握在麾的左边起三分之一处。持麾至齐胸高度，与胸保持约两拳的距离，右手握麾垂直于地面，左手握麾平行于地面。右手在前，左手在后，将两麾架成十字形。引赞念："摇麾起舞。"舞佾生按着唱词的节奏开始她们的舞蹈，伴随舞蹈，引赞念："叩首，再叩首，六叩首。"陪祭生在大殿内叩拜，六次叩首结束，亚献便完成了。

总提调念："请游客上台祭拜。"脖子上挂着黄绸的嘉宾及游客跟着两位带队的礼生一行上台阶进入"天地"，直走至殿前摆放的花篮处，伴随总提调的提示行礼，"向孔圣像行礼，一行礼，再行礼，三行礼，礼毕"，结束后由工作人员指引他们从大殿左侧上台阶绕过大殿离场。引赞念："奏细乐，主祭生、陪祭生盥手净巾。跪，起。依酒盅斟。"终献（葱、韭），歌咏"秩平之章"，引赞念："走进大殿，到孔圣像前敬献。"进殿叩首，再叩首，三叩首，起。

出大殿，引赞放回托盘至天地案，到乐队处，引赞念："住乐，歌咏序平之章。"在总提调提示下又一组游客祭拜，"请游客上台祭拜，向孔圣像行礼，一行礼，再行礼，三行礼，礼毕"。

引赞又念："歌咏序平之章。"被游客祭拜打断的礼乐继续，引赞领着陪祭生六叩，礼毕，复位，舞佾生起舞，复位。总提调念："请各位游客向孔子敬献鲜花并祭拜。向孔圣像行礼，一鞠躬，再鞠躬，三鞠躬，礼毕。"游客每人手中拿一支菊花，插在先师殿前两侧准备好的香草中，从两侧退场。随后在（殿外）捏香（白树的树条，去了皮，做成扁状的木片，似食指长度的一节），引赞念："奏细乐，主祭生、陪祭生，跪，初敬香，再敬香，三敬香，叩首，再叩首，三叩首，起。跪，叩首，再叩首，六叩首，起。终敬香，分班对揖，对揖（左右列陪祭生弯腰拱手对揖），朝揖（向大殿拜一次），礼退，住乐。歌咏德平之章（曲牌为《一江风·贺赞》）。"曲终，陪赞念："奏大乐。"

三　祭孔仪式结束

引赞念"祭祀已毕，送圣"，举圣像的礼生带舞佾生离场，出大城门。引赞念："礼成，乐束（止）。"陪赞念："下座拆班。"歌乐工开始将自己的乐器收起来。总提调宣布"2020 年中国红河·建水文庙秋季祭孔大典到此结束"，秋季祭礼仪式结束。此时会有主持人用麦克风引导游客上香祭拜孔子。随后组织简餐礼，一人 36 元，在文庙的府学大堂中进行，主要教孩童进餐礼仪，员工免费。下午提前报过名的家庭，参加成童礼。早上祭孔结束后，文庙便将三牲拉去餐馆加工成卤肉或者做成熟食，下午文庙古乐队及工作人员下班后集体聚餐，整个秋季祭孔仪式才算真正意义上的结束。祭孔仪式当天的流程，从礼教文庙实景演出到古乐队的登场和游客的敬献，甚至扩展到崇圣礼乐演出和"儒家三礼"结束后，文庙各部门和古乐队成员一起吃由供品做成的晚餐，才算真正意义上的结束。旅游业将祭孔仪式舞台化，变得隆重和华丽，官方舞台上祭孔仪式的形式与民间孔子会的仪式流程相似，传统被现代演绎，两者的结构基本相同。

书 评

《魁阁》2021 年第 2 期（总第 5 期）

第 179～186 页

© SSAP，2022

雪山·青草·喇嘛庙

——读《守山》

郭建斌*

读肖林、王蕾的《守山：我与白马雪山的三十五年》，心潮澎湃，思绪万千。读完之后，如何讲述这本书？一时没有思路。直至某日做饭时偶尔哼起歌曲《回到拉萨》中的那一句："那雪山，那青草，美丽的喇嘛庙……"于是就有了现在这个标题。严格来说，这个标题并未准确地传达出这本书的主旨，但是这个标题所蕴含的意境，符合我阅读这本书时的心境。这样的意境是否也与作者写这本书的心境相吻合，我不得而知。在读者与作者之间，正如肖林所讲的白马雪山，虽然同处一座山，但中间或许相隔千山万壑。作为读者，也并非完全是去追寻作者的"意图"，而是从作者的言说中获得某种体验，这本是阅读的常态。

这是一个白马雪山"守山人"讲述自己三十五年来守护白马雪山的故事，同时，也是一个五十岁的藏族男子如何从一个生活在滇藏交界山区的农村孩子，成长为当地自然环境的守护者（甚至是专家）的"生命历程"的自我叙说。全书的文字极为平实，但是这些平实的文字，在阅读过程中，时时撞击着我，让我不敢轻易跳过其中的任何一个字，几乎是逐字逐句地读完。

白马雪山位于云南省迪庆藏族自治州德钦县境内，每次从香格里拉沿214 国道去德钦，都要经过白马雪山。对于这座雪山，除了知道其大概的地理位置，其余的我一无所知。对于其他普通的游客，了解白马雪山的估计也在少数。说到德钦的雪山，更广为人知的，应该是卡瓦格博。它是云

* 郭建斌，云南大学民族学与社会学学院教授。

南全省海拔的最高点（6740米），也被写进了中学地理教材。卡瓦格博位于怒江与澜沧江之间，地跨滇藏；白马雪山则是澜沧江与金沙江的分界线。对于白马雪山，肖林在书中这样写道：

> 白马雪山，稍微懂点藏语的汉人也许会认为"白马"是藏语"莲花"的音译。莲花是藏传佛教中非常重要的意象，意义丰富，传播深远。藏族人认定的将佛法传到藏地的莲花生大师有很多藏文称呼，其中一个即"白马迥乃"（音译）【原文此处有藏文，略】，意为莲花中生。有了这层渊源，"白马"也就成了汉族人熟悉的极少数藏语词汇之一，以至于很多人在文章中自认为得其实地写：白马雪山就是藏族人心中的莲花。不过要让这些自认为懂藏族文化的人失望了——白马雪山中的"白马"是直接起的汉语名，并非藏语音译。（第28页）

上述引文后面还有肖林对"白马雪山"名字由来的推测，暂不引述。对于白马雪山，我自己不属于肖林所说的"稍微懂点藏语的汉人"一类，虽然我在藏区调查期间都会和当地人学一点藏语，但是我对于上述那样的"合理想象"始终保持警惕。即便如此，读到上述文字时，我仍十分小心翼翼，并用钢笔做了一点勾画。对人类学略知一二的人，或许都知道马凌诺斯基（Bronislaw Kaspar Malinowski）所说的"当地人内部视角"的说法，这已经成为人类学中的"陈词滥调"，但是对于人类学田野工作者来说（在这里我无法用同样的要求去苛求普通游客），真正能做到这样的，并不是多数。更多地，或许还是肖林所说的这种情况——表面上看起来似乎头头是道的解释。肖林在这里没有说具体的人名，但是我猜测他肯定不是对普通游客的"苛求"，肖林在三十五年的工作经历中，接触过不少国内外、多学科的研究者，我猜他在说这番话时，内心一定是有具体所指的。

读完全书后，我不自觉地把肖林这里的叙述和后面讲到的一个经历联系了起来。1994年，肖林在结束了整整三年对白马雪山滇金丝猴的野外考察之后，根据笔记整理出了一篇文章，经朋友推荐到了一个中央级的报纸（原书中有报纸的名字，此处略去）。文章最终发表了，署名却变成了该报的驻站记者。"内容全是我写的，形式上却改成了这个站长跋山涉水、艰苦采访出来的'报道'。"（第129～130页）肖林这样写道。

读过肖林在白马雪山三年的野外考察经历，我完全能够理解肖林在那篇文章被"巧取"后的愤怒，也更能理解他在前面对那些"稍微懂点藏语的汉人"温和的批评。1991年至1994年，作为白马雪山保护局委派的两名工作人员之一，肖林参与了昆明动物研究所和美国加州大学联合进行的对白马雪山的野外考察。三年的经历，浓缩在了50多页的篇幅中。在这三年的野外考察中，肖林拍到了最珍贵的一个滇金丝猴完整家庭的照片，同时也经历了无数次刻骨铭心的孤独、病痛，以及饥饿。在1993年至1994年，熬过了春节的孤独、伤病的折磨，以及每天吃大米粥和方便面的漫长冬季之后，1994年3月，本以为春天很快来临，没想到迎来的却是白马雪山60年未遇的大雪。肖林这样写道：

> 我们几个人经常对坐烤火，几个小时也没有一句话，饿得已经忘记人类需要说话。等到马拉松一样的大雪终于停了，山下遥遥地多了几块含混的绿色，我和钟泰、老柯都齐齐往山下冲去，三个野人同时嗅到了新鲜植物的巨大诱惑。
>
> 灰白大地间冒出的绿色刺激了我们，我们疯狂地扑了过去，只有一地的荨麻，浑身是刺。不管了，我们把方便面的袋子套在手上，再顺着茎粗鲁地捋下嫩叶。根本等不及回营地，马上就地用石头架出一个火塘，用简易的饭盒煮了起来，没有盐没有油，舌头已经不知道滋味为何物……直到每个人都吃了几饭盒荨麻叶，肚子才感觉出了舒服，毕竟整整一冬我们都没有吃到蔬菜了。（第117~118页）

肖林在此期间记录的那些日记，从某种意义上来说是用生命换来的，因此当他根据这些日记整理出来的文章被待在办公室里的新闻记者"妙笔生花"变成了自己的作品后，这位30岁出头的藏族青年以怎样的方式来回应这个新闻记者，在我看来，都是能够理解的。在朋友帮忙下，肖林走了正常的法律程序，结果"只是庭外调解"，此后在接受其他媒体的记者采访时，肖林这样说道："我的文章写得不好，但那是真实的，是在海拔4300米的雪洞里写出来的。"（第130页）我没有经历过肖林那样的千辛万苦，但是无论在云南怒江州的独龙江，还是在西藏，在田野调查中也经历过一些磨难。或许正因如此，我更能体会到肖林所说的那样一些真实记录的价值。

以上这样一些文字之所以能够吸引我，还有一个十分重要的原因是这些文字从某种意义上来说也是对从事民族文化研究者（也包括新闻记者）的一种"训诫"。很多时候，我们的研究对象自己是不会发声的，或是很难发声的。研究对象的很多话，是通过研究者"转达"的，研究对象或是看不到，或是看不懂研究者所写的东西，通常他（她）们也无暇去顾及这些事情，因为这是研究者的"饭碗"，不是他（她）们的"饭碗"。肖林特殊的身份，使他时常处于研究者和研究对象之间，充当了一个"中间人"。他了解藏族的文化，熟悉家乡的山水草木以及野生动物。他这样一个"中间人"，其实不仅仅是旁观者，有时候他得像当地人一样地生活，遵循自己的信仰，传承本民族的文化；有时候他又得像一个研究者一样地悉心观察、记录，并报告自己的观察结果。这样一种"中间人"的状态使他处于一个较为有利的位置，能够洞察两边的情况，并且发出了一些难能可贵的声音。其实肖林并非完全站在当地人的立场上来发声，当地的那些盗猎者，从某种意义上来说和他是同乡，对于同乡们的盗猎行为，他严格地"依法办事"，绝不袒护；对于当地的那些毁林行为，有些虽然肖林无能为力，但他也时常反思，甚至协助媒体进行"曝光"。民族志写作进入"实验民族志"阶段之后，其中很重要的一点是让研究对象发声，而不仅仅是由研究者充当"传声筒"，肖林的讲述，从某种意义上来说也是"研究对象"自己所发出的声音，因此值得每一个传统意义上的研究者去仔细聆听。肖林自然不会像我在这里所说的一样将这些个人经历上升到理论的高度，进行某种抽象化的表达。但是他的这样一些基于个人经历的讲述，却是很多抽象的道理、理论最为具体、最具说服力的表达。很多研究者口口声声要进入研究对象的生活世界，但真正进去的又有多少？当然，正如美国人类学家格尔茨所说，研究者并非是要变成当地人，但格尔茨这样的说法绝不是为研究者"走马观花"式的观察、研究提供辩解，而是说研究者在"成为当地人"之后还有另外一个重要使命，即把他（她）所观察到的东西以符合学术常规的方式表达出来。也正如列维－斯特劳斯所说的，研究的目的不是冒险。但是，无论是自然科学的野外考察，还是人类学的田野调查，进入那些人迹罕至的区域，或是进入那些一般人难以进入的"圈子"，所获得的第一手资料，本身就是具有重大价值的。套用一句时髦的话，这也是"把论文写在大地上"。

以上是《守山》一书撞击着我的第一个方面。

第二个方面，从肖林的讲述中，我读到了一个同样十分重要的问题，这个问题，说大一点，就是"人与自然""人与环境"的问题。肖林所讲述的那些人与自然、人与环境之间的关系，以及如何把环保观念内化为现代人的意识，这部分文字不断地撞击着我。

1983 年，白马雪山保护区成立，肖林成了保护区的第一批正式职工。那时的肖林，正如他自己所说："我们所有人对保护工作都没有概念，甚至对'自然保护区'这五个字都很陌生。"（第 25 页）对于从小生长在这片土地上的肖林来说，在成为保护区的正式职工之后，自身也面临着观念的转变，因为他此前的农村生活，也是"靠山吃山，将打猎、砍树、取柴视为天经地义之事"。虽然1983年的肖林还是一个16岁的少年，但是由于身份的转变，他不得不"努力忘记小时候吃熊肉的快乐"，以各种"不准"去规范村民。关于这样生硬宣传的效果，肖林讲到了这样一个故事：

> 村民大会通常在晚上召开。我嘴笨，一起来的同事也不灵光，两个人连开场和村民插科打诨都不会，木讷地把所有"不准"一气念完，马上觉察村民们的不满情绪已经乌云压境，随时就要打雷下雨了。我们不敢抬头，看看时间，平时至少要开一个小时的村民大会，居然才开了十几分钟。我们还在等村民们提出问题，可他们已经一个接一个愤然离场。这时我和同事突然想起，还没安排我们今晚的住宿呢，正想出去找人，灯也像算计好似的突然熄灭了。我们走出空荡荡的会场，村里连松明子都灭了，一片黑暗寂静，看来他们直接下了逐客令，我们就是过街老鼠。（第31～32页）

肖林因为自身角色的转变，不得不硬着头皮去做这样的宣传，因为这是他的工作，也是"饭碗"。但是对于普通村民来说，面对这样突如其来的转变，以及两个毛头小伙对自己的"发号施令"，他们又如何能够接受。这也是环保工作初期所普遍面临的难题。其实在我读来，这一表象后面还隐含着一个更大的问题，那就是现代环保观念与"地方性知识"如何有效衔接的问题。在肖林的讲述中，他虽然并未这样去说，但是我想在这一点上，我没有曲解他的本意。

在这里，我要讲一个自己在云南独龙江调查期间遇到的事情。我至今清楚地记得那是2001年12月31日晚上，我在独龙江乡马库村位于江边的一个村民小组中对一个老人进行访问，当问及他们家族原来所居住的地方时，老人立即提高了嗓门，慷慨陈词一番。我在独龙江上游学过一点独龙话，但还未完全过语言关，对于下游的独龙话，我能听懂的更少。但是从有限的能听懂的几个词以及老人愤怒的语调中（火塘边的光线昏暗，水轮机供电的灯仅能提供起码的照明，无法看清表情），我大致猜到了一点他的意思。待老人陈词结束后，翻译把他的话转述给我，大致的意思是：现在国家搞保护区（即高黎贡山国家级自然保护区北段），山上的猎物都不能打，我们吃什么？尤其是"我们吃什么？"几个字，深深地刺痛着我的内心。2000年，经国务院批准，原来怒江州境内的贡山、福贡两个省级自然保护区并入原来只有中南段（包括当时保山市的腾冲县、隆阳区及怒江州的泸水县）的高黎贡山国家级自然保护区。或许是保护区初建，政策并不完善，更多强调的只是"禁令"，而这些"禁令"可能给当地人生活带来的影响尚未被充分意识到。因此，那位老人才会如此愤怒。这样的"冲突"，与上面所引述的肖林他们去开村民会时所遇到的事情或许并无本质的区别。同时，在独龙江半年的田野调查期间，我也了解到即便是当地原来那种被某些外人称为破坏生态的"刀耕火种"的耕作方式，其中也不无丰富的生态保护理念。这里也不展开说明，让我还是回到肖林的书。

除了宣传动员，肖林当时的工作还有一项重要任务是植树，这两项任务是肖林刚参加工作时的常规内容，并且"一做就是好几年，保护区内有一项最应该做，而我们却从未做过的基础工作"（第 33 页），那就是"巡山"。"白马雪山保护区成立整整三年，其间都没有巡过一次山。"（第 33 ~ 34 页）

肖林在书中讲述了第一次巡山的经历，那次经历，即便在今天读来，字里行间，也能体会得到某种"惊心动魄"，在此只能摘录其中的一小段文字：

> 同样愤怒的培布站长把怒气压了压，嘱咐我躲起来。天色将晚，盗猎分子就要回来了。他自己藏在门后，将枪上了膛。临时窝棚中摆放着睡觉的行李，数数有快十副，看来盗猎分子近十个人，而我们只有两个人……不敢再想，我把刀鞘往前拉了拉，心一横，大不了拼命！
>
> 有脚步声从远处渐渐传来，我几乎趴在地上，从临时窝棚下方漏开的缝隙去数人数。七个，我打手势给培布站长，他眉头也紧了。
>
> 盗猎分子离得越来越近，我几乎就要蹿起来，此时情况却急转直下。
>
> ……那一刻，我透过临时窝棚，就看到了这样一条短到盖不住脚踝的破裤子，正抖如筛糠，难道他们害怕了？
>
> 原来盗猎分子嗅到不对，为首的人在门外窥见了培布站长，培布站长之前在公安局工作，盗猎分子以为惊动了公安局，就这样，没有经过殊死搏斗，七个人就老实投降了。（第 37 页）

这次巡山，肖林等人走了一个星期，共抓获盗猎者十九人。经过这次巡山，肖林也才真切地体会到了"盗猎"和传统"捕猎"的根本区别，他

这样写道："当捕猎已经远远超过当地人吃穿的需求，而被卷入经济诱惑中，成为对野生动物的贪婪掠夺，就是盗猎。"（第40页）

我在上面所讲的独龙江的故事，属于肖林所说的传统的"捕猎"，当时高黎贡山国家级自然保护区的建设，的确影响了当地人的生活。肖林此处所说的"盗猎"，其本质是地方被不断地卷入更大的市场体系之后所带来的"恶果"，需要从一个更为宏观的角度对市场体系进行反思。甚至这样的反思要触及自身：我是否也是这个市场体系中的"消费者"？

肖林后面又讲到了保护区内森林采伐、松茸的无序采摘等，同样是地方（包括政府和民众）被纳入了一个庞大的市场体系之后所导致的结果。对于此类现象，我个人的主张是不仅仅要看到市场的"源头"，也要看到作为市场"终端"的消费者。在独龙江调查期间，我也见过黑熊、秃杉等国家级保护的动植物，这些东西的消费者，同样不是当地人。

由于种种机缘巧合，肖林后来接触到了一些从事环保工作的非政府组织（NGO），使他学会了一个新词——"社区"。他又把"社区"的理念引入他的工作实践，开展了如"松茸资源管理"、藏文学校筹办等项目。具体的细节，肖林在书中也有详细的讲述，在此不再细说。

环境保护与民族文化，可以说是肖林作为一个藏族人，一个自然保护区工作者三十五年的人生经历中挥之不去的两条主线。或许在肖林看来，我前面所说的现代环保观念与"地方性知识"之间如何有效衔接的观点也过于浅薄。肖林在书中这样写道：

> 我曾经参加过一个研讨会，在会议中听几位资深环保专家滔滔不绝地讨论，如何利用藏传佛教达到保护生物多样性的目的。作为藏族人，我内心非常排斥这样的说法。……与其"利用"，倒不如讨论藏文化中究竟有什么、是什么，真正值得其他文化在保护自然中学习和借鉴。（第186～187页）

我不清楚肖林是否在那个研讨会上表达了他的上述观点，无论如何，当我读到这段文字时，我的感觉是"振聋发聩"。这是一个在藏族文化的熏陶下成长并且多年奋战在环境保护第一线的工作者发出的声音，某些"滔滔不绝"的"资深专家"或许会置之不理，继续他（她）的"高谈阔论"，但是这样的声音的合理性，一定会在未来的实践中得到检验。

在结束这篇读书笔记之前，我想再次引用肖林书中的原话，作为结语：

　　近些年被很多人颂扬的所谓"藏族保护环境的传统文化理论"其实很简单，从我一个藏族人的角度看，根本不在于表面的那层信奉与敬畏，也不在于要相信天地中的那份超自然的力量。如果一定要参考，藏文化中倒是有两处可供借鉴：第一，懂得人类的局限，明白人类不能毫无节制地只是顺着欲望无限扩张；第二，环境要与一个人、一个地区的财富和前景甚至道德力画上等号，环境和人类的利益深深捆绑，损害环境便意味着损伤自身。（第 191~192 页）

参考文献

肖林、王蕾，2019，《守山：我与白马雪山的三十五年》，北京联合出版公司。

译　文

《魁阁》2021 年第 2 期（总第 5 期）
第 189～205 页
© SSAP, 2022

爱德华·萨义德与人类学[*]

尼古拉斯·B. 德克斯 著　王立秋 译[**]

虽然爱德华·萨义德对人类学这门学科产生了巨大的影响，但人类学家并不总是把他当作友好的批评者来欢迎。或者说，正因为他影响巨大，所以他才不总受人类学家待见。对一些人类学家来说，他的研究中那种不受欢迎的想法，即"殖民的起源"给这门学科带来了永恒的污点。很难说萨义德是第一个提醒人们注意人类学的殖民起源及其造成的殖民后果的人，但他提出的质疑，又在某种程度上引起了众多人类学家的不适、防备和反动。1989 年 11 月，在应邀以人类学对话者的身份参加美国人类学学会（American Anthological Association，AAA）年会的时候，萨义德批判地反思了美帝国主义对这门学科的影响。他指出，殖民形式的知识一直存在，为此，我们需要明确的政治介入。但不是所有人都接受他的反思。根据一位观察者的叙述，"回应者们愤怒而用力地指出，大量的激进文献和个人的政治经历并不是萨义德说的那样"（Leonardo，2000：47）。有鉴于

[*] 译自 Nicholas B. Dirks，"Edward Said and Anthropology"，原载 Adel Iskandar and Hakem Rustom eds.，*Edward Said：A Legacy of Emancipation and Representation*，University of California Press，2010。原文的一个更早的版本以同题发表于 *Journal of Palestine Studies*，Vol. 33，No. 3（Spring，2004），pp. 38－54。

[**] 尼古拉斯·B. 德克斯（Nicholas B. Dirks），美国著名历史学家、人类学家，美国卫斯理安大学亚非研究学士，加州大学历史学硕士、博士，曾任加州大学伯克利分校校长，现任加州大学伯克利分校历史学与人类学教授、纽约科学院院长。主要研究方向为南亚的历史与人类学研究和殖民主义研究。代表著作有《空王冠：一个印度王国的民族史》（*The Hollow Crown：Ethnohistory of an Indian Kingdom*，1987）、《心智的种姓：殖民主义与现代印度的形成》（*Castes of Mind：Colonialism and the Making of Modern India*，2001）、《帝国的丑闻：印度与英帝国的创造》（*The Scandal of Empire：India and the Creation of Imperial Britain*，2006）等。王立秋，北京大学国际关系学院比较政治学博士，现为哈尔滨工程大学人文社会科学学院讲师，河北大学伊合组织研究中心客座研究员。

《东方学》对整个人类学研究具有重大意义，我们预期人类学家可能会像欢迎英雄一样欢迎他。但他没有受到那样的欢迎。

1978 年，爱德华·萨义德出版了他开创性的著作《东方学》。他在书中表达了对迄今为止一切承载殖民理念与遗产的学术研究最令人信服的论战式批判。在这部作品之后，看起来，只要研究殖民世界，就不可能不明确或含蓄地参考他的批判：殖民统治塑造了我们（身为研究殖民世界的人类学家、历史学家、区域研究专家等）的文献和我们的基本范畴与假设。萨义德证明了东方之所以作为东方，是权力与知识在西方殖民统治的语境中合作构造出来的。在使用"东方学"这个术语的时候，萨义德想表达的是这个词中多个相互依赖的意思。首先，东方学指殖民建制的这一倾向，即它倾向于把东方看作西方的他者，看作一片充满了异域生物和可用财富的土地，而这些生物和财富存在的主要目的，是服务于西方的经济和想象。他还用"东方学"这个术语来描述一整套更加复杂的学术系统，这套学术系统内嵌于诸如语文学、考古学、历史学和人类学此类的实践。它虽然赞美东方的古典文明（但它同时也美化了，甚至更加地赞美了西方的学术努力，因为正是这些努力使对东方古典文明的恢复和研究获得可能），却也认为东方自古典时代以来的全部历史是一个衰落、败坏和颓废的故事。东方学无论伪装成殖民的信念文化，还是更加专业化的学术亚文化，都共享了一些关于东方的基本假定，这些假定贬低当下，否定历史，并压制人们特别是被殖民者的感受力，使之无法在当代的被殖民世界中感受到任何政治的、社会的或文化的自主性和潜能。萨义德指出，这种思维的结果是，人们不停地把东方"东方化"，不断地重复（让人觉得东方）低人一等、只配服从的修辞。

人类学家肯定也认识到了这个批判的重要性，他们已经充分地意识到先前许多人类学知识背后的殖民语境，以及在很大程度上，人类学的工作还在给"异域"、"他者性"和"原始人"这样的观念以特权。但在 1987 年的 AAA 会议上，出席者们显然对《东方学》提出的批判的含义和范围持纠结态度。当时，讨论组成员肯定谈到了殖民主义和帝国主义的问题，但他们的回应，却表现出一种对萨义德提出的那种总体化认识论批判的不死心的抵抗，哪怕一些回应者关心的其实是这点，即萨义德没有提到学科内马克思主义（人类学）对帝国主义的批判。如果说，萨义德的立场被认为太过于关心认识论和政治，而不够重视经济或物质的话，那么，他至少谈到了这点，即人类学实践和人类学知识的政治危机是怎样进入文学和哲学领域的。身为英文与比较文学教授，萨义德一直为历史和政治问题只被当作读、写的问题来处理而感到着急。事实上，20 世纪 80 年代，学界经历了这样一个变化。人们放弃了越战时期的政治介入，转而把注意力集中在文学理论和叙事方法上。在评论"为像《写文化》或《作为文化批判的人类学》——只要提及两部极其显眼的近著就够了——那样的文集撰文的学者，几乎都没有像许多文学学者在谈到文学概念时真的建议的那样来明确要求终结人类学"（Said，1989：208）时，萨义德是对的，但他的评论在修辞上惹了是非。在指出再现/代表的危机已经主宰了近来人类学的写作（他提到的那两本书都是 1986 年出版的）时，萨义德做足了批评人类学的文学转向的准备："出圈的人类学家①几乎都不掩饰这个事实，即他们希望人类学和人类学的文本可以在风格和意识上更偏向于文学或文学理论；或者，人类学家应该少花些时间来思考母系制，多花些时间来思考文本性；又或者，他们的研究应该更多地以与文化诗学相关的问题为中心，而不是以像部落组织、农业经济和原始分类那样的问题为中心。"（Said，1989：208）萨义德看起来为此而感到惊讶：许多人类学家从《东方学》中获得的信息，竟然是他们应该更加关注殖民主义的诗学而不是人类学的政治。

　　不过，AAA 会议讨论组成员关心的，与其说是对文学理论的批判，不如说是殖民主义与人类学的关系，这个关系影响了人类学这门学科的构造，表明殖民主义与资本主义之间存在某种联系。而在指出"近来马克思主义、反帝国主义和元人类学学者的作品……也揭露出一个真正的隐患，这个隐患关乎作为一个整体的人类学的社会政治地位"（Said，1989：208）的时候，萨义德揭出的问题是，为什么在这种情况下，人类学家——比如说，那本提出一个新批判"历史人类学"模型的"值得注意的书"的作者——还会去充满热情地证明人类学作为一门学科的重要性。在人类学的现行"范式显然已经枯竭"的时代，最终的克制（乃至放弃）怎会堕落为对人类学存亡的担心？②（Said，1989：209）萨义德还认为，虽然像马歇尔·萨林斯和艾瑞克·沃尔夫那样的人类学家的原创性工作非常重要，但他们也缺乏批判的自我反思③和对同时代的政治再现/代表（the contempo-

---

①　即在人类学这门学科外还有读者的人类学家。——译注
②　意即，在一种范式已经枯竭的时候，学者们原本应该做的是克制，甚至放弃这种范式，而去寻找新的范式，但在人类学这里，学者们反而心系人类学的存亡，回头论述起它的重要性来。——译注
③　在这点上，萨义德还含蓄地指出，就大部分历史工作者而言，他们对殖民材料的批判介入也不明显。

raneous politics of representation)① 的意识（Said，1989：212）。人类学家要么退入文本性，要么实践各种马克思主义政治经济学，但在这两种情况下，他们看起来都回避了这样一个问题，那就是，后殖民田野越来越不欢迎老式的民族志田野工作的历史和政治原因究竟是什么。而在他们关于自己行会②的重要性的郑重申明中，他们看起来又暴露出各种焦虑，根据萨义德的直觉，这些焦虑必然与人类学的根本的政治相关。无论萨义德是否有意夸大，讨论组成员的回应都表明他戳中了其敏感之处，而这些回应也表明，虽然在当代的美国社会科学中，人类学有各种各样的优势，但它依然难以面对自己的殖民起源带来的谱系负担（genealogical burden）。在本文中，我将反思萨义德对人类学的影响和他给人类学留下的遗产，但我要把这个问题放到人类学深刻而持久的学科焦虑这个更大的语境中去考虑。从某种程度上说，《东方学》把这个焦虑给带了出来。

事实上，在《东方学》中，萨义德不太关注人类学的历史。他在那里开展的历史论战主要针对的是文本、语文学和文明研究的学术传统，以及殖民统治正式的政治与制度机制之间的合作，这个合作是结构性的，在很大程度上也是话语性的（discursive）。在提到人类学的时候，他要么把它当作区域研究的一部分，要么认为它和历史学、政治学一样，是一门战后学界在描画世界各个区域（之前这件事情是留给文本学者或殖民行政官员来做的）时所倚重的社会科学。的确，他批判了像克洛德·列维－施特劳斯和 A. L. 克鲁伯那样不同思想家的人类学简化论包含的文化主义（reductive culturalism）——就像古鲁伯（Gustav von Grunebaum）那样影响力巨大的东方学学者对这种文化主义的使用（Said，1997：296－298）。不过，克利福德·格尔茨是少数萨义德在论战中满怀敬意地提到的学者之一。萨义德赞美格尔茨的学术研究超越了"要么从正典的角度、要么从帝国的角度、要么从地理的角度来定义的"东方学领域，说"克利福德·格尔茨的人类学……足够就事论事和实事求是，其出发点是他研究的具体的社会和问题，而不是东方学的仪式、前设和学说"（Said，1997：326）。萨义德在后来的论文《重新思考东方学》中也尖锐地批评过格尔茨的"标准的学科合理化（操作）和沾沾自喜的关于诠释循环的陈词滥调"。但这时他与其说是在改变他之前的评论，不如说是在吐露他的那种更加令人不安的感

---

① 意思是，在分析材料的时候，这些学者不够关注材料中是"谁在说话、为什么说话以及对谁说话"。
② 指人类学。萨义德经常把专业的学科、学术圈子比作中世纪的行会。——译注

觉：人类学家在重复哲学和文学的理论以及在政治上自欺的心思，这些理论和心思更加强调意义与诠释，而非政治与历史的喧闹要求（Said，1985：5-6）。并且他小心地，把这个担忧当作赞美约翰尼斯·费边的《时间与他者》的背景来使用（Fabian，1983）。从对诠释循环的批评出发，萨义德指出，"费边的严肃努力更值得注意了，他把人类学家的注意力又拉了回来，使他们重新关注民族志学者和他或她的被构造出来的对象之间的时间、权力和发展上的悬殊"（Said，1985：6）。不过，在萨义德的著作中，人类学扮演的角色并不起眼，这种状况直到他1987年参加AAA会议才发生变化。

虽说如此，但萨义德无须直接或大篇幅地评论人类学，就能把他的书中的核心问题，和人类学在殖民的历史中作为一个学术领域、一个学术传统的东方学所造成的历史和理论后果关联起来。而且，萨义德对区域研究的批判差不多也适用于人类学，因为人类学在区域研究（这里说的区域研究既是指一个普遍的研究领域，又是指大学区域研究机构或中心内的具体活动）的许多核心活动的发展和阐发中起到了重要作用。的确，战后人类学之所以会大规模扩张，是因为人们在政治上和学术上认识到它在后殖民世界研究中扮演的至关重要的角色。当然，很难说萨义德是第一个指出我们需要对这门学科进行政治的、历史的考察，或把人类学与东方学关联在一起的人，但是，正如我们已经看到的那样，他触及了（人类学家的）痛处。人类学的评论者承认萨义德批判的重要性，但这么做往往只是为了反过来指控萨义德，说他把东方学本质化了，就像东方学把"东方"本质化了那样；说他使真正的"东方"没法在任何叙述中出现或回嘴（speak back）。形形色色的评论与评述反击萨义德，说萨义德也犯下了他归给帝国的西方、归给东方学学术传统的同样的罪。（参见 Richardson，1990：16-19）对这些批评家来说，萨义德既是一个尼采式的后现代主义者，又是一个政治辩论家，无论在哪一种情况下，都有批判过度、自相矛盾和对事实漠不关心的问题。但这本书出版三十年来引发的这些指控，揭示了一个更加根本的事实：《东方学》不只是一次重要的介入，它还在20世纪下半叶人类学的概念重建中起到关键作用。

如果说，其他人〔也许，最值得注意的是安瓦尔·阿卜杜-马立克（Anwar Abdel-Malik）〕也预料到了萨义德的核心论证的话，那么，人类学关于萨义德作品最重要的预言，则是塔拉尔·阿萨德（Talal Asad）在《人类学与殖民遭遇》（*Anthropology and the Colonial Encounter*）中提出的（Asad，1973）。阿萨德在这本书中集结了他于1972年在赫尔大学召集的一次会议的参会论文。书中指出，英国的社会人类学在很大程度上忽视了殖民主义这个主题，特别是它与人类学的关系。在反驳那些坚持这点——人类学这门学科是从"启蒙的观念和理想"生长出来——的人的时候，阿萨德写道，"人类学也植根于西方与第三世界的一次不平等的权力遭遇，这次遭遇可追溯至欧洲的资产阶级出现的时候。在这次遭遇中，殖民主义只是一个历史时刻。这次遭遇使西方得以获得关于它逐渐支配的各个社会的文化和历史信息，因此不但生成一种特定的普世理解，更强化了欧洲世界和非欧洲世界之间能力上的不平等"（Asad，1973：16）。这是一个根本批判的胚芽，而阿萨德后面的评论也使这个批判变得更加显著。他说，尽管人类学家合法地要求"同情地记录土著的各种生活形式（否则，这些生活形式就会消失而不为后人所知）……但他们也时而间接地对维持殖民系统代表的权力结构做出贡献"（Asad，1973：17）。在他自己为这本书写的导言中，阿萨德通过进一步论证指出了东方学学术和人类学写作之间的互补关系："东方学家的建构——通过聚焦伊斯兰传统的一个特殊意象，以及人类学家的建构——通过聚焦非洲主义传统的一个特殊意象，都有助于在特定的时刻，在西方与第三世界的权力遭遇中，为殖民的支配正名……同时拒绝讨论资产阶级的欧洲是怎样把它的权力和它自己关于正义的政治秩序构想强加于非洲和伊斯兰人民的，这两门学科基本上都是在让殖民的统治阶级安心。"（Asad，1973：18）

尽管阿萨德的论证很谨慎，但他的核心要点，却经常被诠释为这样的指控，即人类学家一直是殖民统治的"婢女"，并且对于像戴尔·海姆斯（Del Hymes）和罗伯特·肖尔特（Robert Scholte）那样多样的人类学家（在这方面）的介入，人们也是这样理解的。在严肃对待这一指控的时候，人类学家——特别是英国的社会人类学家——会提供从截然不同的角度来阐明学科历史的个人和机构的历史，来为自己辩护。重要的是，事实上，阿萨德并没有暗示直接的或有意的合作，他主要感兴趣的也不是指责。他把他对殖民主义的批判，建立在对"世界权力的辩证"的更大的分析基础之上。无论希望与否，如今人类学家能做的，不过是强化现有的安排和理解罢了。相反，他写道，"我相信，把殖民时代的社会人类学主要看作是对殖民行政的援助，或看作是殖民意识形态的简单反映，是错误的。我这么说不是因为我赞成人类学建制对自己的舒适看法，而是因为资产阶级意识（社会人类学只是这个意识的一个碎片）自身内部一直包含深刻的矛盾和含糊——因此也就包含了超越自身的潜能"（Asad，1973：17）。无论如何，阿萨德主要关注的，是殖民主义对人类学知识的影响："这样的贡献说到底对接受知识和提供赞助的大帝国来说不是决定性的，但并不意味着，它对提供知识和接受赞助的小学科来说不是至关重要的。"很明显，直到很久之后，才开始有人直接关注到这个更加微妙的点（参见 Pels and Salemink，1999）。而且，阿萨德并没有走向一种更加建构主义的认识论批判，因为至少在那本书中，他没有给知识以爱德华·萨义德、福柯与尼采一样坚持的那种权力。

但阿萨德的论证——人类学家具化了殖民者心中的被殖民社会意象——是严厉且领先于时代的。另一位很早就从普遍的看法中走出来的学者是人类学史家伯纳德·孔恩（Bernard Cohn），他在 20 世纪 50 年代后期开始写作了不少关于他所谓的殖民的知识社会学（a colonial sociology of knowledge）的政治蕴含的批判论文。孔恩以多种方式展示了何为税收和土地所有制的安排、法典和制度以及我们今天所谓的"殖民治理性"的其他表达，这在英国对印度的征服和统治来说具有根本性（Cohn，1987）。他还展示了这点，即许多相关的殖民理解和政策，被当作了关于印度的基本真理——不只在其被殖民时期如此，在其文明的整个历史中也如此。1968年，孔恩以一种预见了萨义德的一些关于殖民知识作为话语形构的特征的论证的方式写道，"东方学家和传教士在对印度文化和社会的评价上两极对立，但在那个社会的核心原则和制度是什么上，他们一致认为印度是这样一个社会，其中的宗教观念和实践支撑着所有社会结构；他们一致认为婆罗门通过对神圣文本知识的控制，成为神圣传统的主要维护者……他们都很少尝试用政治组织、土地所有制度和法律系统或商业结构的实际运作的事实，来核对他们从文本中得出的社会图景"（Cohn，1987：146）。孔恩还展示了这些（错误）理解的生产性质（productive nature）。比如说，在讨论种姓的时候，他提出，殖民时期每十年一次的人口普查，在像 H. H. 里斯利（H. H. Risley）那样的行政官员 - 学者手中，不但把印度是种姓之地的想法——"印度被看作一个种姓的集合；具体的图景因时间、地点的不同而不同，但印度是它的部分的总和，而部分即种姓"——正典化了，也使种姓成为一个对地方社会运动和政治动员的发展来说更为重要的制度（Cohn，1987：147）。孔恩进而在接下来的重要论文中，讨论了与殖民形式的知识相关的一系列问题，包括从早期殖民语法的生成意义，到殖民者在景观式的国家功能中推行的，意在代表英国的权威以及凌驾于印度精英之上的霸权的象征经济。孔恩想要把人类学历史化的意识，在很大程度上是这一认识的结果，即殖民遭遇极大地塑造了人类学在印度的发展。

　　如果说，孔恩对研究殖民主义的历史学家，特别是那些研究英国在印度殖民史的历史学家带来深刻影响的话，那么其他人类学家，则更多地以他们对历史的拥护而著称。比如说，孔恩在芝加哥写作的同时，马歇尔·萨林斯就在一系列出自他在夏威夷和波利尼西亚的工作的书中拥抱了历史。萨林斯不但以结构主义为主导框架，把文化当作一个核心观念来强调，他还把殖民主义的作用最小化了，只把它当作资本主义的一个扭曲效应来考虑，认为它只是影响了关于"土著"和"他者"的正确理解（Sahlins，1985）。对萨林斯来说，历史主要关乎结构的再生产，变革是文化遭遇的耦合结果，而文化遭遇则通过资本主义文化驱动的逻辑，改变了基本的结构。在他自己的历史人类学的"奠基神话"（founding myth）中，萨林斯叙述了这样一个故事：库克船长糊里糊涂地驶进夏威夷罗诺神的神话地，却发现自己成为祭祀仪式的太过于物质的受害者——这个事件引来了帝国的报复并最终使该岛被殖民。许多人类学家把萨林斯对这个历史时刻开创性的分析，看作是其极大修正了人类学传统上对时间性和历史的厌恶，但后来加纳纳什·奥贝塞克拉的批判（无论它的历史结论是多么的暂时）却澄清了这点，即在历史人类学的土地上，也不是一切都好（Obeyesekere，1992）。尽管这场争论在一个层面上，是关于文化与实践理性的那场更大的争论的一次演练，但在另一个层面上，也是一次关于"土著"知识与"人类学"知识的尖刻交流。但是，也许在更基本的层面上，它关乎殖民权力与殖民知识之间的关系，而在《东方学》出版后，这一关系的条款本身也变得无可回避了。

　　奥贝塞克拉认为，萨林斯对历史文献的解读流于字面。尽管萨林斯有渊博的档案材料知识，但他却没有联系殖民权力的系统利益——在物质的和意识形态的意义上说——来"对位地"阅读殖民文本。[①] 而且，奥贝塞克拉指控萨林斯，说他轻信了欧洲人在"土著"眼中被当作"神"这个常见的西方神话。当然，这个批判的最普遍的含义在于，当代人类学对文化的理解——无论多么地具有批判性，无论经过怎样的修正——还在再生产古老的殖民概念，这些概念一直以关于被殖民人民的文化刻板印象的形式到处流传。奥贝塞克拉以他自己在斯里兰卡的工作，和他本人关于斯里兰卡的知识为基础来支持自己的怀疑，这也引出了萨林斯最具攻击性的反驳，但在这里，更重要的是他对这点的质疑：对探险者、贸易者、传教士和殖民行政官员的叙述，萨林斯相对缺乏怀疑（参见 Sahlins，1995）。的

---

　　① "对位"这个术语当然是萨义德的。

确，就像萨义德一直坚持的那样，历史档案本身就是殖民的制度、观念和投资的沉积物。而如果这个档案在某种程度上是殖民主义合法化计划的结果的话，那么，后殖民的人类学计划，就不能不加质疑地用它来证明自己的文化分析了。萨林斯在最近的一篇论文中打趣说，要是不拿萨义德来说事的话，人类学会更好，他非常抗拒那种认为人类学深受其过去殖民影响的想法，反对只联系殖民形式的知识来质问人类学认识论领域的要求。

萨林斯对萨义德影响的反应，也预示了其他人类学家的反应，这些人类学家和萨林斯不一样，他们既不像他那样信奉结构主义，又不像他那样坚持文化的构成观念。我们不能忽视这个事实，即萨义德至少部分地是以一位受福柯甚至是德里达的理论洞见影响的文学学者的身份来写作《东方学》的，尽管他也澄清了葛兰西对他的深刻影响，并认为自己和维柯有着重要的谱系关系（在这点上，萨林斯也一样）。《东方学》从某些角度来看深受福柯影响，但我们必须记住，1978 年《东方学》出版的时候，在人类学那边，福柯的学说还是一股很新的、没有被消化的力量。当时，人类学家保罗·拉比诺已经开始写与福柯相关的东西了，但福柯关于各学科的历史批判含义、他对话语的复杂认识以及他对知识与权力之间密不可分的生产关系的坚持，还没有在人类学这门学科思想的出版记录中留下印记。在一篇与《东方学》同年发表的论文中，萨义德写了一个关于德里达和福柯的阅读策略的出色评注，展示了它们的相似性与差异性，评价了它们切入文本研究的进路，并解释了为什么对他的计划来说，福柯比德里达更有用（Said，1978：673 - 714）。不过，萨义德也关注福柯的缺陷，即福柯缺乏关于历史变革的理论，并且未能在他的话语模型中建立一种对霸权的葛兰西式的理解。同时，福柯的作品也开启了新的、概念化这种写作（这样的写作体现了不同的轨迹、历史和意图，却又显著地参与殖民计划，并为殖民计划所决定）的系统特征的方式。正如萨义德在《东方学》中写到的那样，"我已经发现，在这里，用福柯的话语概念（就像他在《知识考古学》和《规训与惩罚》中描述的那样）来识别东方学是有用的。我坚持的是，不把东方学当作一种话语来考察的话，我们就不可能理解这套庞大的系统规训。在后启蒙时期，欧洲文化正是通过这套规训来在政治、社会学、军事、意识形态、科学和想象上管理——甚至是生产——东方的"（Said，1997：3）。不过，萨义德不可能放弃他对个体行动意义和后果的坚持，无论是在政治中，还是在写作中。尽管他利用了福柯的话语概念，但他也坚持相信"个体作者对构成像东方学那样的话语形构的文本集合体的决定性影响，如若不然，那个文本集合体就无特征可言了"（Said，1997：23）。

最终，他对文本的历史主义的理解也许是最显著的。对萨义德来说，重点在于"我所分析的文本巨大的整体统一性部分来自这样一个事实，即它们经常相互参照。说到底，东方学是一个参引作品和作者的系统"（Said，1997：23）。简言之，话语对萨义德来说既不是理论的奇想，也不只是把几个例子当作整体的速写，它是一个反映摇摆现实性的历史现象。

萨义德因为其文本内部的不连贯而受到许多批评家、人类学家和其他人的指责。一方面，他显然是一名世俗的人文主义者；另一方面，他又深受福柯式的后结构主义影响，并和福柯一样，时常听到尼采式的批判的警告声。他是东方学话语本质化倾向雄辩的批评者，但他本人不仅把东方学话语，也把东方和西方给本质化了。他同情一些东方学家的渴望和意图，又最终把他们置于其历史时刻的僭政之下。他指出，东方学话语起到了"把东方东方化"的作用，但他又没有在任何地方指出那是怎样发生的。他引入对立的策略来再现东方生活的残酷现实，却又看起来忽视了寻找更合适的方式来叙述和解释东方的任务。他批判再现，说再现不足以成为真理；但如果所有的再现都注定要失败，又何必在乎它们呢？

最后的这条指控，和它之前的另一个指控，是从萨义德关于路易·马西尼翁的生平与著作的反思中生长出来的，萨义德很欣赏马西尼翁。在《东方学》中，萨义德赞美马西尼翁"一方面在欧洲面前，另一方面在伊斯兰自己的正统面前，重建和捍卫了伊斯兰。这种以激发者和拥护者的身份对东方的干涉——因为它的确是干涉——象征着他自己对东方差异的接受，和他为把东方变成他想要的那个样子而付出的努力"（Said，1997：272）。有趣的是，萨义德宽恕了马西尼翁近乎英雄式的"对关于东方的知识的意志"。他在一些穆斯林学者提出的指控面前为马西尼翁辩护，那些穆斯林学者认为马西尼翁"像一个'普通的'或'平常的'穆斯林坚持信仰"那样，简言之，即作为一个介入学术研究"对象"——这个对象是一个有生命力的、活的传统，而殖民的发动者或目光的惯常视角，是看不到其中的政治利害的——的研究者，"错误地再现了伊斯兰"。最有趣的是，萨义德对马西尼翁的辩护，又引出了他自己关于再现的终极可能性的思索："真正的问题是，是不是真的存在关于任何事物的真实再现，或者说是不是一切以及所有的再现，因为它们是再现，所以就都首先内嵌于再现者的语言，继而内嵌于再现者的文化、制度和政治环境……我们必须准备好接受这个事实，即再现因此而和许多'真理'之外的其他东西牵连、纠缠、嵌合、交织在一起，而真理本身也是一种再现。"这些反思使萨义德更加普遍地评论了他的总体论证的理论框架。"关于这个系统，我要说的重点不是它是对某个东方本质——我从来不相信这样的东西——的错误再现，而是它像再现一样，在某个具体的历史、智识甚至是经济环境中，根据某种倾向，为了某个目的而运作。换言之，再现有目的，它们在大多数时间里是有效的，它们完成一个或多个任务。"他解释说，个体的意志或意图与制度的结构或效果之间的关系是复杂而充满问题的，而纯粹的知识的理想，和通过政治权力与占用的偶然性来毁灭对知识的意志一样，是不可能的。不过，对萨义德来说，承认这点，既没有卸下个体的责任，也没有夺走个体的意义，并且他坚持，他既无意"使马西尼翁非人化……也无意把他简化为受制于庸俗决定论的存在"（Said，1997：272 - 274）。

在萨义德的早期评论者中，詹姆斯·克利福德是最有洞察力和同情心的，部分原因是他看到了萨义德对马西尼翁解读的力量。在他关于《东方学》的细致论文中，克利福德追溯了萨义德的纠结——关于再现与真理、结构与施动者、社会与个体、后结构主义与人文主义等，并表达了对文本应变时刻的欣赏（为这些时刻揭露的东西而欣赏）（Clifford，1988：255 - 276）。他认识到，萨义德的人文主义，与萨义德对英法东方学学术的话语特征和政治含义的历史主义的坚持一样深刻。尽管他断言萨义德的"方法论的普遍性"（methodological catholicity）模糊了他的分析，但他并不否认萨义德的论证的力量，和这些论证对人类学的重要性。同时，克利福德又为看起来被留在人类学的文化观念外的东西而感到不适。在萨义德对对立区分的攻击面前，克利福德断言，"无须在理论上废除所有关于'文化'差异的构想，特别是我们这样看待这个差异的时候：它不但出自传统、语言或环境，也是在全球关系的新政治 - 文化境况中被造就的……无论最终我们以怎样的方式超越文化概念，我认为，它都应该被某组保留了这个概念的分化与相对主义功能并避免设定世界主义的本质和人的共同特征的关系所取代"（Clifford，1988：274 - 275）。克利福德本人关于文化概念的纠结，或者说至少，他对这个概念在人类学写作专业文类中的出现和多重误用的批判意识，也在其他富有影响力的论文中得到了有力的论证。但在这里，就他的论述对差异的表达，以及对一种相对主义的世界观的要求而言，我们看到了他对这个概念本身的坚持。显然，从这两点来看，克利福德走出了萨义德：一方面，他关心的是东方学批判的总体化含义；另一方面，他识别出萨义德人文主义中成问题的普世主义。

克利福德的评论澄清了这点，即从某些角度来看，萨义德远远走出了先前阿萨德、孔恩和其他批评殖民主义在这门学科中所扮演角色的人类学家的批判。这个"走出"部分是因为萨义德来自学科外，部分也因为把再现的危机提升到一个新的水平上时，萨义德给了知识本身生产的能力。不过，出于相同的理由，许多自认为是萨义德的同路人——就他们对美国外交政策的政治批判而言——的人，也反对（有时还带着明显的反感）萨义德给认识论特权（的做法）。比如说，米凯拉·迪·莱奥纳多（Micaela di Leonardo）就认为萨义德的问题在于他反马克思主义，并因此不能理解资本主义、生产关系和阶级这些更大的问题。迪·莱奥纳多指控萨义德"有意地"对"马克思主义关于帝国主义的作品带来名副其实的全球洪流视而不见"，并且她特别反对这点，即萨义德未能理解埃里克·沃尔夫（Eric Wolf）作品的力量。但迪·莱奥纳多没有介绍文化概念，特别是在像克利福德那样的人的作品中得到重塑的文化概念。她指出，在克利福德对民族志遭遇的"抒情却又为噩梦所惊扰的定义"中，他"没有把握到信息报道人和民族志学者的制度关联，以至于忽视了分化的公民身份和像公民那样的（按阶级、种族、性别的）分化力量"（Leonardo，2000）。所以最终，萨义德对迪·莱奥纳多来说太过于后结构主义，对克利福德来说太过于人文主义，并且对许多人类学家来说，他又太过于关心殖民主义留给人类学的认识论遗产。

　　然而，萨义德的影响既持久，又令人不安。仔细研读人类学期刊就会发现，直到其去世后，萨义德都在引发关于人类学事业能不能在《东方学》的批判之后幸存下来的讨论、回应和反思。1990 年 8 月，《今日人类学》（*Anthropology Today*）发表了一篇迈克尔·理查森（Michael Richardson）关于萨义德的批评论文《萨义德够了》（"Enough Said"），理查森在文中断言，萨义德的理想主义和超文本主义分散了他的注意力，使他不能理解对东方现实的负责任介入的明显重要性。不过，颇能说明问题的是，理查森表达了对李克曼（Simon Leys）以下引文的认可："显然，只有肩上扛着一大包炸薯片，对欧洲学术传统没什么理解的巴勒斯坦学者才能写东方学。"（Richardson，1990：18）次年，尼古拉斯·托马斯（Nicholas Thomas）在同一个期刊上批评了理查森，他指出理查森既误解了萨义德的批判，又忽视了人类学对异域、他者性和知识的主客体之间触不可及的距离等观念的依赖。典型地，托马斯认为这是理所当然的，即必须严肃对待萨义德对（发展）一种不同的，"关注各种殖民历史和当代帝国主义语境中人类学知识构造的"（Thomas，1991a：7）人类学批判的呼吁。托马斯感兴趣的，与其说是把萨义德的批判一字不动地应用于人类学，不如说是带着萨义德的批判去思考。比如说，他质疑了许多依然用文化概念来激活社会描述的人文主义的、自我批判的人类学，使"（被描述的人民的）生

活、文化和社会"屈从于都会的修辞目的的做法：这样，健康的怀疑主义
或相对论的文化批评的兴趣，使人们主要把他者被当作对"我们的"思想
某个方面的纠正来接受（Thomas，1991a：7）。几个月后，在《文化人类
学》（*Cultural Anthropology*）上发表的一篇论文中，托马斯发出关于人类学
这种对文化差异、异域、他性概念和他者性观念的依赖最尖锐、最有力的
批判之一。在反对民族志的时候，托马斯敏锐地展示了那种无处不在的，
关于人类学独特使命的修辞的不可接受的政治，他还指出，许多历史人类
学家和其他人实际上正在接受萨义德的挑战，开始类似地、从经验的角度
来证明人类学这门学科需要一个全新的理论骨架（Thomas，1991b：306 -
322）。

　　尽管在 20 世纪八九十年代期间，关于殖民主义、殖民知识和人类学的
政治的批判作品有了爆炸式增长，但关于萨义德的争论，也还在继续。在
那些年里，人类学外的其他人因为萨义德表面上的反马克思主义而指责
他，甚至一些人类学内部的人（反对声最大的是刘易斯），也和其他许多
人一起，指控萨义德图谋搞坏人类学的名声（Sarkar，1994：205 - 224；
Ahmad，1992）。学者们也逐渐把萨义德的名字，和后殖民研究这个普遍的
领域关联起来。而讽刺的是，许多人认为，萨义德只是在呼吁建立这样一
种形式上的认同政治——在这种认同政治中，只有"自我"才能再现/代
表"自我"。① 不过，虽然萨义德欢迎也帮助激发了这样的理论转变——他
希望美国学术界能够从根本上改变自我与他者这两个术语的用法，而后者
恰恰在很大程度上是人类学事业的根基，但他绝不支持经常随这个变化而
来的那种认同政治。的确，萨义德会在人们以他的名义用认同政治来把历
史的、政治的、理论的和认识论的问题简化为简单的本体论论断的时候感
到惊骇。他的抵抗可能在一些批评者看来是矛盾的，但恰恰是他的人文主
义，使人们怀疑他应该为认同主张在学术界越来越高的呼声负责。他持久

---

① 举一个关于写作者怎样切入这个问题的更加复杂的例子。1999 年，瓦索·阿吉鲁（Vas-
sos Argyrou）在《当前的人类学》（*Current Anthropology*）上发表了一篇题为《"同"与民
族学的意义意志》（"Sameness and the Ethnological Will to Meaning"）的文章，在文中，他
以萨义德的批判为起点。不过，他继而论证说，民族学求"同"的努力总会反过来引起
差异，再生产出一种对类型的、分析的差异化许诺，而这，只有在主体被看作"土著"
（在家参与民族学工作的时候，这个主体必须同时不信任作为渴望的同与异）的时候，才
看起来像是一个矛盾。实际上，阿吉鲁论证的是，再现与其说是认识论，不如说是本体
论的危机，它在"他者"之一面对形形色色的依然无处不在却不被说出的，关于认同与
人类学知识之间的关系的假设时，才成为焦点。我怀疑，萨义德会认可论证的力量，但
同时会质疑其前提。

的对批评的感受力，使他能够从像康拉德那样的作家那里学习，也使他反对像奈保尔那样的，康拉德的"土著"接班人。① 的确，萨义德经常援引阿多诺的伟大台词，指出一个人必须浸淫于一个传统，才能正确地"恨"它，而与寻找不能给他带来美学快感和批判地介入机会的替代方案相比，他总是更喜欢"恨"经典。

　　另萨义德大失所望的是，作为一部里程碑式的作品，《东方学》遮蔽了他后来的大部分学术写作，特别是他在 1993 年出版的《文化与帝国主义》（Said，1993）。这本不规则的书既是《东方学》的续作，又是一个截然不同的计划。萨义德在读到其他号称走"出"《东方学》的人的作品时感到气愤，这意味着，他还没有走出《东方学》。在《文化与帝国主义》中，萨义德讨论了对帝国主义抵抗的形形色色的表达，他还证明了法农著名的表述"欧洲严格来说是第三世界的产物"的力量。一方面，他讨论了大量通过"逆写"使东方学话语霸权的力量复杂化、混杂化，抵抗、改变这个力量的殖民地和后殖民作家。当然，同时他也描述了一切抵抗的努力都要面对的各种势力。他再次提出对美国在世界上的地位，特别是它参与当时才刚发生的海湾战争的批判评估，并指出一种新的无人反对的——因为苏联倒台了——"新世界秩序"的兴起。在萨义德看来，这种支配在程度和野心上显然都是"帝国式的"，一如既往地，他敏锐而充满洞见地指出，美国是怎样经常带着史无前例的军事、政治和经济渴望来建立它的帝国形式并使之合法化的。另一方面，他阐发了一种不同寻常的，呼吁人们关注帝国在"欧洲"的形成中扮演的核心角色的论证。萨义德通过对奥斯汀、萨克雷、狄更斯等人的解读证明了，帝国使英国小说的兴起成为可能；同样，它也使英国国家及其经济的崛起成为可能。萨义德用他特有的措辞方式写道，"我甚至会说，没有帝国，就没有我们所知道的欧洲小说"（Said，1993：69）。但这一表述不只是论战的夸张动作，他展示了"十八、十九世纪英国/欧洲的文化是自行发展起来的"这个人们习以为常的故事，其不但与帝国的财富和属地密切相关，而且这个故事之所以能够维持它一贯的隐蔽性，是因为在那个时代、那个地方的写作与文化表达中，帝国在很大程度上被视为当然之物。

　　如果说在《东方学》中，萨义德论证的是，东方严格来说是被（西方）当作一个文化的、政治的对象或本质而生产出来的，那么在《文化与帝国主义》中，他则指出，只是通过帝国历史的各种工具，西方——或都

---

　　①　像奈保尔这样的上流土著虽然身为被殖民者，却像殖民者一样写作。——译注

会——才成功地把自己生产出来，意思是，西方必须使东方成为"他者"，让东方变得如此不同，这样东方对现代性和欧洲文化的贡献，才会在某种程度上变得难以想象。从这个角度来看，这两本书呈现了同一枚硬币的两面，它们都是不考虑帝国主义的奇特效应——使帝国主义变得自然又和善，可接受又不可见——的持续努力。学术界里的许多人把这个论证看作对文学正典的最后攻击——甚至像简·奥斯汀那样早已去世的白人女性也是帝国主义者——并经常指控萨义德在哪里都读得出帝国（萨义德开心地认可了这一指控，不过在他看来这是世界历史而不是个人偏见造成的结果）。但真读过那本书的人一定会意识到，萨义德对构成正典的伟大艺术作品有很深的投入。即便他提倡把比较文学扩大到全球而不只是欧洲，他也依然是传统文本的一个充满激情和感受力的读者。也许，在某些圈子里，这个理解使他的干涉变得更加危险，也更难以接受。

　　在文学研究外，萨义德在《文化与帝国主义》中的提议看起来不是那么具有革命性，因为历史上的许多学者和当时的人类学已经开始从各个角度来展示殖民世界何以构成一个"现代性的实验室"了。这些学者认为，殖民遭遇是有这样一组历史构成的，这组历史既生产出许多对现代世界来说变得至关重要的商品，也生成了公民身份、政治权利、文化、种族、性、健康、城市规划和国家规训等基本观念。[①]　有趣的是，看起来，人类学家发现，向都会逆写对于他们来说，比对大多数文学或历史学者要来得容易，后者依然认为欧洲的文化和政治成就自成一类，并依然认为欧洲的观念神圣不可侵犯。不过，萨义德的一些提议依然在人类学学科内引起焦虑，我肯定，这种情况会让他感到高兴。但我们可以看到萨义德的作品在整个当代人类学世界，特别是在美国学术界的影响，在后者那里，人类学变得越来越国际。人类学家——本文中只出现了他们中的一小部分样本——为理解殖民历史的文化、政治、社会和经济影响与遗产做出了重要贡献。的确，人们已经接受，殖民主义是人类学研究的一大主题，哪怕对殖民形式的知识的承认，依然困扰着关于文化差异、道德相对主义、认同或（就这里谈论的问题而言）全球化的意义的最"后殖民"讨论。当然，我们也不能把这个智识热情完全归功于萨义德和《东方学》的影响。但萨

---

① 伯纳德·孔恩在几年前评论说"大不列颠的政权建设进程，在把它当作一个文化计划来看的时候，与它作为一个帝国强权的出现密切相关"。孔恩指出这两个国家的许多政权建设计划——归档、适法和分类——"经常反映出那些原先在印度实验然后应用于大不列颠的理论、经验和实践"。其他学者也做过关于殖民历史的都会影响的基础研究。

义德显然给这个领域带来了一个重要的、有生产力的——尽管经常也是令人不安的——变化，而就凭这个影响，至少以我混杂的看法，人类学就永远欠他一笔。[①]

参考文献

Ahmad, Aijaz, 1992, *In Theory: Classes, Nations, Literatures*, Verso.

Argyrou, Vassos, 1999, "Sameness and the Ethnological Will to Meaning", *Current Anthropology* 40, pp: S29 – S41.

Asad, Talal, ed., 1973, *Anthropology and the Colonial Encounter*, Ithaca Press.

Clifford, James, 1988, "On Orientalism", in *The Predicament of Culture: Twentieth-Century Ethnography, Literature, and Art*, Harvard University Press.

Sahlins, Marshall, 1985, *Islands of History*, University of Chicago Press.

Cohn, Bernard S., 1987, *An Anthropologist among the Historians and Other Essays*, Oxford University Press.

Cohn, Bernard S., 1996, *Colonialism and Its Forms of Knowledge: The British in India*, Princeton University Press.

Comaroff, John L., Comaroff, Jean, 1991, *Of Revelation and Revolution*, University of Chicago Press.

Dirks, Nicholas B., ed., 1992, *Colonialism and Culture*, University of Michigan Press.

Fabian, Johannes, 1983, *Time and the Other: How Anthropology Makes Its Object*, Columbia University Press.

[①] 不过，我要以一个个人的注解，来为这篇论文作结，因为我和人类学的关系，最初是以伯纳德·孔恩为中介的，他在萨义德去世两个月后，也就是 2003 年的秋天去世。20 世纪 70 年代，我在芝加哥大学被孔恩训导成为一名研究南亚的历史学家。尽管十年前孔恩受雇担任南亚历史项目的负责人，但他早期受的是人类学的训练，早年做的也是人类学专业的研究。他给我介绍了这个想法：社会和文化史可以从人类学学习，人类学既是一种重新想象历史档案的方式，又是一套可供历史学家选用的理论技能。身为跨学科研究的早期倡导者，他经常打趣说，他才不关心你的学科是什么呢，只要你为它而感到羞耻就行了。就像我已经指出的那样，孔恩对他自己的学科，即人类学也提出了敏锐的批判，在他看来，在研究关于"西方"与"东方"之间的关系的宽泛问题时，人类学一直牢牢抓住殖民时期的假设和思想范畴不放。在很大程度上，因为孔恩的影响，我第一次阅读《东方学》时有一种认可的感觉，准备通过萨义德更加笼统的论证来重新想象各学科——和东方学学术与区域研究建制——的更大的故事。萨义德对公共政治讨论的介入一直比孔恩更加深入，正如他的学术干涉风格总是更加热情，在理论上更加合拍一样。但孔恩向我澄清了这点，那就是，萨义德讲述的关于东方学和殖民主义的故事是一个更加普遍的故事，它主要的含义涉及并横跨历史学和人类学这两门学科，也跨越了不同的语境和文化。

Leonardo, Micaela di, 2000, *Exotics at Home: Anthropologies, Others, American Modernity*, University of Chicago Press.

Obeyesekere, Gananath, 1992, *The Apotheosis of Captain Cook: European Mythmaking in the Pacific*, Princeton University Press.

Pels, Peter, Salemink, Oscar, eds. , 1999, *Colonial Subjects: Essays on the Practical History of Anthropology*, University of Michigan Press.

Prakash, Gyan, ed. , 1995, *After Colonialism: Imperial Histories and Postcolonial Displacements*, Princeton University Press.

Rabinow, Paul, 1989, *French Modern: Norms and Forms of the Social Environment*, MIT Press.

Richardson, Michael, 1990, "Enough Said: Reflections on Orientalism", *Anthropology Today* 6 (August), pp: 16 – 19.

Said, Edward W. , 1978, "The Problem of Textuality: Two Exemplary Positions", *Critical Inquiry* 4 (Summer), pp: 673 – 714.

Said, Edward W. , 1985, "Orientalism Reconsidered", *Race and Class* 27, pp: 1 – 15.

Said, Edward W. , 1989, "Representing the Colonized: Anthropology's Interlocutors", *Critical Inquiry* 15 (Winter), pp: 205 – 225.

Said, Edward W. , 1993, *Culture and Imperialism*, Knopf.

Said, Edward W. , 1997, *Orientalism*, Random House.

Sarkar, Sumit, 1994, "Orientalism Revisited: Saidian Frameworks in the Writing of Modern Indian History", *Oxford Literary Review* 16, pp: 205 – 224.

Stoler, Ann L. , 1995, *Race and the Education of Desire*, Duke University Press.

Cooper, Frederick, Stoler, Ann L. , 1997, *Tensions of Empire: Colonial Cultures in a Bourgeois World*, University of California Press.

Sahlins, Marshall, 1995, *How "Natives" Think: About Captain Cook for Example*, University of Chicago Press.

Thomas, Nicholas, 1991, "Anthropology and Orientalism", *Anthropology Today* 7 (April), pp: 4 – 7.

Thomas, Nicholas, 1991, "Against Ethnography", *Cultural Anthropology* 6 (August), pp: 306 – 322.

会议综述

《魁阁》2021 年第 2 期（总第 5 期）

第 209~217 页

© SSAP，2022

"影像志"实验

"民族志影像工作坊（之一）——独龙族"综述

吕杨茹*

2021 年 12 月 8 日至 10 日，由云南大学民族学与社会学学院主办、云南大学媒体人类学研究所承办的"民族志影像工作坊（之一）——独龙族"在昆明举行。该活动系"民族志影像工作坊"系列活动的第一场，来自清华大学、北京电影学院、四川师范大学、新疆艺术学院、云南省社会科学院等高校和科研院所的独龙族研究专家学者以及独龙族同胞、影片拍摄者和制作者共同参与对话与交流。此外，来自云南大学、昆明理工大学、云南艺术学院、昆明学院等高校以及都市时报、中国音乐网、大观书屋的 30 余位代表到场旁听。

本次工作坊以影像及照片的方式呈现了独龙族近 70 年的发展历程。独龙族作为我国 56 个民族大家庭中 28 个人口较少的民族之一，主要聚居在云南省怒江傈僳族自治州贡山独龙族怒族自治县。随着新中国的成立，独龙族从原始社会末期直接过渡到社会主义社会，社会生活实现质的飞跃。随着交通线路的建设，独龙族人们的生活更是发生了翻天覆地的变化。1999 年 9 月 9 日，独龙江公路竣工通车，意味着"人背马驮"的历史终结；2014 年独龙江公路高黎贡山隧道全线贯通，结束了独龙江乡每年半年大雪封路、与世隔绝的历史；2018 年，独龙江乡 6 个行政村整体脱贫，独龙族实现整族脱贫；2019 年 4 月 10 日，习近平总书记给云南省贡山县独龙江乡群众回信，祝贺独龙族实现整族脱贫，勉励乡亲们为过上更加幸福美好的生活继续团结奋斗，并强调："脱贫只是第一步，更好的日子还在

---

* 吕杨茹，云南大学民族学与社会学学院 2020 级民族学硕士研究生。

后头。"

在 8 号上午开幕仪式上，云南大学民族学与社会学学院院长关凯致辞，他认为影像民族志是一种感知生活世界的丰富性的方式，这次工作坊邀请了当地的独龙族同胞，这样能够使我们更真实地理解这个生活世界，也符合人类学所要求的反思性。接下来，云南大学民族学与社会学学院媒体人类学研究所所长郭建斌教授讲述了此次工作坊的两个目的：一是了解影像的生产过程，二是听取不同观众的意见，尤其是独龙族同胞的意见。另一位召集人云南大学民族学与社会学学院副教授徐菡则表示，此次工作坊以独龙族影像为例，对民族志影片展开较为全面的讨论，这一模式也可推广至其他民族，以此不断铸牢中华民族共同体意识。

在为期三天的活动中，以独龙族（独龙江）影像等作品为切入点，围绕"民纪片中的独龙族""影像中的独龙族传统节日""马帮、公路与独龙族社会""独龙族影像记录与社会变迁""独龙族影像重访""20 年间独龙江的影像记忆"六大主题先放映相关影片，再开展深入热烈的讨论。

图 1　工作坊海报

设计者：云南大学民族学与社会学学院 2018 级本科生邹笔润。

一　民纪片中的独龙族

1960 年民纪片《独龙族》，该片记录了生活在云南怒江傈僳族自治州贡山独龙族怒族自治县西部独龙江畔的独龙族的原始社会末期家族公社阶段，影片呈现了独龙族人以刀耕火种为主，兼具采集和渔猎的生计活动，也描述了颇具特色的纹面习俗。

主持人和渊介绍了片子的背景：这部片子属于民纪片系列①，其目的是配合民族识别和民族调查，了解每个民族的生活状况。《独龙族》是导演杨光海参与拍摄的第三部民纪片，前两部分别为《佤族》《苦聪人》。因为当时条件有限，没有同期录音设备，因此这几部片子都是采用配音的方式。没采用独龙族的音乐进行配音，也颇有遗憾。

李金明表示片子呈现的独龙族 20 世纪 60 年代的生活状态是比较真实的，包括住的木楞房、身披的独龙毯、刀耕火种、狩猎、纹面等，整个独龙江流域生活状况都是如此。现在观众看到这些画面的时候不免会感到震惊，也会产生疑惑：被拍摄的对象为什么不穿裤子？为什么要留那么长的头发？为什么要纹面？

关于独龙族女性纹面略带神秘的话题，陈建华从历史角度展开解析，认为纹面并不是独龙族特有的，是一种区域性的文化现象，是历史的印记。因为缅北这一个区域实际上是一个文化的缓冲区，这些生活在高山深谷里面的民族，不单单是独龙族，还有其他的一些缅甸的民族都是纹面的，通过照片和调查发现生活在高山里的民族当中纹面是普遍存在的。领主把生活在高山深谷里面的这些弱势族群掳掠去作奴隶，各家的奴隶是有标记的，做了标记的奴隶不会再被掳掠。像独龙族这样生活在喜马拉雅东南一带的民族发现纹面可以当作一个生存保护机制，一旦纹面毁了容就相当于已有所属。到了十二三岁具备社会生产能力以后，为了不被掳掠，独龙族便开始纹面，后来演变成一种审美意识。独龙族早期是觉得纹面比较好看，但是现在受到外面文化的影响，大部分的独龙族女性觉得纹面很丑。

就读于云南大学民族学与社会学学院的独龙族学生龙睿超说："因为没有经历过那个年代的生活，通常都是根据老人口述然后去想象他们的生

---

① 该系列片子共 16 部，在云南拍摄的有 7 部，现完整保存在中国社会科学院民族学研究所仓库里。

活是怎样，当看到影片中先辈的真实生活时，还是比较震撼的。作为一名
独龙族学生，应自发地有意识地去学习我们本民族文化。"

二　影像中的独龙族传统节日

《独龙节"卡雀瓦"》的拍摄者是法国人施蒂恩（Gros Stéphane）。
2001 年春节期间，施蒂恩在独龙江乡迪政当村动员部分村民举办了一次中
断多年的"卡雀瓦"，并用影像记录下来，此片可谓关于独龙族"卡雀瓦"
最早、最真实的记录。

独龙族村民陈永华回忆道："当时我们家族觉得有人来帮我们把民族
文化保存下来是很好的行为，以影片的方式留存给子孙后代，告诉他们我
们是怎么过自己的节日，所以我们同意了由法国都里①来拍摄'卡雀瓦'
节日。"陈永华接着补充道："在拍摄的过程中我们是自由发挥，不自由发
挥的话就不是真正的'卡雀瓦'节，表现不出效果。"

《中国节日影像志——"卡雀瓦"节》拍摄地位于贡山独龙族怒族自
治县丙中洛镇的小茶腊村，这里是怒江流域独龙族的又一个重要聚居地。
影片较为完整地呈现了"卡雀瓦"的整个过程，并且还有"剽牛"仪式，
影片也较为详尽地呈现了"剽牛"的过程。

由于时间关系，现场未对独龙族研究会所拍摄的《开昌哇》（也即
"卡雀瓦"）进行放映。

虽然前述两部片子的制作者均未能到场，但是在场的观众有了解这两
部片子拍摄过程的，他们对相关情况进行了介绍。《独龙节"卡雀瓦"》中
拍摄对象全部通过独龙语交流，不懂独龙语的观众很难理解画面中的人物
要表达的意思。独龙族村民陈永华、参与过独龙族"卡雀瓦"节日的郭建
斌和来自独龙江的学者陈建华耐心地一一为观众解答疑惑。在《中国节日
影像志——"卡雀瓦"节》中的"剽牛"仪式，场景壮观热闹。陈永华
解释了举办"卡雀瓦"节日的目的、节日的整个流程，尤其是"剽牛"
仪式。

最后，独龙族的村民李仙兰表达了当地人的意愿，他们希望把"卡雀
瓦"节日保存下来，这么多学者关注独龙族文化让他们感到很幸福。希望
在政府领导、学者和村民共同努力下保存传统的"卡雀瓦"节日，用影像
保存少数民族文化是一种很好的方式。

---

① 法国都里：施蒂恩的独龙语名字，法国都里是法国老二的意思。

三　马帮、公路与独龙族社会

《最后的马帮》由中央电视台支持拍摄，属于"时代写真"系列①仅存的一部片子，其主题非常多元，但最后主题指向是：国家为了帮扶独龙族，20多年不惜代价地通过马帮运输生存所需的物资。郝跃骏导演看完说了一句"往事不堪回首"，足以表明他对这部片子的感情，接着他讲述了拍摄时的基本情况。

这部片子在央视播出时，创下了较高的收视率，在云南电视台和昆明电视台同步播出时创造了收视率第一的奇迹。现场的很多观众也被这部既有故事性，又有视觉效果的影片所吸引。放映结束后，郝跃骏导演围绕影片的创作过程与现场的观众进行了热烈的交流和讨论。

片子播放时长160分钟，现场的观众很投入，完全沉浸到马帮的故事中，到片子结束还意犹未尽。现场一名观众提到了民族志影片的文献性和可看性之间关系的问题，郝跃骏导演回答："我们可以从题材和跨度两方面考量一部纪录片的价值。首先要看题材，我们不说猎奇、不说奇观，马帮本身就决定了片子的故事性。因为马帮一直在动在走，所以它会牵扯到很多关系。像定点的民族志只有比较长期的蹲，才能找到可拍摄的主题，所以还是要看题材。其次是时间的跨度，时间越长片子的价值越能体现出来。我们通过拍摄者在其作品中投入的时间厚度，能够看出片子的价值。"

最后，郝跃骏导演还给独龙族同胞赠送了一套《最后的马帮》的光碟，并签名留念。

四　独龙族影像记录与社会变迁

欧阳斌导演从2012年5月开始用摄像机记录变化之中的独龙江及独龙族社会。《独龙江》记录了较长时间段内迪政当村的各种变化以及由社会大环境的变动而必然导致的矛盾冲突。正如郝跃骏导演在马帮即将消失之前拍下了《最后的马帮》，作为最后的记录，欧阳斌导演的作品《独龙江》同样记录了高黎贡山隧道修通前后独龙族人民生活发生巨变的历史时刻。

影片中一位主人公在遭遇一系列意外事件之后自杀了，这成为使观众震撼的一个触点，并成了观影之后大家讨论的重点问题。

---

① "时代写真"系列是央视组织，由一批独立纪录片导演参与拍摄的一系列影片。

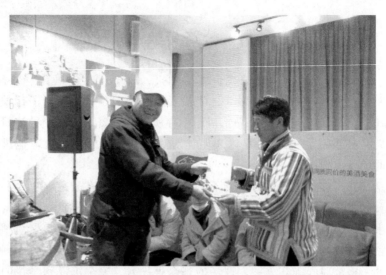

图 2　郝跃骏导演（左一）赠陈永华（右一）《最后的马帮》光碟

图片来源：王亮拍摄。

谭乐水认为，自杀这个事件并不是独龙族所特有的，是在整个现代化过程中都可能会出现的现象；刘广宇从个体层面分析，他认为片子中主人公的生活秩序失衡了，生存的希望在现实生活中被压垮，失去生存的最后希望；徐菡从信仰的角度来分析，自杀现象和独龙族传统文化有着密切的关系，现在年轻人都不知道传统的"卡雀瓦"节，如果能够把这个传统文化很好地维护起来，能带给年轻人很多动力，或者是一种在生活和心理上的支持。最后，独龙族村民陈永华说："经济的发展是导致独龙族年轻人自杀的主要原因，经济发展之后，村民的很多想法适应不了现代社会的发展，在这种大的冲突背景之下，年轻人自杀率还是比较高的，也和我们的风俗习惯有一定关联。上面的领导不断地对我们进行思想教育，学者也关心我们的心理健康方面，现在年轻人的心理状况比之前好多了。"

在主持人郭劲峰的引导下，陈永华讲述了独龙族生计方式的变化、乡村治理制度、婚姻问题及当下的教育情况。独龙族村民李仙兰对片子中出现的一位村民乱丢垃圾的镜头表达了自己的想法，她觉得这样的镜头对独龙族的影响不好，现在他们爱护环境的意识在逐步提高，独龙江的生态环境被保护得很好。

最后，本次主持人郭劲峰总结道："欧阳斌导演的这部片子和我们之前看到过的民族志影片不太一样，他侧重表现人物的命运和个体的情感，观赏性和故事性会更强，期待明天的观影活动。"

五　独龙族影像重访

谭乐水导演在 2006 年和 2016 年拍摄《重返独龙江》，聚集毕业回乡创业的独龙江大学生和高县长开通公路的梦想，讲述了独龙族如何追赶全球化浪潮的故事。

《独龙纪》是 2010 年张海导演沿着《独龙族》导演杨光海先生当年行进的脚步，重访了他当年到过的几个村寨，以游记式的观察，记录了独龙江即将迈入全面拥抱现代化、脱贫致富奔小康的重要历史进程。

《看见看不见的独龙江》导演史凯仁及团队从 2018 年扎根独龙江到 2020 年结束，本片聚焦四个不同身份、职业、性格的独龙族同胞，通过影片可以看到独龙族乡民讲述住房条件的改变和脱贫的奋斗历程，也能看到他们反思族人传统流失和精神匮乏的现状。

三种不同风格的片子，有专题报道式、游记式和参与式，有成功的经验也有失败的教训。《看见看不见的独龙江》的创作者是一批 90 后，他们投入 3 年的时间，剪辑素材很丰富，也加入了电影的元素，尽力地凸显片子的主题：失落的一代，找不到的精神寄托。但是整体呈现的效果并没有很完美。谭乐水指出片子存在的问题并提出修改建议，郭劲峰表示喜欢这种酷炫的表达风格，她认为年轻拍摄者需要成长的机会，需要时间的沉淀和累积。张海补充说："其实，民族志影片的形式可以是多元的。"最后，徐菡对 2 个小时"重访"主题的讨论做了总结。

通过重访我们看到了变化，看到了社会的变迁，看到了人的变化。从民纪片到这三部影片，让我们看到了独龙族社会从刀耕火种的原始社会末期直接过渡到社会主义阶段，特别是隧道修通前后的巨大变化。

六　20 年间独龙江的影像记忆

10 号下午郭建斌用另外一种影像讲述他在独龙江进行半年田野调查的见闻和感受。这些照片均是郭建斌于 2001 年 10 月至 2002 年 4 月在独龙江调查期间所拍摄的，内容涉及当地的村落结构、建筑、日常劳作、宗教活动、传统节日（仪式）、葬礼等，内容十分丰富。

19 世纪中叶，摄影术出现之后不久，正处于起步的人类学就对这种新技术表现出了某种好感。19 世纪 50 年代由英国人类学学术团体出版的

《民族志研究手册》已经开始建议在收集田野资料时最好能够借助摄影的手段，这可以视作"人类学摄影"这一实践性的概念在人类学学术领域被认可（梁君健，2018）。机械复制的技术不仅可以提高田野资料的可信度，也成为和观察对象很好的互动方式。现在的条件便利，我们在田野中会拍摄大量的照片，很多年后再来看这些照片会反思，当时为什么会拍下这些照片及当时的关注点，也是记录初入田野时的"文化震撼"，在不断熟悉的过程中找到与选题契合的知识。

七　未尽的结尾

在工作坊结束之际，本次工作坊的组织者、云南大学民族学与社会学学院媒体人类学研究所所长郭建斌做了简要的总结，提出"不麻烦的民族志"说法，意即无论是文字民族志，还是影像民族志，尽量不要对当地人带来过多的没有必要的干扰，也不要给当地人增加麻烦。徐菡副教授对三天的工作坊活动做总结，徐老师提到了"影像志"的概念，通过这样三天的观影，没有一个影片可以说是最好的、最完美的，能够完整呈现独龙族社会面貌，不同影片叠加的方式，丰富的主题，以及信息的相互交融，观看者不断从影片中获取对独龙族社会过去的历史、现在的、包括未来的发展的思考。通过影像志的方法呈现一种民族文化，能够把这么多影片的信息叠加和融合，让我们更好地去了解一个特定的社会、特定民族的历史和

图3　工作坊合影

图片来源：王亮拍摄。

文化以及他们的未来和发展，通过这样一个影像也能更好地和当地人展开交流和对话。

参考文献

梁君健，2018，《田野调查与人类学摄影：从文化图式到跨文化理解》，《中国摄影》
　　第 8 期。

《魁阁》集刊征稿通知

由云南大学主办、中国社会科学院李培林教授和云南大学书记林文勋担任学术委员会主任的《魁阁》集刊第 1 期于 2019 年 6 月由社会科学文献出版社出版发行。2019 年 7 月 13 日，由中国社会学会主办、云南大学承办的中国社会学会 2019 年学术年会在云南大学举行，《魁阁》集刊在学术年会期间正式亮相。2019 年 12 月，《魁阁》出版第 2 期。此后，《魁阁》每年出版两期。望各位学界名家、青年才俊，或是学术新秀踊跃投稿。

本刊以学术水准作为评判标准，不收取版面费，若稿件发表，还有薄酬。

顺附《魁阁》集刊相关资料，供投稿人参考。

《魁阁》第 1 期封面

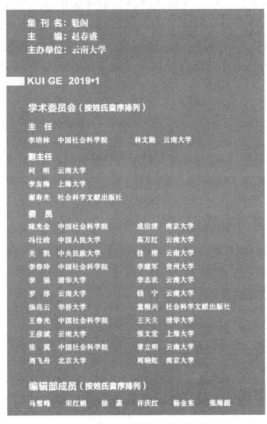

《魁阁》学术委员会及编辑部成员

《魁阁》集刊征稿启事

一 创刊缘起

从 1939 年吴文藻先生受熊庆来校长委托，创办云南大学社会学系并担任首位系主任至今，云南大学社会学学科已有 80 年的历史。抗战时期，费孝通、陶云逵、许烺光、瞿同祖、林耀华、李有义、张之毅、史国衡、田汝康、胡庆钧、谷苞等杰出社会学家完成了关于农村社会、民族社会、产业工人、基层组织、社会史等社会学、民族学、人类学、史学、法学等领域的重要学术成果，开启了中国人文社会科学多向发展的进程，形塑了现代中国学术团体的雏形，培育了"报国情怀、社会担当、扎根田野、自由讨论、团队精神、传承创新、文化自觉、美美与共"的魁阁精神。缘起"魁阁时代"，云南大学正推进民族学一流学科和社会学基础学科建设，在社会科学文献出版社的鼎力支持下，为承续"魁阁"学术血脉创办《魁阁》学术集刊。

二 集刊刊名

中文刊名：魁阁
英文刊名：KUIGE

三 宗旨

1. 以刊物为平台，汇聚学术力量，培育学术共同体；
2. 关注学术前沿，聚焦社会现实，探讨真问题；
3. 刊载名家之作，推荐新秀之篇，平等交流，砥砺前行；
4. 以我为主，博采众长，各美其美，美美与共；
5. 学术为业，志在富民，家国为念，筑就社会。

四 征稿方向

1. 社会学理论与应用
2. 人口与发展
3. 人类学与区域研究
4. 民俗与社会
5. 社会工作与社会政策
6. 学术访谈
7. 魁阁史典
8. 田野故事
9. 影视人类学
10. 影评、剧评与书评

五　出版周期与征稿方式

1. 每年出版两期。

2. 征稿方式

邮箱：KUIGE2019@ 163. com

征稿统筹：郭建斌，邮箱：dulong20022002@ aliyun. com

（1）社会学理论与应用

马雪峰，邮箱：82577909@ qq. com

（2）人口与发展

许庆红，邮箱：qinghongxu@ 163. com

（3）人类学与区域研究

宋红娟，邮箱：virginiahj@ yeah. net

（4）民俗与社会

张海超，邮箱：conlearn@ 126. com

（5）社会工作与社会政策

杨金东，邮箱：825962449@ qq. com

（6）影视人类学、魁阁新秀及其他

徐菡，邮箱：xzehan@ 163. com

六　稿件评审

随着信息网络化的迅猛发展，本集刊拟数字化出版。为此，本集刊郑重声明：如有不愿意数字化出版者，请在来稿时注明，否则视为默许。

所有稿件经过征稿初审、栏目二审、编委会三审。编委会三审环节中，两位评审专家全票同意的直接刊发；若有一位评审专家未予通过，再另请一位专家评审，若通过则发表，若不通过则交由编委会讨论决定。

七　稿件格式

本刊行文中采用的征引文献的格式为"作者－年份制"（作者，年份：页码），示例如下：（周雪光，2004：25）；（Adams，2006）。其中页码部分视需要确定有无。注意，中文作者用的是全名，而外文作者用的只是姓，比如（马克思，1962）和（Marx，1868）。引用同一作者同一年份的不同文章，可在年份后面加 a，b，c 加以区别，比如（马克思，1956a）（马克思，1956b）。在同一处引用同一作者不同年份的多部作品，年份之间用逗号隔开，比如（韦伯，1949，1958）。引用多种文献时，不同文献之间用分号隔开，如（韦伯，1949；马克思，1956）。引用多个作者合作的作品时，中文作者名之间用顿号隔开，外文作者名之间用逗号隔开，比如（苏国勋、夏光、张旅平，2005）。作品最后必须附有一个详细的按照首位作者的姓的首字母排序的参考文献。不同类型文献的标注示例如下：

中文文献

（1）专著

标注项目：责任者及责任方式，出版时间，文献题名，卷册，出版者。

（责任者及责任方式，出版年：引用页码）

示例：

侯欣一，2007，《从司法为民到人民司法——陕甘宁边区大众化司法制度研究》，中国政法大学出版社。

（侯欣一，2007：24~27）

引用《马克思恩格斯全集》《毛泽东选集》等丛书套书类作品时文内可以标注为：

（《毛泽东选集》第 1 卷，1991：24~28）

（2）析出文献

①论文集、作品集及其他编辑作品

标注项目：析出文献作者，出版时间，析出文献篇名，文集责任者与责任方式，文集题名，卷册，出版者。

（析出文献著者，出版年：引用页码）

示例：

黄源盛，2007，《民初大理院民事审判法源问题再探》，载李贵连主编《近代法研究》第 1 辑，北京大学出版社。

（黄源盛，2007：5）

②期刊

标注项目：作者，出版年，文章篇名，期刊名，期（或卷期、出版月日）。

示例：

林建成，1997，《试论陕甘宁边区的历史地位及其作用》，《民国档案》

第 3 期。

（林建成，1997：59）

③报纸

标注项目：责任者，出版年，文章篇名，报纸名，月、日，版次。

（责任人，出版年）

或者

报纸名，出版年，文章篇名，月、日，版次。

（报纸名，出版年）

示例：

鲁佛民，1941，《对边区司法工作的几点意见》，《解放日报》11 月 15 日，第 3 版。

（鲁佛民，1941）

或者

《解放日报》，1941，《对边区司法工作的几点意见》，11 月 15 日，第 3 版。

（《解放日报》，1941）

＊同名期刊、报纸应在后面的参考文献中注明出版地。

（3）转引文献

无法直接引用的文献，转引自他人著作时，须标明。

标注项目：责任者，出版时间，原出版时间，文献题名，转引文献责任者与责任方式，转引文献题名，卷册，出版者。

（责任者，出版年：引用页码）

示例：

章太炎，1979/1925，《在长沙晨光学校演说》，转引自汤志钧《章太炎年谱长编》下册，中华书局。

（章太炎，1979/1925：823）

（4）未刊文献

①学位论文

标注项目：责任者，时间，文献题名，类别，学术机构。

（责任者，出版年：引用页码）

示例：

张太原，1997，《论陈序经"全盘西化"观的理论基础》，硕士学位论文，北京师范大学历史系。

（张太原，1997：34）

②会议论文

标注项目：责任者，会议召开时间，文献题名，会议名称，会议地点。

（责任者，会议召开时间）

示例：

中岛乐幸，1998，《明前期徽州的民事诉讼个案研究》，国际徽学研讨会论文，安徽绩溪。

（中岛乐章，1998）

③档案文献

标注项目：文献题名，文献形成时间（年月日），藏所，卷宗号或编号。

（文献题名，文献形成时间）

示例：

《关于边区司法工作桂查情形》（1943 年 9 月 3 日），陕西省档案馆藏陕甘宁边区高等法院档案，档案号：15/149。

（《关于边区司法工作检查情形》，1943）

（5）电子、网上文献

①光盘（CD-ROM）图书

引证光盘文献除了标示责任者、出版时间、作品名称、出版信息外，还应标示出该文献的出版媒介（CD-ROM）。

②网上数据库

标注项目：责任者，时间，文献题名，出版者，学术机构，数据来源。

（责任者，出版时间：引用页码）

示例：

邱巍，2005，《吴兴钱氏家族研究》，博士学位论文，浙江大学。据中国优秀博硕士学位论文全文数据库：http：//ckrd. cnki. net/grid20/Naviga-tor. aspxlD＝2。

（邱巍，2005：19）

③网上期刊等

网上出版物包括学术杂志、报纸、新闻专线等，引用时原则上与引用印刷型期刊文章的格式相同，另需加上网址和最后访问日期。

示例：

王巍，2010，《夏鼐先生与中国考古学》，《考古》第 2 期。http：//mall. cnki. net/magazine/Article/KAGU201002007. htm. 最后访问日期：2012

年6月3日。

（王巍，2010）

（6）古籍

标注项目：责任者与责任方式，出版时间，文献题名，卷次，版本。

（责任者与责任方式，出版时间：引用页码）

示例：

张金吾编，1891，《金文最》卷一一，光绪十七年江苏书局刻本。

（张金吾编，1891：18）

（元）苏天爵辑，1996，《元朝名臣事略》卷一三《廉访使杨文宪公》，姚景安点校，中华书局。

（苏天爵辑，1996：257-258）

杨钟羲，1991，《雪桥诗话续集》卷五上册，辽沈书社，影印本。

（杨钟羲，1991：461）

《清史稿》卷二三〇《范文程传》，1977，中华书局点校本，第31册。

（《清史稿》卷二三〇《范文程传》，1977：9352）

译　著

行文中一般只列出姓，多个作者时亦然。

韦伯，马克斯，2010，《新教伦理与资本主义精神（罗克斯伯里第三版）》，苏国勋、覃方明，赵产玮、秦明瑞译，社会科学文献出版社。

（韦伯，2010：123）

布迪厄，皮埃尔、华康德，2004，《实践与反思：反思社会学导引》，李猛、李康译，中央编译出版社。

（布迪厄、华康德，2004：39）

英文文献

（1）专著

①独著

Pollan, Michael. 2006. *The Omnivore's Dilemma: A Natural History of Four Meals.* New York: Penguin.

（Pollan, 2006: 99-100）

②合著

Ward, Geoffrey C., and Ken Burns. 2007. *The War: An Intimate History, 1941-1945.* New York: Knopf.

（Ward and Burns, 2007：52）

如果有三个或者更多的作者，在正文中用"et al."，在文后的参考文献中，应详细列出。（如：Barnes et al., 2010）

（2）主编和副主编、编撰、编著

Lattimore, Richmond, eds/trans. 1951. *The Iliad of Homer*. Chicago：University of Chicago Press.

（Lattimore, 1951：91 – 92）

（3）译著，包括原作者

García Márquez, Gabriel. 1988. *Love in the Time of Cholera*. Translated by Edith Grossman. London：Cape.

（García Márquez, 1988：242 – 255）

（4）章、节或者文集中的文章

Kelly, John D. 2010. "Seeing Red：Mao Fetishism, Pax Americana, and the Moral Economy of War." In *Anthropology and Global Counterinsurgency*, edited by John D. Kelly, Beatrice Jauregui, Sean T. Mitchell, and Jeremy Walton, pp. 67 – 83. Chicago：University of Chicago Press.

（Kelly, 2010：77）

Rieger, James. 1982. Introduction to *Frankenstein；or, The Modern Prometheus*, by Mary Wollstonecraft Shelley, pp. xi – xxxvii. Chicago：University of Chicago Press.

（Rieger, 1982：xx – xxi）

（5）报纸杂志文章

在行文中，列出参考内容的具体页码。在参考文献中，则列出该篇文章在杂志中所在的页码。

Weinstein, Joshua I. 2009. "The Market in Plato's Republic." *Classical Philology* 104：439 – 458.

（Weinstein. 2009：440）

Mendelsohn, Daniel. 2010. "But Enough about Me." *New Yorker*, January 25.

（Mendelsohn, 2010：68）

（6）数字出版物

如果在线版，列出网址 URL，推荐列出登录口期。

Austen, Jane. 2007. *Pride and Prejudice*. New York：Penguin Classics. Kindle edition.

（Austen. 2007）

Kurland, Philip B. , and Ralph Lerner, eds. 1987. *The Founders' Constitution*. Chicago： University of Chicago Press. http：∥press-pubs. uchicago. edu/founders/.

（Kurland and Lerner, chap. 10, doc. 19）

Kossinets, Gueorgi, and Duncan J. Watts. 2009. "Origins of Homophily in an Evolving Social Network." *American Journal of Sociology* 115： 405 – 50. Accessed February 28, 2010 doi： 10. 1086/599247.

（Kossinets and Watts. 2009： 411）

（7） 书评

Kamp, David. 2006. "Deconstructing Dinner." Review *of The Omnivore's Dilemma*： *A Natural History of Four Meals*, by Michael Pollan. *New York Times*, April 23, Sunday Book Review. http：∥www. nytimes. com/2006/04/23/books/review/23kamp. html.

（Kamp, 2006）

（8） 未出版论文

Choi, Mihwa. 2008. "Contesting Imaginaires in Death Rituals during the Northern Song Dynasty." Ph. D diss. , University of Chicago.

（Choi, 2008）

Adelman, Rachel. 2009. "'Such Stuff as Dreams Are Made on'： God's Footstool in the Aramaic Targumim and Midrashic Tradition." Paper presented at the annual meeting for the Society of Biblical Literature, New Orleans, Louisiana, November 21 – 24.

（Adelman, 2009）

（9） 网站

Google. 2009. "Google Privacy Policy." Last modified March 11. http：∥www. google. com/intl/en/privacypolicy. html.

（Google, 2009）

McDonald's Corporation. 2008. "McDonald's Happy Meal Toy Safety Facts." Accessed July 19. http：∥www. mcdonalds. com/corp/about/factsheets. html.

（McDonald's, 2008）

《魁阁》 集刊编辑部

2019 年 9 月 1 日

图书在版编目（CIP）数据

魁阁. 2021 年. 第 2 期：总第 5 期 / 关凯主编. --
北京：社会科学文献出版社，2022.4
ISBN 978 - 7 - 5201 - 9950 - 6

Ⅰ.①魁… Ⅱ.①关… Ⅲ.①社会学 - 文集 Ⅳ.
①C91 - 53

中国版本图书馆 CIP 数据核字（2022）第 054095 号

魁阁 2021 年第 2 期（总第 5 期）

主　　编／关　凯
副 主 编／郭建斌　李晓斌

出 版 人／王利民
责任编辑／庄士龙　谢蕊芬
文稿编辑／李艳璐
责任印制／王京美

出　　版／社会科学文献出版社·群学出版分社（010）59366453
　　　　　地址：北京市北三环中路甲 29 号院华龙大厦　邮编：100029
　　　　　网址：www.ssap.com.cn
发　　行／社会科学文献出版社（010）59367028
印　　装／唐山玺诚印务有限公司

规　　格／开本：787mm × 1092mm　1/16
　　　　　印 张：14.5　字 数：246 千字
版　　次／2022 年 4 月第 1 版　2022 年 4 月第 1 次印刷
书　　号／ISBN 978 - 7 - 5201 - 9950 - 6
定　　价／98.00 元

读者服务电话：4008918866